Josef Müller

PASTORAL-
THEOLOGIE

Josef Müller

PASTORAL-THEOLOGIE

Ein Handbuch für Studium und Seelsorge

VERLAG STYRIA

Die Deutsche Bibliothek – CIP-Einheitsaufnahme
Müller, Josef:
Pastoraltheologie : ein Handbuch für Studium und Seelsorge /
Josef Müller. – Graz ; Wien ; Köln : Verl. Styria, 1993
ISBN 3-222-12225-3

Printed in Austria
Satz und Druck:
Druck- und Verlagshaus Styria
Bindung:
Buchbinderei Frauenberger
ISBN 3-222-12225-3

INHALT

VORWORT

Seelsorgerinnen und Seelsorger fragen nach Perspektiven und Wegmarkierungen für Pastoral und Seelsorge. Das zentrale Grundmotiv der einzelnen Kapitel dieses Buches und zugleich den Schlüssel für das Wahrnehmen der Wirklichkeit und deren Deutung bildet der *Lebenszusammenhang*. Die Forderung nach einer „lebensfördernden Pastoral" gründet im Ja Gottes zum Menschen und zur Welt. Für aktuelle Fragestellungen (beispielsweise kritische Anfragen an die Konturen von Seelsorge und Pastoral im sozialen Lebensgeflecht und das Profil einer lebensbegleitenden Sakramentenpastoral) stellt der Blick auf die „Fülle des Lebens" (Joh 10,10) und seine Quelle in Gott die Verbindung zur konkreten pastoralen Ausgangssituation, deren Erfassung und schrittweisen Inangriffnahme her. Diese Blickrichtung kann helfen, Ansatzpunkte für das pastorale Gespräch mit den Menschen über ihre Fragen und Anliegen zu finden. Bei der Vielzahl der angesprochenen Bereiche und Probleme sollen *Akzente* gesetzt werden, welche der Lage und Aufgabe der Pastoral im gegenwärtigen Kairos am besten entsprechen.

Die einzelnen Kapitel bieten zu zentralen Themen, etwa zur Bedeutung von Beziehungen in der Seelsorge, zur Lebenswirklichkeit im Licht des Evangeliums, zur jeweiligen Gestalt der Gemeinde als Lebensraum des Glaubens, *Grundlagen* für Pastoral und Seelsorge und geben somit Anstöße für die *Praxis*.

Ein Überblick über Konzeptionen und geschichtliche Stationen der Pastoraltheologie und eingeblendete biographische Notizen zu bedeutenden Pastoraltheologen wollen das *Lernen aus der Geschichte* als Instrument der pastoralen Reflexion fruchtbar machen.

Das Buch ist gleichermaßen für die Hand von Seelsorgerinnen und Seelsorgern geschrieben. Auch wenn weibliche und männliche Adressaten nicht immer unterschieden werden, hoffe ich, daß Seelsorgerinnen und Seelsorger das Buch gern zur Hand nehmen, um sich ihrer theologischen Orientierung und seelsorglichen Praxis zu vergewissern. Die formale Gestaltung (u. a. Druckbild, einzelne Schaubilder, Personen- und Sachregister) sollen die Arbeit mit dem Buch erleichtern. Es ist für Studierende als *Lernbuch* konzipiert und kann für Praktiker ein *Nachschlagewerk* sein. Die einzelnen Kapitel eignen sich für Kursangebote der pastoralen Fort- und Weiterbildung. Die Anmerkungen am Ende des Buches belegen eigene Positionen und geben an, was für einzelne Formulierungen zielführend war. Zusätzliche Literaturhinweise enthalten exemplarisch ausgewählte Titel, die vor allem für die praktische Umsetzung brauchbar sind.

Das Buch entstand aus der Lehr- und Vortragstätigkeit des Verfassers und dem intensiven Bemühen, Rechenschaft über Grundfragen der pastoralen und seelsorglichen Praxis zu geben. Intensive Gespräche mit meinen früheren und jetzigen Assistenten und Freunden gaben mir wesentliche Anregungen. Das zweite Kapitel, das Heribert W. *Gärtner* unter dem Titel „Die Kunst der Seelsorge in der Dimension der Beziehung" (S. 34–58) verfaßt hat, ist deshalb kennzeichnend für die gute Zusammenarbeit mit meinen Mitarbeiterinnen, Mitarbeitern, Freunden und Schülern. Mein besonderer Dank gilt Thomas *Henke*, Susanne *Konrad*, Ulrich *Moser*, Philipp *Müller*, Gustav *Pirich* und Norbert *Schuster* für ihre Unterstützung. Dorothea *Welle* danke ich für die Ausführung der Schaubilder und die Erstellung der Register, meiner Schwester Pia *Müller* für die Mitarbeit beim Schreiben des Manuskripts. Anton *Grabner-Haider* danke ich für die gute Kooperation mit dem Styria-Verlag.

1. Pastoral im Lebenszusammenhang

1.1 EINDRÜCKE AUS DEM SEELSORGEALLTAG

Tag für Tag begegnet der Seelsorger zahlreichen Menschen: bei Hausbesuchen, am Krankenbett, bei Dienstgesprächen mit Mitarbeitern, in Kasualgesprächen, in Sitzungen von Gremien, bei Jugendtreffs, Leiterrunden, bei Vorbereitungssitzungen für pastorale Aktivitäten in der Gemeinde. Er trifft Menschen mit unterschiedlich geprägten Lebensgeschichten: Eltern, Brautpaare, Kranke, Kinder, Trauernde, Hilfesuchende, Behinderte, Erzieher, alte Menschen. Verschieden sind auch die Anlässe: alltägliche Begegnungen, Feste, Gottesdienste, gesellige Veranstaltungen, Planungsverfahren. Viele Kontakte ergeben sich buchstäblich „im Vorbeigehen". Dementsprechend geschieht bei solchen Gesprächen in der Regel nichts Außerordentliches. Und doch ermöglichen diese Begegnungen dem Seelsorger, um die Erfahrungen, Sorgen und Freuden der Menschen zu wissen und mit der Wirklichkeit ihres Lebens in Kontakt zu bleiben. Da die hauptberuflich in der Seelsorge Tätigen nicht genügend in der Lage sind, das sich aus solchen Begegnungen Ergebende weiterzuführen, stellt sich eine Reihe von Fragen im Sinne des Konzepts einer „begleitenden Pastoral".

Ein lebenstheologisches Konzept von Pastoral und Seelsorge, wie es in diesem Buch grundgelegt wird, bezieht sich auf die gesamte Lebenswirklichkeit der Menschen. Es soll sowohl den Alltag mit seinen routinemäßigen Abläufen als auch die entscheidenden Weichenstellungen im Leben der Menschen erreichen.

1.2 ZUR UNTERSCHEIDUNG DER BEGRIFFE „PASTORAL" UND „SEELSORGE"

Engagierte Gemeindemitglieder, die gefragt werden: „Was gehört zur *Seelsorge?"*, antworten aller Voraussicht nach: Jugendarbeit, Vorbereitung auf die Sakramente, Altenpastoral, Gottesdienst usw. In der Praxis wurden die Ausdrücke „Seelsorge" und „Pastoral" im Laufe der geschichtlichen Entwicklung zu austauschbaren Begriffen. Im *katholischen* Verständnis beziehen sie sich auf das gesamte Feld kirchlichen Handelns. Dabei ist eine unterschiedliche Gewichtung von Aufgabenfeldern und einzelnen Aufgaben festzustellen, die zugleich mit beiden

Begriffen angezeigt wird: Dem Ausdruck *Seelsorge* haftet etwas Persönliches an. *Pastoral* dagegen wird eher mit dem kirchlichen Handeln im übergreifenden Sinn in Verbindung gebracht.

In der umgangssprachlichen Verwendung der Begriffe läßt sich u. a. beobachten, daß manche heute statt des Ausdrucks „Seelsorge" lieber die Bezeichnung „Pastoral" verwenden. „Das klingt weniger bieder, läßt die Kirche auch für das, was die Seele umgibt, zuständig sein, verschleiert aber zugleich ein Oben-und-Unten-Verhältnis, denn wenn vom ‚Weiden' die Rede ist, dann muß es auch Schafe geben … und jemanden, der auf sie aufpaßt, weil sie eben nicht selbst wissen, was für sie gut ist. ‚Pastoral' klingt vornehm nichtssagend, und scheint von den Menschen weiter entfernt zu sein als das antiquierte, aber ehrliche Wort ‚Seelsorge'."[1]

Im Reflexions- und Darstellungsverlauf des Buches werden die Begriffe Seelsorge und Pastoral in folgender Weise verwendet: Der Ausdruck *Pastoral* bzw. *pastorale* Vollzüge wird besonders in Verbindung mit dem Grundauftrag der Kirche angewandt, *Heilszeichen für die Welt* zu sein (vgl. Kirchenkonstitution Lumen Gentium Nr. 1). Im Blick ist die Heilssendung der Kirche und der Christen in der Wirklichkeit des menschlichen Lebens, der jeweiligen Zeit und Gesellschaft. Damit ergibt sich der Zusammenhang mit dem Aufbau und dem Leben der *Gemeinde* und der größeren Einheit von *Kirche*. Dabei geht es auch

- um die Träger (Subjekte) dieser Heilssendung,
- um Aufgaben und Funktionen (vor allem „auferbauende", organisatorische und leitende) und
- um die einzelnen pastoralen Ebenen.

Unter *Seelsorge* werden die im Bund Gottes gründenden helfenden und heilenden Beziehungen verstanden. Damit geht es

- um jene Vollzüge im kirchlichen Handeln, die einzelnen und bestimmten Gruppen in Ereignissen und Krisen des Lebens Begleitung anbieten, wobei jeweils der gesamte Lebenszusammenhang beachtet werden muß, und
- um die Träger der Seelsorge. Im Sinn der persönlichen Begegnungen und Beziehungen sind nicht nur Priester und hauptamtliche Mitarbeiter Seelsorgerinnen und Seelsorger, sondern alle Christen. Sie haben aufgrund ihrer Lebenserfahrung, nicht selten aufgrund einer fachlichen Ausbildung, ihre eigene Kompetenz.

1.3 AUF DER SEITE DES LEBENS

1.3.1 Sehnsucht nach authentischem Leben

In den letzten Jahren wurde das Stichwort „Leben" für viele zu einem Symbol, das die Hoffnungen, Ängste und Sorgen der Menschen erfaßt.[2] Wer sich die verschiedenen Verarmungserscheinungen in unserer Gesellschaft vor Augen hält, vor allem auch hinsichtlich der Kommunikation unter Menschen und ihrer Beteiligung am Lebensstandard, versteht die Gründe, weshalb ein politisches, nicht selten sogar religiöses Protestverhalten gegen vielfältige Erscheinungsformen der *Lebens-*

verarmung entstehen konnte. Auch die sog. neuen religiösen Aufbrüche stellen nicht einfach ein Randphänomen dar, sondern sind auch eine Reaktion auf gesellschaftliche Mangelzustände. Bestandteile dieses Syndroms einer Lebensverarmung sind u. a.:

- ein hohes Maß an Individualismus, bei vielen verbunden mit dem Gefühl der Sinnlosigkeit,
- der Verlust des Bezugs zur Transzendenz,
- ein ausgeprägtes Leistungs-, Lohn-, ja Belohnungsdenken als vorrangige Lebensmaxime.

Neben Strategien des konstruktiven Protests lassen sich zwei andere Bewältigungsformen ausmachen: zum einen die Mentalität von der „Nutzlosigkeit, erwachsen zu werden"[3], die lange Zeit besonders in akademischen Kreisen beschworen wurde und noch immer wird, zum anderen die vor allem in fundamentalistischen Strömungen festzustellende Sehnsucht nach Klarheit und Festigkeit. Sie fordert geradezu infantil eine Ordnung, die das Suchen nach Wegen der Verwirklichung der Freiheit überflüssig macht. Als Teil der Gesellschaft ist die Kirche als ganze und in ihren Mitgliedern hineinverwoben in solche Versuche der Bewältigung des Lebens.

Im pastoralen Alltag machen Seelsorgerinnen und Seelsorger die Erfahrung, daß Zeitgenossen in einem gesellschaftlichen Umfeld leben, in dem sie mit ihrem Lebensstil gut zurechtkommen.[4] Ihnen fehlt nichts, jedenfalls nichts Entscheidendes. Nach ihrer Meinung haben sie genügend Spielraum, privaten und beruflichen Interessen nachzugehen. Insgesamt kommen sie in ihrer Lebensart – mit diffusen weltanschaulichen Deutungsmustern auf ihre Rechnung.

Wenn jedoch die Notwendigkeit der Kirche „als Heilszeichen Gottes für die Menschen" nur noch theologisch behauptet wird, ohne Plausibilität im Zusammenhang mit alltäglichen Lebenserfahrungen, besteht die Gefahr, daß auch viele Christen nicht mehr einsehen, warum es überhaupt noch die Kirche und damit eine kirchlich geprägte Seelsorge und Pastoral geben soll. Damit wächst jedoch die Gefahr, daß der Glaube an das Evangelium nicht mehr für wirklich wichtig, erlösend und befreiend gehalten wird. Daher erscheint es auch nicht mehr notwendig, dafür zu sorgen, daß er allen als einzigartige Lebenschance verkündet wird.

Etwas von dieser Einstellung wird in einer *Angebotspastoral* spürbar, die es ins Belieben (nicht etwa in die „Freiheit") der Angesprochenen stellt, ob sie auf das Evangelium als Angebot zugehen oder nicht. Für viele wird christlicher Glaube zu einer Lebensdeutung, die eine Art Luxus darstellt. Eine derartige Entwicklung fordert dazu heraus, den Glauben als wirkliche und wirksame Kraft für die eigene Lebenspraxis zu erweisen, als eine Kraft, die Menschen auch bitter fehlen kann: sowohl in ihrer Individualität als auch in ihren sozialen Vernetzungen.

Es gilt, kritisch zu überprüfen, ob die biblische Botschaft vom „Leben in Fülle, im Übermaß" (vgl. Joh 10,10) mit der Art und Weise verträglich ist, wie Arbeit, Macht, Leid, Religion und Liebe gesellschaftlich und binnenkirchlich organisiert, verwaltet und gelebt werden. Angesichts der auf diesem Hintergrund immer deutlicher aufbrechenden Sehnsucht nach einem vertieften Leben ist es wichtig, den vielfältigen Sonderangeboten eines Lebensmanagements ideologiekritisch zu widerstehen, wie es sich im Rahmen des „Psychomarkts" niederschlägt. Der sich auf vielfache Weise äußernde Hunger nach Leben steht in Gefahr, durch psychologische Ratschläge, die Lust am Konsum und eine „gesunde" Lebensführung „vermarktet" zu werden. Glaubende Christen dürfen nicht einer solchen, häufig religiös verbrämten, Strategie folgen. Enttäuschungen würden nicht ausbleiben. Dem Wunsch nach authentischer Erfahrung kann nur authentisches Leben gerecht werden, nicht ein Leben aus zweiter Hand, und seien solche Angebote als Ersatz auch noch so gut aufbereitet.

Die Verbindung zu vitalen Vorgängen des Lebens und ihre Deutung hängt neben den benannten gesellschaftlichen Faktoren auch von der psychischen, sozialen und religiösen Entwicklung des einzelnen ab, von seiner Lebensgeschichte. Seelsorger können diese Geschichte nur dann buchstabieren helfen, wenn sie selbst authentisch leben. Von daher ist die These zu formulieren:

Seelsorger können nur dann überzeugende Deuter ihrer Existenz, des Lebens anderer und zugleich Kundschafter eines besseren Lebens sein, wenn sie in Reichweite zum wirklichen Leben stehen.

1.3.2 Schlüsselwort „Leben"

Wer sich die inflationäre Verwendung des Begriffs „Leben" vor Augen hält, wird sich vor einem undifferenzierten Gebrauch des Wortes in acht nehmen und zugleich vor der Gefahr, mit diesem Ausdruck könne ein „neuer Fetisch" aufgebaut werden (Ivan *Illich*). Durch verwirrende Assoziationen, die sich bei der Wortverwendung einstellen, wird ihm jegliche Präzision genommen. Überall ist vom Leben die Rede: in Medizin, Recht, Ethik, Politik, Ökologie und vor allem in der Theologie. Alle tun so, als wüßten sie eindeutig, wovon sie sprechen. Leben wird als Wert, Eigentum, nationale und übernationale Ressource definiert. Es wird vom Leben als etwas Geheimnisvollem gesprochen, als etwas Schwachem, das des Schutzes bedarf.

Der Begriff „Leben" wird verwendet, um jenen Vorgang zu verdeutlichen, für dessen Beginn neben den Eltern Ärzte und Geburtskliniken die Verantwortung übernehmen. Zur Verlängerung des Lebens wird die Technologie der modernen Apparatemedizin in Anspruch genommen. An rechtlichen Fragen im Zusammenhang des beginnenden und endenden Lebens erhitzen sich momentan politisch die Gemüter. Die Ökologie konzentriert sich auf die Vernetzung zwischen Leben und der jeweiligen Umwelt. Bewegungen, die das Leben schützen, werden häufig von den christlichen Kirchen unterstützt. Freilich darf nicht übersehen werden, daß Ideen und organisierte Vorgänge, die zum Schutz des Lebens beitragen wollen, auch einer *Ideologisierung* des Lebens-Begriffs Vorschub leisten können.

Auf der akademischen Ebene beschäftigt sich eine Reihe von Grundlagenwissenschaften wie Soziologie und Philosophie mit den Begriffen „Lebens-" und „Alltagswelt". Dazu gesellen sich Begriffe wie „Alltagserfahrung", „Alltagsbewußtsein" bzw. „Lebenswissen". Mit der jeweiligen unterschiedlichen Begriffsverwendung hängen – teilweise komplexe – wissenschaftstheoretische Überlegungen zusammen.[5]

1.3.3 Philosophische und soziologische Anmerkungen

Zu einer Klärung der Begriffs- und Theoriezusammenhänge kann ein Beispiel verhelfen, das zugleich die Segmentierung der Lebensbereiche im Alltag und in der Lebenswelt heutiger Menschen veranschaulicht:

> Frau Krüger hat ihren Arbeitsplatz an Kasse 17 im Großmarkt BILLKA. Sie tippt die Preise in die Kasse und kassiert, das Wechselgeld gibt der Automat an die Kunden zurück. Von ihrer Funktion als Kassiererin her gesehen sind ihre Lebensgeschichte, ihre Persönlichkeit, auch ihre sozialen Beziehungen zu anderen unwichtig; wichtig sind lediglich jene Eigenschaften, die sie zur verläßlichen, vor allem schnell arbeitenden Kassiererin machen. Während ihrer Arbeitszeit ist Frau Krüger nicht die Frau, deren Heimat in Hamburg ist. Den Berufsinteressen ihres Mannes zuliebe ist sie nach München umgezogen, sie hat zwei Kinder, gehört der Frauengemeinschaft der Kirchengemeinde an und ist Mitglied des Kirchenchores. Ihre Hobbys sind Musik, Handarbeiten, Wandern und, soweit sie Zeit dazu findet, Theater- und Konzertbesuche. Regelmäßig nimmt sie an Veranstaltungen der Pfarrgemeinde teil. Im übrigen verfolgt sie, wie fast alle Zeitgenossen, fasziniert die politischen Entwicklungen der Gegenwart. In der Zeitung liest sie von Brutalität und Gewalt und von den wachsenden Gefahren für die Umwelt. So ist Frau Krüger Zuschauerin des Dramas „Weltgeschehen", das über den Fernsehschirm in ihre Wohnung gelangt.
>
> Immer häufiger fängt sie zu grübeln an: Was macht mein Leben aus? Mit netten Menschen zusammen sein? Nach Feierabend Zeit haben für mich selbst? Laugt mich nicht der Arbeitstag bei BILLKA völlig aus, so daß ich mich zu anderem zwingen muß? Läßt mir die Arbeit in der Familie noch Zeit für Beziehungen zu anderen? Was Frau Krüger tut, ist im System von BILLKA, auch im gesellschaftlichen Gesamtsystem, sinnvoll. Ob es aber auch für sie selbst sinnvoll ist, ist eine andere Frage – und diese betrifft nicht nur Frau Krüger.
>
> Frau Krüger lebt in verschiedenen Sozialbezügen, wobei sie sich ständig auf neue Menschen in unterschiedlichen Rollen, mit verschiedenen Erwartungen an sie einstellen muß. Ihrem Chef und den Kunden gegenüber kann sie sich nicht gleich verhalten. Homogene soziale Zusammenhänge, die die Persönlichkeit von Frau Krüger stabilisieren könnten, sind nicht zu entdekken. Die Funktionalisierung, die Ökonomisierung, die verschiedenen Systemzugehörigkeiten führen dazu, daß Frau Krüger zwar in ihrem privaten Bereich, in ihrer kleinen „heilen Welt" noch relativ frei ist, daneben aber sieht sie sich zunehmenden Anpassungszwängen ausgesetzt. Von überallher treten Anforderungen an sie heran, die sie entweder total überfordern oder veranlassen, sich Gedanken über den Sinn und die Bewältigung ihres Lebens zu machen.

Die alltägliche Lebenswelt ist normalerweise jener selbstverständlich und fraglos erlebte Bereich der Wirklichkeit, in dem sich der einzelne mit seinem Handeln vorfindet. Dabei spielen Beziehungen und Kommunikation eine Rolle. Vieles geschieht spontan und unreflektiert. Gelegentlich taucht freilich hinter dem alltäglichen Verhalten und Handeln in Formen der Selbsterfahrung und des Zeiterlebens die *Sinnfrage* auf. Neben der alltäglichen Lebenswelt, neben der Welt der Erfahrung und der Arbeit, gibt es die Welt der Träume, Sehnsüchte und Phantasien.

Die zunehmende Segmentierung des individuellen Lebens in unserer Gesellschaft führt gleichzeitig zu einzelnen Sinnangeboten, die für das Individuum völlig voneinander abweichen und sich kaum noch zu einem „Sinn des Ganzen" integrieren lassen. Das erfordert vom einzelnen eine große Leistung: Die einzelnen Bruchstücke des Lebens und soziale Systeme können höchstens noch als ein aus Teilen zusammengesetztes Ganzes begriffen werden. Die für den einzelnen bedeutungsvollen Lebensvollzüge in Familie, Betrieb, Sportklub, Kirchengemeinde und verschiedenen Vereinen erhalten ihren „Sinn" wie im angeführten Beispiel bei Frau Krüger aus unterschiedlichen Sinnsystemen. Für viele ist der Sinnzusammenhang der Teile mit dem Ganzen so verlorengegangen, daß höchstens die Sehnsucht nach dem heilen und ganzen Lebenssinn an die ursprüngliche, alle Lebensvollzüge umfassende Einheit erinnert.

Zusammenhänge und Unterscheidungen zwischen diesen Wirklichkeiten und der dahinter stehenden Begrifflichkeit finden sich in Untersuchungen des Zusammenhangs von bewußt erlebter „Lebenswelt" und ihrer analytischen Reduktion in philosophischen und sozialwissenschaftlichen Studien. Die in der Umgangssprache selbstverständlich gebrauchten Begriffe „Alltag" und „Alltagswelt" gewinnen in der wissenschaftlichen (besonders soziologischen und philosophischen) Diskussion zunehmend an Bedeutung. Zusammen mit dem Begriff „Lebenswelt" werden sie Gegenstand der wissenschaftstheoretischen Auseinandersetzung.

Die augenscheinliche Plausibilität des Alltagsbegriffs wird im Zuge der Verwendung unterschiedlicher Begriffe für die scheinbar gleichen Phänome in der Soziologie in Frage gestellt. Die Begriffe „Lebenswelt", „Alltagswelt", „alltägliche Lebenswelt", die in der Umgangssprache teilweise synonym gebraucht wurden und werden, beinhalten aus wissenschaftlicher Perspektive nicht stets die gleichen Sachverhalte.[6]

Wissenssoziologisch betrachtet geschehen die meisten Lebensvollzüge – im Sinne eines „un-" bzw. „vorwissenschaftlichen" Verhaltens – unreflektiert. Dies gilt vor allem für die normalen Alltagserfahrungen – weniger für die Grenzsituationen im Leben. Alltägliche Situationen mit ihrem gewohnten Handlungsverlauf beinhalten in der gegenseitigen Kommunikation und Interaktion viele Selbstverständlichkeiten, routinemäßig ablaufende Verhaltensmuster, so daß der einzelne und seine Umwelt wenig über das eigene und fremde Verhalten nachdenken. Als dynamischer Prozeß ist das Leben in ein Gesamtgefüge zeit-, kultur-, gesellschaftsbezogener und geistesgeschichtlicher Bedingungen einbezogen. Bedürfnisse und Gesichtspunkte der Lebensqualität und -gestaltung (man spricht von „Lebenshaltung" und „Lebensstandard") prägen das Leben des einzelnen, einzelner Gruppen und der Gesellschaft. Das Alltagsleben mit seiner Erfahrungswelt ist in den größeren Strom eines gemeinschaftlichen Lebens eingebettet, das kulturspezifisch ausgeformten Werten, Interessen und Normen unterliegt. Es gibt ein „gesellschaftlich legitimiertes Lebenswissen", das typisch ist für die Gesellschaft einer Zeit. Die Identität des einzelnen wird mehr oder weniger kollektiv definiert.[7]

Nicht von ungefähr wird vom „Lebensrhythmus" (heute gern vom „Lebenstempo") einer Zeit gesprochen. Abgesehen von solchen wissenschaftlichen Reflexionen des Alltags aus soziologischer Sicht erlebt der einzelne seine Alltagswirklichkeit als Leben, das sich, wie das Beispiel von Frau Krüger zeigt, in immer stärker auseinandertretenden Bereichen abspielt, die untereinander kaum oder nur in geringer Verbindung stehen.

Von daher wird der Versuch verständlich, eine gewisse Systematisierung – sei es im Sinne der phänomenologischen Methode der Freiburger Schule oder der eher philosophisch-analytischen Betrachtungsweise Martin *Heideggers* – durchzuführen. Der Freiburger Philosoph Edmund *Husserl*, der Begründer der *Phänomenologie*, hat versucht, die Vorgegebenheiten menschlicher Lebenserfahrungen als jenen transzendentalen Hintergrund bzw. Horizont zu beschreiben, in dem zwar nicht die alltäglichen Gegebenheiten im Leben thematisiert werden, aber ihre allgemeinen und unveränderlichen Eigenschaften und Strukturen wie Endlichkeit, Geschichtlichkeit, Sprachlichkeit deutlich werden.

1.3.4 Der Ansatz einer „Lebenstheologie"[8]

Am Beginn der Überlegungen steht folgende Ausgangsthese:

Lebendigmachen gehört als Grundelement zu einer biblischen Theologie des Lebens.

1.3.4.1 Die biblische Sichtweise

Im *Alten Testament* ist der Ausdruck „Leben" ein besonders gefüllter Begriff, dessen Dynamik damit zusammenhängt, daß Gott „Spender", „Mutterschoß" des Lebens ist. Im Kult hat sich eine eigene „Lebensmystik" entwickelt (Gerhard von *Rad*). In der gottesdienstlichen Feier kommt der Glaubende mit dem Leben Gottes in Berührung. Jahwe, die Quelle des Lebens (vgl. Ps 36,10), knüpft mit seinem Volk und mit dem einzelnen Glaubenden das Band einer wirksamen Lebensgemeinschaft.

In der *Pentateuch-Tradition* sind „Leben" und „Tod" zentrale Begriffe der alttestamentlichen Bundestheologie. Der Jahwe-Gott sagt über sich: „Ich bin für euch da" (Ex 3,14); ihr dürft, aber müßt auch mit mir rechnen. Gott selbst verbindet sich mit der Welt. Israel wird aufgefordert, zwischen „Leben und Tod" zu wählen (Dtn 30,15–20). Die *Psalmen* geben Zeugnis von der Wirklichkeit, daß Gottes Lebensmacht die Menschen durch den Tod hindurch in das neue Leben rettet (Ps 73,23–28 u. 118,17). In der *prophetischen Verkündigung* erhält der Ausdruck eine eschatologische Perspektive: „Ist jemand gerecht, so handelt er nach Recht und Gerechtigkeit ... Er lebt nach meinen Gesetzen ... und deshalb wird er am Leben bleiben, Spruch des Herrn" (Ez 18,5.9). Wenn im Alten Testament vom Leben die Rede ist, geschieht dies immer in der Autorität Jahwes. Ein besonders bedeutsamer Strang lebenstheologischer Tradition findet sich in der *Weisheitsliteratur*, nach der Gott der „Liebhaber des Lebens" ist (Weish 11,26). Es besteht eine intensive Verbindung zwischen dem „lebendigen" Gott und seiner „Weisung zum Leben". Dabei handelt es sich nicht um Gesetze, Vorschriften und Paragraphen, sondern um Orientierungshilfen zum Leben.

Im *Neuen Testament* „ist“ Jesus Christus das Leben (vgl. Joh 14,6). Die Apostelgeschichte nennt ihn den „Urheber des Lebens“ (3,15). Er erneuert Gottes Bund mit den Menschen. Nach Jesu Verkündigung ist Gott nicht „der Gott der Toten, sondern der Lebenden“ (Mt 22,32). Der vom Vater gewirkte Sieg Jesu über den Tod ist der Machterweis für das von Gott kommende Leben. In dieser Sicht bildet zusammen mit der Auferstehung das Kreuz das „Ideogramm des Handelns Gottes“ (Walter *Kasper*). In der neutestamentlichen Tradition der sog. Hingabeformeln „Mein Leib für euch“ (1 Kor 11,24; Lk 22,19) und in den von Paulus verwendeten urchristlichen Bekenntnisformeln („Christus ist für uns gestorben, gemäß der Schrift, und ist begraben worden. Er ist am dritten Tag auferweckt worden, gemäß der Schrift“, 1 Kor 15,3f.) gehört die Kreuzestheologie zu den zentralen Aussagen vom Wesen des sich schenkenden Lebens Gottes. Im Zentrum der neutestamentlichen Theologie steht der johanneische Schlüsselbegriff „Leben“ („zoe“). Inmitten des gegenwärtigen Lebens beginnt die Lebensgemeinschaft mit Gott. Das ist der Kern der Botschaft vom „Leben in Fülle“ (Joh 10,10), treffender übersetzt, vom „Leben im Übermaß“. Dieses neue Leben ist an den Glauben gebunden: „Wer glaubt, hat schon das Leben“, ist wie die „Rebe am Weinstock“ mit dem Herrn zu einer fruchtbringenden Einheit verbunden (Joh 20,31 u. 15,1–9). In der trinitarischen Perspektive erweist sich dieses Leben als eine Gabe des Geistes (ebd. 6,63). Paulus spricht eine neue Dimension an, indem er das neue Leben als das „in Christus sein“, als Erlöstsein in Christus und im Heiligen Geist, deutet (vgl. Röm 5,17f.). Unser Leben und Sterben geschieht „auf den Herrn hin“. Das Geschenk der Erlösung ist Teilhabe am Leben Gottes in seinem Christus, durch den Heiligen Geist. Um Jesu Christi willen sind wir zum Leben gerufen (ebd. 5,10). Im Brief an die Galater schreibt Paulus: „Nicht mehr ich lebe, sondern Christus lebt in mir“ (2,20).

1.3.4.2 Systematisch- und praktisch-theologische Zugänge

Nach den Grundaussagen der biblischen Theologie hat sich Gottes Leben in der Schöpfung kundgetan. Es manifestiert sich erneut in der Befreiungs- und Rettungstat Gottes an Israel. Jesu Erlösungshandeln ermöglicht die endgültige Teilnahme am Leben Gottes. Von daher bedeutet „im neuen Leben sein“ zugleich „in Christus sein“, „in Gott sein“. Hinter dem Wunsch, der Glaube solle „elementarer“ im Leben erfahren werden können, steht das im Blick auf Jesus Christus gefaßte Vertrauen: Gott ist uns in allen Lebenslagen treu. Er ist Halt, ja „Inhalt“ des Lebens, gerade dort, wo Leben zu scheitern droht.

Wir stehen heute am Übergang zu einer neuen Epoche. Dieser Umbruch ist fundamental. Er zwingt uns, bisherige Wertvorstellungen, Institutionen und Ordnungen neu zu überdenken. Die sich daraus ergebenden Krisen dürfen nicht nur negativ beurteilt werden. Wo für neue Situationen entsprechende Aufgaben und die dazugehörigen Konturen gefunden werden müssen, sind Krisen unvermeidlich.

In diesem Zusammenhang macht es die Schwierigkeit und den Vorzug pastoraltheologisch orientierter Überlegungen aus, daß sie sich nicht bloß auf das allgemeine Wesen der Kirche erstrecken. Sie versuchen, einerseits das konkrete geschichtliche Erscheinungsbild der gegenwärtigen Kirche positiv aufbauend und kritisch reinigend in die Überlegungen einzubeziehen. Soweit dies möglich ist, wird dabei planend in die Zukunft vorausgeschaut. Andererseits begibt sich die Pastoraltheologie an die Orte, „an denen Menschen ihr Leben und ihren Glauben leben. Sie muß, wenn sie für die Gestaltung der Lebenswelt wieder Relevanz gewinnen will, ihre Abschottung in Expertenkulturen, ihre ‚Lebensweltvergessenheit' überwinden."[9] Von dieser Wegbeschreibung her erklären sich die methodische Eigenart und die konkrete Auswahl des Dargelegten, aber auch die unvermeidlichen Grenzen solcher Ausführungen.

Kirchliche Lebensformen, der Denk- bzw. Sprachstil der Verkündigung haben sich derart von der modernen Lebenskultur vieler Menschen entfernt und entfremdet, daß die Wirksamkeit noch so gut gemeinter pastoraler Anstrengungen gering ist. (Nicht von ungefähr lautet im binnenkirchlichen Sprachgebrauch die Steigerungsform von „gut gemeint" für manche = „uninteressant".) Außenstehenden erscheint das kirchliche Leben als eine Art Subkultur, die ihnen nichts mehr zu sagen und zu geben hat; einer der Gründe, warum sich die Kirche auch bei gutwilligen Menschen so schwer tut, ihre Anliegen verständlich zu machen und ihre Aktionen und Verlautbarungen vor Mißverständnissen und Verdächtigungen zu schützen.

Auch aus den Reihen besorgter Katholiken wird in zunehmendem Maße Kritik geäußert. Sie fühlen sich nicht mehr verstanden und angesprochen. Viele bleiben entweder fern oder gehen in die innere Emigration. Die Sozialpsychologie weist auf die verheerenden Folgen des Phänomens der sog. *inneren Kündigung* hin.

Insofern reicht die Krise, die sich heute vollzieht, bis an die Wurzeln unserer christlichen Existenz. Es geht nicht bloß um äußere Formen, sondern um den Inhalt selbst; es geht auch nicht mehr bloß um Grenz- und Randprobleme, sondern um die Grundfragen des christlichen Glaubens: Wie können wir heute von Gott sprechen? Was bedeutet Christus für uns? Was heißt heute Christ sein? Zentrale Glaubensinhalte und ihre begriffliche Fassung sind abgenützt und verbraucht; sie sind deshalb für viele nicht mehr ohne weiteres verständlich. Sie scheinen vor allem in keiner Beziehung zu stehen zu den konkreten, die Menschen heute bewegenden Fragen. Deshalb soll in diesem Handbuch am Beispiel des Zentralbegriffs „Leben" – auch im Sinne des umfassenden „Heils" – eine durchgängige Perspektive für Pastoral und Seelsorge durchbuchstabiert werden.

Dabei ist wichtig, darauf zu achten, daß die einseitige Konzentration auf das ewige Heil im Sinne eines „Lebens nach dem Tod" von der Theologie durch die entschiedene Aufmerksamkeit für das „Leben vor dem Tod" (Dorothee *Sölle*) bzw. die Sorge um das „Gelingen des Lebens" (Adolf *Exeler*) überwunden wurde.[10] Es gibt unter Theologen einen Konsens darüber, daß „Heil" und „Leben" nicht nur „diesseitige" oder „jenseitige" Wirklichkeiten sind. Immer geht es um das hier und heute beginnende, gelingende und zugleich in die Zukunft, in das ewige Gottesheil reichende Leben bzw. um das hier und heute anbrechende Heil.

1.4 DAS KONZEPT EINER LEBENSBEZOGENEN PASTORAL

Aufgabe der Pastoral ist das Entdecken und die Wahrnehmung der Lebenswirklichkeit. Es geht darum, genau hinzuschauen, was ist, nicht eine Wirklichkeit von Leben herbeizusehnen oder sich der Selbsttäuschung hinzugeben, das, was wir gelegentlich für die Realität halten, sei schon das ganze Leben. Linus *Bopp* formulierte es so: „Seelsorge muß stets ausgehen vom ganzen, vom ungeteilten Leben.“[11]

1.4.1 Antworten auf Lebensfragen

Die Lebendigkeit der Pastoral muß sich in konkreten Vollzügen der Gemeinde erweisen. Im sechsten Kapitel wird auf die Frage eingegangen: Sind Gemeinden Orte, an denen Frauen und Männer, Junge und Alte, Einheimische und Fremde, Arbeiter und Akademiker u. a. ihre je eigenen Lebenserfahrungen in die gemeinschaftlichen Prozesse einbringen und sie im Licht des Evangeliums reflektieren können? Erzbischof Oskar *Saier* hat in der Ankündigung der Pastoralen Initiative der Erzdiözese Freiburg die Fragen gestellt: „Wie kann es gelingen, in unserer säkularisierten Welt Gott als den zu bezeugen, von dem wir Christen Zukunft und Hoffnung erwarten?“ und: „Wie wird unsere Pfarrgemeinde zu einem wohnlichen und einladenden Haus auch für jene, die suchen oder ohne Orientierung sind?“[12]

Nehmen die Mitglieder der Gemeinde die Probleme alleinerziehender Mütter, die Verletzungen in zerbrechenden Ehen, die Enttäuschungen eines gegen alle Hoffnung kinderlos gebliebenen Ehepaares, die Sehnsucht der Jugendlichen nach Glück, die Erfolgs- oder Mißerfolgserlebnisse im Beruf wirklich wahr oder antworten wir ständig auf Fragen, die so keiner mehr stellt?

Von daher ist es notwendig, Pastoral und Seelsorge dorthin zu bringen (u. U. zurückzubringen), wo sich sowohl das Leben der Menschen als auch die Absichten Gottes begegnen. Von vielen müssen wir feststellen, daß ihre Grundhoffnungen zerstört sind, daß sie namenlos sind, in einem ungenügend ausgestatteten Lebensraum leben, unfrei, ohne Spielraum, eingeengt in vielerlei Zwänge. Sie sind ohnmächtig, gehören nicht recht dazu, sind draußen und heimatlos, an den Rand gedrängt. Für viele ist das kein Leben mehr. Paul M. *Zulehner* hat in seinem Plädoyer „Für ein neues Klima in der Pastoral“ als Leitmotto formuliert: „Helft den Menschen leben“ (Freiburg–Basel–Wien 1980).

Wenn es ein mehr oder weniger gesellschaftlich tradiertes Lebenswissen gibt, das dem einzelnen hilft, sein Leben zu führen und zu gestalten, erwartet der einzelne zu Recht, daß ihm die Kirche als Anwältin des „Lebenswissens Jesu“, aus *seiner* Art zu leben und Leben zu deuten, Wege zum wahren und erfüllten Leben eröffnen hilft. In der Erschließung einer solchen Lebenskultur geht es um Grundvollzüge menschlichen Lebens, um Grundbedürfnisse der Menschen und deren Tiefendimensionen.

Weil diese Dimensionen vielfach verlorengehen, soll die Seelsorge Perspektiven erschließen, welche die unter der Oberfläche der Dinge verborgene Tiefenstruktur entdecken helfen. Es gibt unbewußt wahrgenommene Symbole, Alltagsvollzüge, in denen Hoffnung enthalten ist. Chancen der Seelsorge bestehen darin, in menschlichen Lebensgeschichten Orientierung zu vermitteln, etwa in der Konfrontation mit Leiden und Tod, in der unerlösten Erfahrung nicht vergebener Schuld.

1.4.1.1 Von einer bloßen „Angebotspastoral" zur „Pastoral im Lebenszusammenhang"

Vieles, was im Bereich der Pastoral geschieht, erfüllt die Funktionen eines Angebots. Wenn die „Pro-Existenz" (Johann Baptist *Metz*) zu den signifikanten Merkmalen der Kirche gehört, darf sich die Pastoral nicht zu schade sein, sich und ihre Wirksamkeit als eine *Einladung Gottes* an die Menschen, an die Welt aufzufassen.

Glaube gewinnt in vielfältigen Lebensgestalten und -beziehungen Gestalt. Im folgenden Schaubild werden *exemplarische* Initiativen und Vollzüge schwerpunktartig den drei Bereichen „Seelsorge", „Diakonie", „Bildung und Katechese" zugeordnet. Vom jeweiligen Anliegen her lassen sich pastorale Aktivitäten nie einseitig „verorten". Die Schematisierung dient lediglich dazu, das Anliegen und den konzeptionellen Ansatz einer *Pastoral im Lebenszusammenhang* deutlich zu machen.

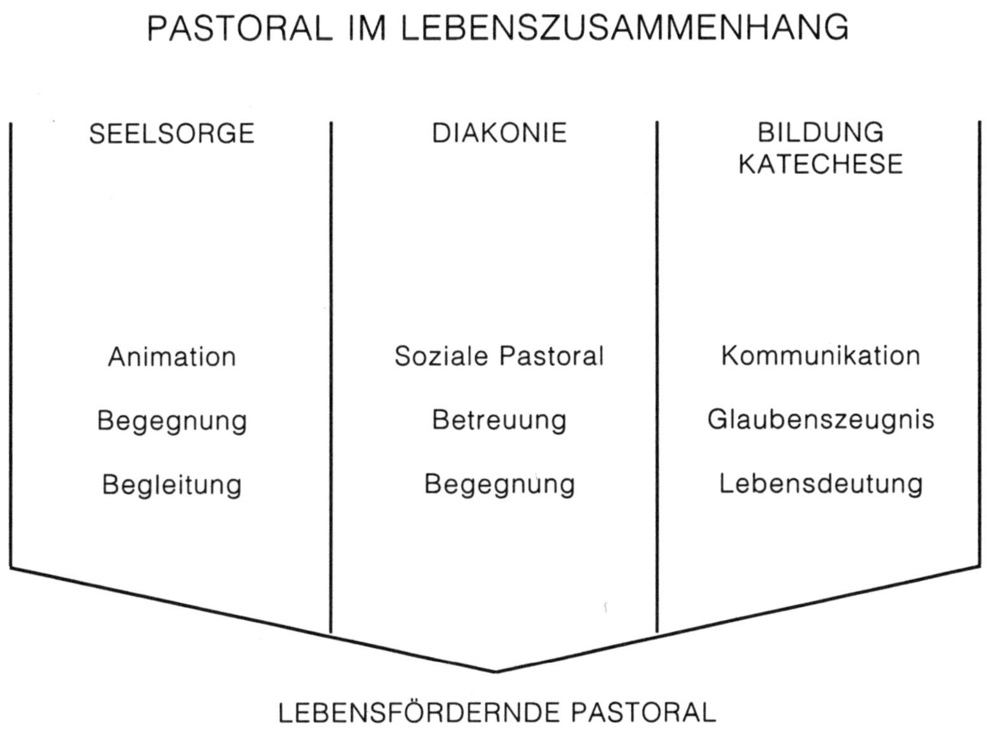

In den (dem Grundauftrag *Verkündigung* zugeordneten) Bereichen *Bildung* und *Katechese* kommt dem Stichwort „Lebensdeutung" großes Gewicht zu. Menschen erwarten von der Kirche Deutung ihres Lebens. Wenn Gemeindemitglieder darüber klagen, daß die Kirche Antworten gibt auf Fragen, die nicht gestellt werden, wenn Frauen ihrer Kirche den Rücken zukehren, weil sie sich enttäuscht und im Stich gelassen sehen, sind solche Einstellungen eine „Abstimmung mit den Füßen".

Für Eheleute beschränken sich die Fragen einer Alltagsethik der Ehe nicht auf den Bereich des Geschlechtlichen, wie man aus kirchlichen Äußerungen schließen könnte. Im Sinne der Lebensdeutung gibt es über den Bereich der Sexualität hinaus – gerade für Frauen – bedrängendere Fragen: die Einsamkeit, die dann eintritt, wenn die Kinder aus dem Haus sind und der Mann seine sozialen Beziehungen längst anderswo lokalisiert.

Im Bereich von *Caritas und Diakonie* führen gerade die politischen Entwicklungen der jüngsten Zeit die Notwendigkeit einer sozialen Pastoral als Herausforderung der Zeit deutlich vor Augen. Von den Problemen der vielen Aussiedler, Flüchtlinge, Asylbewerber sind viele Länder in schwerwiegender Weise betroffen. „Solidarität" ist in diesem Zusammenhang ein auch theologisch bedeutsamer Ausdruck geworden, der im Sinne einer – positiv verstandenen – „Angebotspastoral" verstanden werden darf.

Unter dem Stichwort *Betreuung* kommen vor allem Maßnahmen im Rahmen der Sozialarbeit in den Blick. Aus einer „aktivierenden" Perspektive ist man versucht zu sagen, einzelne „könnten" mehr, wenn sie nur „wollten". Wer an den denkt, der von sich sagt: „Ich bin nicht gekommen, um mich bedienen zu lassen, sondern um zu dienen" (Mt 20,28), für den erhält der Aspekt „Betreuung" aus dieser Sicht eine besondere Würde. In diesem Sinn verstanden, darf Gemeinde stets auch „Service-Kirche" sein.

In jüngster Zeit haben sich Versuche bewährt, das Subjektsein der Menschen nicht nur verbal zu beschwören, sondern die Verantwortung der einzelnen für die Gemeinschaft der Glaubenden ernstzunehmen. Es geht um die *Animation*, um Anregungen zum „Miteinander". Johannes Paul II. schreibt in seiner neuen Sozialenzyklika: „So wie die Welt heute ist, können wir überhaupt nicht mehr überleben ohne diese Wechselseitigkeit: einer für den anderen, einer mit dem anderen."[13]

1.4.1.2 Der Lebenszusammenhang als Maßgröße einer solchen Pastoral

Mit den in den drei „Säulen" dargestellten Elementen der Pastoral ist zugleich ein Zugang eröffnet zur Lebenswirklichkeit, zu der auf der einen Seite das „gelebte Leben" gehört, auf der anderen Seite aber auch jenes „ungelebte Leben", das im Sinne der dem Menschen auferlegten Beschränkung und Begrenzung nicht gelebt werden kann. Das Leben als „Text", nicht nur „Kontext", und die menschlichen Sehnsüchte nach wahrem Leben machen deutlich: Leben ist ein wichtiger Schlüsselbegriff. Interesse und Ziel der Pastoraltheologie ist es, eine Option für dieses von Gott gewollte und verheißene Leben zu formulieren und zur Verwirklichung beizutragen.

Lebensmäßig – vor allem lebensgeschichtlich – bedingte Schwierigkeiten des einzelnen reduzieren sich in der Seelsorge leider oft auf einen einzigen Punkt. Es bittet jemand um ein Gespräch. Das Anliegen sind Beziehungsprobleme aktueller Art. Es bedarf einiger Mühe herauszufinden, wo in Lebensprozessen der Betroffenen jene Stellen sind, an die der Seelsorger die Gesprächspartner führen muß, um ihnen zu helfen, die jetzige Lebenssituation bewältigen zu können. Wer in Lebensgeschichten hineinzuhören vermag und sie ernstnimmt – das gehört als grundlegendes Element zur lebensorientierten und lebensbezogenen Pastoral –, stellt fest, wie differenziert eine annehmende Seelsorge auf die ganze Lebenswirklichkeit einzugehen hat. Vom Seelsorger wird erwartet, daß er fähig ist, lebensgeschichtliche Entwicklungen authentisch zu *begleiten*. Ohne den Versuch, im Gespräch aufeinander zu hören und miteinander die Fundamente des Glaubens zu bedenken, d. h. katechetische und bildnerische Deutungshilfen zu geben, ist die Pastoral nicht denkbar.

1.4.2 Die Spannung zwischen Professionalität und Spiritualität

Eine solche Überschrift kann ambivalente Gefühle auslösen. Einerseits leuchtet es ein, ja es wird zunehmend gefordert, Pastoral und Seelsorge „fachmännisch", „fachfraulich" durchzuführen. Die Ausbildung, besonders die berufliche Weiterbildung in Spezialbereichen der Seelsorge, hat *Standards* erreicht, die im Vergleich mit anderen Berufen bestehen können. Dennoch scheint Professionalität im Bereich von Pastoral und Seelsorge „etwas Anrüchiges" zu haben, etwas „Geschäftsmäßiges" und „Leistungsorientiertes", das mit dem intimen und künstlerischen Vorgang der *Seelsorge* unvereinbar erscheint (vgl. unten Kap. 2). Wenn über Seelsorgerinnen und Seelsorger als „Profis" gesprochen wird, muß wenigstens ansatzweise erklärt werden, was unter „Professionalität" und „Professionalisierung" zu verstehen ist.[14]

1.4.2.1 Professionalität und Kompetenz

Nach Heribert W. *Gärtner* spricht man von *Professionalität*, wenn in der Ausübung des Berufes Standards und Beurteilungsmaßstäbe angewandt werden, auf die man sich innerhalb einer Berufsgruppe geeinigt hat.[15]

– „Professionalität ist sichtbar und kontrollierbar gemachte Kompetenz."

– „Professionelle legen offen, wie sie arbeiten, sie legen ihren Stolz hinein, die Maßgrößen der Profession zu erfüllen."

– „Ein Profi ist jemand, der durch sein berufliches Handeln die Standards aufrechterhält und im Verlauf seines eigenen Zuwachsens an Wissen und Erfahrung selbst fortschreibt und damit wieder für Jüngere zum Maßstab wird."[16]

Aus der Sicht von Berufssoziologen weisen u. a. folgende Kriterien auf die Professionalisierung eines Berufs hin:

– Berufsfunktionen werden hauptberuflich ausgeübt;
– die Ausbildung ist geregelt;
– das berufliche Tätigkeitsfeld ist eindeutig umschrieben;

– eine ausformulierte Berufsethik kann dazu beitragen, „unqualifizierte Praktiker" auszuscheiden, um die durch die Berufsausübung Betroffenen zu schützen.[17]

Für die Sensibilisierung der Seelsorgerinnen und Seelsorger ist die Frage ihrer Auffassung der *Spiritualität* von Pastoral und Seelsorge eine Möglichkeit, ihnen auf dem Weg des bewußten Nachdenkens und Ordnens Perspektiven aufzuzeigen. Pastoral und Seelsorge antworten heute vor allem mit gelebtem Leben, was anderen zu leben hilft.

Die verschiedenen pastoralen Berufe sollen professionell ausgeübt werden. Der Kategorie Leistung darf auch in pastoralen Berufen nicht ausgewichen werden. Das Problem ist auch nicht damit zu lösen, daß Mitarbeiter auf einen Berg Überstunden hinweisen und sich überfordert fühlen. Hier beginnt die Frage nach der Professionalität. Gärtner fragt: „Zu nüchterne Worte für einen solchen Beruf? Ich denke nicht; Berufung braucht die Klarheit des Berufs."[18]

1.4.2.2 Seelsorge – mehr als professionelles Handeln

Seelsorgerinnen und Seelsorger erwerben sich in ihrer Ausbildung und in weiterbildenden Kursen eine besondere Qualifikation. Sie lernen, gute Gespräche zu führen, Jugendliche nach der Firmung zu begleiten, gleichgültigen Erwachsenen zu begegnen, Sterbenden beizustehen. Immer wieder stehen sie vor der Frage: Wie kann man das alles richtig oder besser tun?

Auf solche Fragen suchen Seelsorger bei Verhaltenswissenschaften Antwort. Darüber hinaus hoffen sie, bei Psychologen und Soziologen Lösungen für tieferliegende Probleme zu finden. Der intensive Dialog zwischen Seelsorgern, Soziologen, Sozialarbeitern, Psychologen ist wichtig. Dennoch kann nicht übersehen werden, daß die Seelsorge ihre spezifische Dimension hat, die die wissenschaftlichen Erkenntnisse der Verhaltenswissenschaften und der professionellen Ausbildung übersteigt.[19]

Es gibt Priester und pastorale Mitarbeiter, deren Stärke in der Beziehungsarbeit liegt. Sie sind in dem Sinn gute Seelsorgerinnen und Seelsorger, daß sie Menschen die Geheimnisse des Glaubens erschließen und sie auf ihrem Lebensweg begleiten. Auf diesem Gebiet wurde durch berufliche Weiterbildung ein vorbildlicher Professionalitätsgrad erreicht. So sind Krankenseelsorger an den Grenzen des Lebens, wo das reine Machen nicht mehr funktioniert, „Beziehungs- und Deutungsspezialisten".

Für die Verbindung von Spiritualität und Professionalität ist die Feststellung von Henri *Nouwen* wichtig: „Seelsorge bedeutet den unablässigen Versuch, sein eigenes Suchen nach Gott mit all seinen Höhen und Tiefen an Schmerzen und Freude, an Trostlosigkeit und Hoffnung denjenigen zur Verfügung zu stellen, die sich ebenfalls auf diese Suche begeben möchten, aber nicht wissen, wie sie es anstellen sollen."[20]

Seelsorge ist ein von professionellem Können getragenes Tun, das in Anknüpfung an das Wort Jesu: „Es gibt keine größere Liebe, als wenn einer sein Leben für seine Freunde hingibt" (Joh 15,13), vor dem Anspruch steht, das eigene Leben aufs Spiel zu setzen. So ist Seelsorge nicht zu vergleichen mit einem „Service", der in „einbahnigen" Diensten zu leisten ist: einer hilft, dem andern wird geholfen. Das eigene Leben für andere hingeben kann nur einer, der bereit ist, eine innere Beziehung zu anderen zuzulassen. „Sein Leben hingeben für Menschen bedeutet: Mit ihnen nicht nur seinen Glauben, sondern auch seine Zweifel teilen; nicht nur seine Hoffnung, sondern auch seine Mutlosigkeit; nicht nur seine Freude, sondern auch seine Niedergeschlagenheit; nicht nur seine Tapferkeit, sondern auch seine Angst; bedeutet: miteinander mit dem Herrn des Lebens in Berührung zu kommen. Nicht wir sind die Heiler, nicht wir sind die Versöhner, nicht wir sind die Spender des Lebens."[21]

Seelsorger sind verwundbare Menschen mit Fragmenten ihrer Lebensgeschichte. Sie brauchen Aufmerksamkeit und Sorge. „Seelsorge muß deshalb auf Wechselseitigkeit angelegt sein. Das darf nicht als Schwäche oder gefährliche Form der Rollenverwirrung gewertet werden, denn Führen von Menschen im Sinne Jesu unterscheidet sich radikal von menschlichen Führungsmodellen."[22] *Nouwen* schreibt: „Wenn die Mitglieder einer Glaubensgemeinschaft ihren Hirten nicht wirklich von innen her kennen und lieben dürfen, dann wird das ‚Hüten' schnell zu einer subtilen Weise der Machtausübung über andere und nimmt autoritäre und diktatorische Züge an."[23]

Seelsorger, die es nicht lediglich zum „Broterwerb" machen wollen, ihren Mitmenschen bei dem Versuch zu helfen, Probleme und Spannungen ihres Alltagslebens zu bewältigen, brauchen „eine solide theologische Reflexion, sonst werden sie dilettantische Psychologen und Sozialarbeiter".[24]

Seelsorge und seelsorgliche Spiritualität sind auf Professionalisierung angewiesen. Das Wirken des Geistes Gottes ist „kultivierbar" und „kultivierungsbedürftig". Dabei dürfen wir nicht übersehen, daß Seelsorge gerade in ihrer Professionalisierung auch immer wieder auf Intuition beruht. „Seelsorge ist eine Fähigkeit, über die man nicht verfügen kann: Sie ist ein Geschenk Gottes. Die Begabung zur Seelsorge und zum Seelsorger-Sein ist eine Berufung."[25]

1.5 PERSPEKTIVEN UND KONZEPTIONEN DER PASTORALTHEOLOGIE

1.5.1 Begriff und Aufgabe der Pastoraltheologie

Von ihrer geschichtlichen Entfaltung her bedeutet die Bezeichnung „Pastoraltheologie" in der *katholischen Theologie* im Verständnis von Franz Stephan *Rautenstrauch*, dem Begründer der Pastoraltheologie als Universitätswissenschaft (vgl. unten S. 61f.), sowohl den „zusammenhängenden Unterricht" über alle Bereiche der Pastoral und Seelsorge als auch die besondere Einführung in die „Auferbauungs- und Leitungsaufgabe" der Gemeinde und ihrer einzelnen Glieder und Gruppen. Auf diese Weise faßte Rautenstrauch die wichtigsten Elemente der Pastoraltheologie zu einem „Praktischen Kurs" zusammen.

Zu den Aufgaben der Pastoraltheologie gehört neben der Darstellung, Analyse und Reflexion pastoraler Handlungsfelder, Institutionen und Schwerpunktbildungen der pastoralen Praxis das Eingehen auf aktuelle Fragen unter den Bedingungen der jeweiligen gesellschaftlichen Situation. Damit sollen Orientierungspunkte für ziel- und zeitgerechte Handlungsweisen des pastoralen Heilsdienstes entwickelt werden.[26] Dabei handelt es sich um die Wahrnehmung und Interpretation auf dem Hintergrund des Lebens. Indem sich – wie schon gesagt – die Reflexion auf das ganze und „ungeteilte Leben" bezieht, auch auf das, was dem Menschen als sinnvolles und glückendes Leben von Gott her verheißen ist, beschränkt sich der Blickwinkel der Pastoraltheologie nicht nur auf das Handeln der Kirche und der Seelsorgerinnen und Seelsorger im engeren Sinn, sondern es geht um das Handeln der Christen und die gesamte Lebenswirklichkeit.

Die gegenwärtige religiöse und kirchliche Wirklichkeit, das Hauptgebiet der pastoraltheologischen Reflexionen, wird auf geschichtliche Entwicklungen und Zusammenhänge untersucht. Darum spielt das Lernen aus der *Geschichte* der eigenen *Disziplin* und der *Biographie* – nicht zuletzt auch von großen Pastoraltheologen – als wichtiges Instrument für die Wahrnehmung und Deutung der heutigen Praxis eine zentrale Rolle. Notwendige Veränderungen sollen im Horizont des Glaubens an Jesus Christus und um der Kontinuität willen sachgemäß und geschichtsbewußt verantwortet werden. Insofern das Verhältnis von Glaubenspraxis und -lehre im Lebenszusammenhang reflektiert wird, gehört vor allem das Theorie-Praxis-Problem zu den Aufgabenstellungen der Pastoraltheologie. Zur Bewältigung ihrer spezifischen Aufgaben sucht die Pastoraltheologie besonders auch hinsichtlich ihrer *wissenschaftlichen Methoden* den Dialog mit den Humanwissenschaften (vgl. unten S. 74–79).

Wenn in der heutigen Literatur die beiden Ausdrücke „Pastoraltheologie" und „Praktische Theologie" als austauschbare synonyme Begriffe verwendet werden, stehen hinter dem Wandel in der Terminologie einerseits wissenschaftstheoretische, andererseits aber auch ökumenische Gründe.

1.5.2 Vielfalt pastoraltheologischer Einzeldisziplinen

Im derzeitigen Wissenschaftsbetrieb der Universitäten gibt es unter dem „gemeinsamen Dach" der Bezeichnung „Praktische Theologie" ein Bündel praktisch-theologischer Einzeldisziplinen:

- Religionspädagogik/Katechetik
- Homiletik
- Liturgiewissenschaft
- Pastoraltheologie
- Pastoralpsychologie
- Pastoralsoziologie
- Pastoralmedizin
- Caritaswissenschaft (bzw. Diakoniewissenschaft)
- Missionswissenschaft,

die größtenteils seit Begründung der Pastoraltheologie zu ihr gehören oder spätere Ausdifferenzierungen des einen Ausgangsfaches Pastoraltheologie bzw. Praktische Theologie darstellen. Alle genannten einzelnen Bereiche verstehen sich als Disziplinen der einen „Praktischen Theologie". In der Folgezeit entwickelte sich dieser Begriff auch zu einer „Sammelbezeichnung" für die verschiedenen praktisch-theologischen Fächer.

1.5.2.1 Wissenschaftsgeschichtliche Zusammenhänge

Zu Beginn unseres Jahrhunderts wirkte sich auf die wissenschaftlich betriebene Pastoraltheologie ein zweifacher *Ausdünnungsvorgang* aus: Die Ausgliederung ehemals pastoraltheologischer Bereiche, konkret der Felder Katechetik, Homiletik und Liturgiewissenschaft, führte zum Entstehen der sog. „Rest-Pastoraltheologie".[27] Zum anderen trug die Konzeption der Pastoraltheologie als Lehre von den Amtspflichten der Seelsorger zur genannten „Ausdünnung" bei. Der im dritten Kapitel entfaltete Überblick über die Geschichte der Pastoraltheologie zeigt, daß sie seit ihrer Einführung als Universitätswissenschaft immer vor der doppelten Aufgabe stand und steht, einerseits einen Beitrag zur Ausbildung von kompetenten Seelsorgern zu leisten und andererseits Anregungen zum überzeugenden Handeln der Christen zu bieten.

Mit diesen Vorgängen der Ausdifferenzierung auf der einen und der Entwicklung der Berufstheorie auf der anderen Seite waren zwei Probleme verbunden:

1. die Neuvermessung des entstandenen Restes und damit eine Neubestimmung des Gegenstandes der Pastoraltheologie. Wissenschaftstheoretisch gesehen ging es um die Bestimmung des *Materialprinzips*;
2. die Überwindung des unwissenschaftlichen und untheologischen Verständnisses des Fachs. Wissenschaftstheoretisch gesprochen handelte es sich um die Bestimmung des *Formalprinzips*.

1.5.2.2 Der ökumenische Kontext

Auf *evangelischer Seite* wurde die wissenschaftliche Reflexion des kirchlichen Handelns von Anfang an als „Praktische Theologie" bezeichnet. Friedrich Daniel Ernst *Schleiermacher*, der Initiator der Praktischen Theologie innerhalb der evangelischen Theologie, hat die prägnante Formel geprägt: Praktische Theologie ist „die Theorie der Praxis".[28]

Eberhard *Jüngel* bezeichnet die Aufnahme der Pastoraltheologie bzw. der Praktischen Theologie in das Gesamtgefüge der Theologie als „Pointe der ganzen Theologie".[29] Damit stellt sich die Frage nach der Funktion dieser Wissenschaft für die Standortbestimmung des pastoralen, seelsorglichen Handelns und dessen Zielsetzungen bzw. Handlungskriterien. Die Pastoraltheologie bzw. die Praktische Theologie stellt die Rahmenbedingungen für das kirchliche und christliche Handeln in seiner vielfachen Verflochtenheit dar und analysiert sie. Wolfhart *Pannenberg* definiert die Praktische Theologie als „eine Theologie des kirchlichen Handelns, die der gegenwärtigen Wirklichkeit der Kirche nicht mit irgendeinem dogmatischen Normbegriff von Kirche unvermittelt gegenübertritt, sondern sich (dem in der christlichen Geschichte angelegten Praxisbezug entsprechend) als Moment einer durch sie selbst hindurchgehenden Bewegung geschichtlicher Praxis begreift".[30]

Die Verankerung der praktischen Theologie in der geschichtlichen Wirklichkeit von Christentum und Kirche führt nach Pannenberg notwendig auf ihren Zusammenhang mit der historischen und systematischen Theologie, die sich selbst im Kontext der Geschichte vorfindet. Für Pannenberg gewinnt die Theologie durch die Auseinandersetzung mit der „noch unvollendeten Geschichte"[31] erst das Verständnis für die Gegenwart und damit Orientierung für die Praxis. Die Praxis hat es als Verwirklichung der durch Jesus Christus in der Welt wirksam gewordenen Versöhnung immer mit dem Vollzug der konkreten Lebensgestaltung zu tun.

1.5.3 Die Konturen einer Pastoraltheologie im Lebenszusammenhang

Wenn die pastoraltheologische Theorie nicht einfach nur die bestehende Praxis sanktionieren oder die Praxis als reine Anwendung von Theorien verstanden werden soll, die dem Leben und Handeln der Menschen gegenüber fremd bleibt, geht es um das rechte Verständnis der Eigenart einer „Pastoraltheologie im Lebenszusammenhang" und deren Konturen.

– *Es handelt sich um eine „dialogische" Theologie.*

Eine Theologie der Begegnung läßt sich ein auf die gesamte Lebenswirklichkeit der Menschen, die nicht von vornherein weiß, was für Menschen gut ist, sondern im Dialog nach dem fragt, was lebensfördernd ist.

Hier sehe ich einen Gegensatz zu einer reinen „Angebotstheologie" im *negativ* zu kritisierenden Sinn. Eine solche Theologie maßt sich an, zu wissen, was Menschen gut tut, was für ihr Leben förderlich ist und sein kann.

– *Es handelt sich um eine lebensfördernde Theologie, die die Wirklichkeit so wahrnimmt, wie sie ist.*

Leben wird zunächst in seiner ganzen Vielgestaltigkeit unreflektiert erfahren und wahrgenommen. Als dynamischer Prozeß ist es in das Gesamtgefüge zeit-, kultur- und gesellschaftsbezogener Bedingungen eingespannt. Glaubende stehen in Gefahr, sich aus dem lebensfördernden Freiraum, den das Evangelium eröffnen will, zu lösen, und sich im Netz der vom heutigen Lebensrhythmus vorgegebenen Standards zu verfangen. Theologie hilft, gemeinsam mit Fragenden und Suchenden das Mehr des wirklichen Lebens zu entdecken. Es ins Wort zu bringen, gehört zur Aufgabe der Theologie.

– *Eine dialogisch-lebensfördernde Theologie ist eine geschichtliche Theologie.*

Ihr Fundament bildet die Geschichte Gottes mit den Menschen, wie sie in der Lebens-, Liebes-, Leidensgeschichte Jesu Christi kulminiert, einer Geschichte zum Anfassen, letztlich zum Annageln (am Kreuz), vgl. den Gedanken der „gefährlichen Erinnerung“ (Johann Baptist *Metz*). Die Basis dieser Theologie ist die Selbsterschließung Gottes in den Zeugnissen und Schriften des Alten und Neuen Bundes.

Leben vollzieht sich in der Geschichte und ist selbst Geschichte. In der lebensgeschichtlichen Verflochtenheit wird zugleich der Lebenszusammenhang deutlich. Er führt den einzelnen zur Erkenntnis und Einsicht, daß durch das Akzeptieren der Lebensgeschichte Identität und Integrität entstehen.

– *Es handelt sich um eine rationale Theologie. Sie bleibt offen für die Reflexion des eigenen Theologisierens und die rationale Begründung der Glaubensgrundlagen.*

Theologie treiben ist immer auch ein „Wagnis". Schon früh wagte man es, sich dem Geheimnis Gottes mit dem Verstand zu nähern. Glaube soll immer reflektierter Glaube sein. Dies ist heute besonders unerläßlich, weil die Weitergabe des Glaubens nicht mehr selbstverständlich durch Konventionen geschieht. Wenn sie ihren Weg verantworten will, muß sich Theologie bemühen, ihre Sätze ständig kritisch zu überprüfen; ist doch nach dem Zeugnis der Schrift jeder Christ nach der Rechenschaft über den Anspruch gefragt, den er zu vertreten wagt (vgl. 1 Petr 3,15).

– *Sie ist eine befreiende, erlösende Theologie, weil sie Anwalt der Leidenden und Schwachen ist.*

Die gesamte Kirche und jeder einzelne Christ gewinnen ihre Identität dadurch, daß sie sich für die Armen im Sinne des Evangeliums einsetzen. Pastoraltheologie im Lebenszusammenhang traut den Christen das Dasein für andere zu.

2. Die Kunst der Seelsorge in der Dimension der Beziehung

2.1 ZWISCHEN FREIHEIT UND METHODE

Die Diskussion um die Seelsorge(-Theorie) war in den letzten Jahren durch die fruchtbare Auseinandersetzung mit human- und sozialwissenschaftlichen Modellen und Theorien bestimmt. Diese Auseinandersetzung führte zu unterschiedlichen praktisch-theologischen Seelsorgekonzeptionen.

Zur Klärung unseres Verständnisses von Seelsorge soll in einem ersten Schritt auf die Problematik des Begriffs Seelsorge eingegangen und auf dem Hintergrund des Verständnisses von *Seelsorge als Kunst* eine erste Annäherung an einen Seelsorgebegriff versucht werden. Diese Annäherung wird in der Kennzeichnung des Seelsorgers als Liebhaber des Lebens und der Freiheit weitergeführt. Die typisierte, skizzenhafte Darstellung ausgewählter pastoralpsychologisch orientierter Seelsorgeansätze verdeutlicht die Entwicklung und den Ertrag der Theoriebildung der letzten Jahre. Schließlich versucht ein letzter Schritt die Praxis des seelsorglichen Gesprächs als künstlerisches Handeln zu verstehen und einige Elemente davon aufzuzeigen.

2.1.1 Zur Begriffsklärung

Das Bemühen um eine exakte Begriffsklärung, das nichts mit einem Begriffsfetischismus zu tun hat, sondern die zugrundeliegenden, unklaren Probleme thematisiert, stößt auch beim Seelsorge-Begriff auf einen hohen Allgemeinheitsgrad. Dieser trägt im Bereich der Seelsorge wenig zur Unterscheidung spezifischer Handlungsfelder und kirchlicher Vollzüge bei, ja er verhindert geradezu die Verortung von Phänomenen kirchlicher Praxis. Auf wissenschaftlicher Ebene erschwert er die Entwicklung entsprechender Theorien, die auf die Praxis einwirken können. Durch die Einführung des Begriffs „Beratung" als Beschreibung für ein neues Paradigma seelsorglichen Handelns erhofft man sich eine Spezifizierung dieser Form kirchlicher Hilfe. Dieses neue Paradigma beinhaltet jedoch eine wesentliche Erweiterung durch die Einbeziehung des in kirchlicher Trägerschaft bestehenden Beratungswesens: Eheberatungsstellen, Lebensberatungsstellen usw. Diese wären unter praktisch-theologischen Gesichtspunkten den Dimensionen der *Caritas* zuzuordnen und von *Seelsorge* zu unterscheiden.

2.1.1.1 Zum wissenschaftsgeschichtlichen Hintergrund

Angesichts der im ersten Kapitel dargestellten Entwicklung der Pastoraltheologie forderte Linus *Bopp* 1937 die Entwicklung einer eigenen Seelsorgewissenschaft. Bopp vollzieht jedoch nicht nur eine pragmatische Neuumschreibung der „Restpastoraltheologie", sondern versucht, die neugeforderte Seelsorgewissenschaft auch ansatzweise theologisch zu begründen. Für dieses Begründungsverfahren gibt Bopp die Argumentationsfigur des dreifachen Amtes Christi als bevorzugtes Gliederungsprinzip der Pastoraltheologie auf und führt die Unterscheidung „der pastoralen Tätigkeiten in eigentlich priesterliche und eigentlich seelsorgerliche" ein.[1]

Linus Bopp (geb. 1887 in Limbach im Odenwald) verbrachte seine Gymnasialzeit in Tauberbischofsheim. Der Rektor des dortigen Gymnasialkonvikts, dem Bopp während seiner Schulzeit angehörte, weist im Abschlußzeugnis darauf hin, Bopp habe sich „neben seinem Pflichtstudium gerne mit Kunst" beschäftigt. (Bopps Vater Valentin war Bildhauer.) Der künstlerische Einfluß seines Vaters prägte Bopps spätere wissenschaftliche Tätigkeit entscheidend. Mit einer minutiösen Kleinarbeit verband Bopp stets den Blick aufs Ganze. 1905 begann Bopp an der Albert-Ludwigs-Universität Freiburg i. Br. sein Theologiestudium. Nach der Priesterweihe (1909) und zweijähriger Tätigkeit in der Seelsorge bereitete sich Bopp als Präfekt am Gymnasialkonvikt in Freiburg auf sein theologisches Doktorat vor. 1916 promovierte er mit dem Thema „Die Prophetie im apologetischen Beweisgang nach dem heiligen Augustinus. Ein Beitrag zur Geschichte der Apologetik" an der Theologischen Fakultät Freiburg zum Dr. theol. Im Wintersemester 1920/21 habilitierte sich Bopp in Freiburg für die Fächer Pädagogik und Katechetik. Dem Schwerpunkt „Vätertheologie" blieb er jedoch in seiner wissenschaftlichen Arbeit zeitlebens treu. Sein Lieblingsautor war Augustinus. Drängende Zeitfragen und pastorale Probleme beantwortete er gerne mit Zitaten des großen Bischofs von Hippo. 1924 wurde er Professor für Pastoraltheologie an der Universität Freiburg. Bopp hatte diesen Lehrstuhl bis zu seiner Emeritierung 1954 inne. (Er übernahm die Lehrtätigkeit nochmals nach dem frühen Tod seines Lieblingsschülers Josef Hemlein vom Wintersemester 1955/56 für ein Jahr.) Die zu Bopps 80. Geburtstag erstellte Bibliographie umfaßt 523 Nummern, zu denen bis zu seinem Tod (1971) noch mehrere Veröffentlichungen hinzukamen.

Die seelsorgerliche Tätigkeit ist nach Bopp „primär soteriologisch" eingestellt. Die „Verwirklichung der soteriologischen Aufgabe ist Gegenstand der Seelsorgetheorie".[2] Mit der soteriologischen Bestimmung der Seelsorgetheorie macht Bopp deutlich, daß die eigentlich seelsorgliche Aufgabe der Kirche nicht mit der homiletischen, katechetischen und liturgischen Funktion identisch ist. Die aus wissenschaftstheoretischen Gründen erfolgte Abkoppelung von der Argumentationsfigur des „dreifachen Amtes Christi" stellt auch einen Ansatzpunkt für die Überwindung der klerikalistischen Engführung der neubestimmten Restpastoraltheologie als Seelsorgewissenschaft dar.

Neben dieser Spezifizierung, also der näherhin durch die Soteriologie bestimmten Beschreibung, was Seelsorge sei, führt Bopp gleichzeitig aber auch eine interessante Erweiterung ein, indem diese Seelsorgewissenschaft sich vom „Ganzheitsgedanken", den er von *Ruhland* übernimmt, bestimmen lassen soll. „Demgemäß will nämlich die Seelsorgewissenschaft vorgehen, wie das ungeschiedene kirchliche Leben vorgeht."[3] In der gleichen Schrift plädiert Bopp – aus heutiger Sicht erstaunlich – für die Entwicklung einer eigenständigen katholischen Pastoralpsychologie. Diese Pastoralpsychologie hätte sich als eine Religionspsychologie zu verstehen und zu begreifen. Ein Gedanke, der in der gegenwärtigen Debatte zu einem wichtigen Denkansatz wurde. Leider hat weder Bopp diesen Gedanken weitergeführt, noch wurde er in der unmittelbar folgenden Zeit aufgegriffen. Es erfolgte im Gegenteil eine ekklesiologisch begründete Absetzbewegung von der Theorie der Seelsorgewissenschaft, die zu dem Verlust einer Seelsorgetheorie im katholischen Raum führte.

Die pastoraltheologischen Bemühungen galten der Einbeziehung des neuerwachten ekklesiologischen Bewußtseins, das im radikalen Gegensatz zu dem mit dem Odium des „Rette deine Seele" behafteten Handlungsfeldes Individualseelsorge stand. Seelsorge trat in den Hintergrund und wurde u. a. erst durch die aufkommende pastoralpsychologische Bewegung wieder deutlicher ins Bewußtsein gehoben. Deshalb sollen im folgenden die eigentlich *seelsorglichen* Prozesse von *diakonischen, katechetisch-pädagogischen, liturgischen* und *homiletischen* unterschieden werden, die als Gesamtes das pastorale Handeln kennzeichnen.

Diese Unterscheidung ist deshalb wichtig, weil sie die einzelnen Dimensionen pastoralen Handelns entlastet, den ganzen pastoralen Auftrag auf einmal und vollständig zu leisten. Die einzelnen Vollzüge dürfen durchaus spezifisch sein und einen Teilaspekt christlicher und gemeindlicher Existenz anzielen. Die Vollgestalt ergibt sich durch das Vorhandensein und Zueinander der einzelnen Vollzüge im gemeindlichen Kontext.

2.1.1.2 *„Kunst" als Paradigma für die Seelsorge*

Kunst ist neu gefragt: Die Besucherzahlen unserer Museen steigen. Unter der Sprachformel „Die Kunst des ..." werden unterschiedliche Tätigkeiten und Lebensvollzüge neu qualifiziert. Auch in Kirche und Theologie hat die Auseinandersetzung mit „Kunst" in den letzten Jahren eine erstaunliche Intensität angenommen. Gerade die bildende Kunst dieses Jahrhunderts und insbesondere die Gegenwartskunst stellt für die (praktische) Theologie eine Möglichkeit dar, ausschnitthaft „Tendenzen der Zeit" wahrzunehmen und die Wahrnehmungsfähigkeit gegenüber der Umwelt im Sinne der Ausbildung von visuellen Strukturen zu kultivieren.

Stellvertretend für diese Auseinandersetzung mit den „Künsten" und ihrer religiösen Valenz sei auf das inzwischen umfangreiche Werk des Pastoraltheologen Friedhelm *Mennekes*[4] verwiesen. Darüber hinaus verdichten sich die Anstrengungen, Kunst als Paradigma religiös-christlicher und pastoraler Prozesse zu verstehen. So entwickelte zuerst Rudolf *Bohren*[5] und später Albrecht *Grözinger*[6] eine Grundlegung der Praktischen Theologie in Auseinandersetzung mit der Ästhetik (vgl. unten S. 73). Für die Liturgiewissenschaft hat Werner *Hahne* die „Kunst Gottesdienst zu feiern" zum Programm für den „Entwurf einer Fundamentalliturgik" gemacht, welche die historisch eingeengte Sicht der Auseinandersetzung mit den schönen Künsten überwindet und die ursprüngliche Bedeutungsbreite des Wortes Kunst wiedergewinnt.

Nach Hahne ist *Kunst* „der ‚Begriff' bzw. das ‚Wort' ... für jede erkenntnisgeleitete und erkenntnisfördernde Tätigkeit des Menschen, die dem Menschen mehr abverlangt als nur logisch denken zu können, die aber auch mehr ‚kann' als die (natur)wissenschaftliche Rekonstruktion der Realität, die mit den Elementen der Realität vielmehr den ‚Schein des Anderen' und das ‚Mehr' christlicher Existenz aufscheinen läßt".[7] In ähnlicher Intention hat Wilhelm *Zauner*[8] ein Programm formuliert, in dem er Seelsorge als „Kunstgattung" und „künstlerische Tätigkeit" versteht. Damit ist die Art und Weise des Umgangs thematisiert, in der ich die Welt, die anderen Menschen und mich selbst begreife, gestaltend entwickle und verändere. Deshalb ist es naheliegend, die berufliche Identität in diese Richtung zu fördern und zu entwickeln. Nicht von ungefähr wird der Seelsorger bewußt als „Lebenskünstler" verstanden.[9]

Eine solche kategoriale Bestimmung von „Seelsorge als Kunst" wird dadurch gestützt, daß „Kunst und Religion ... nicht nur partikuläre Bereiche ‚innerhalb' einer Kultur (sind), Gestaltungen ‚im' Leben; sondern sie sind universale Weisen des Gestaltenkönnens und Gestaltenmüssens ‚des' Lebens selber, Eröffnungen ‚der' Kultur als eines je geschichtlichen, zeitlich und räumlich leitenden Lebensstils".[10] Die kurzen Hinweise machen deutlich, daß das Modell „Seelsorge als Kunst" nicht auf die ästhetische Überzüchtung zukünftiger Seelsorger abzielt, sondern die (religiöse) Gestaltung des Lebens in der Perspektive hilfreicher Begleitung meint.

2.1.1.3 Elemente eines Kunstverständnisses im praktisch-theologischen Horizont

Die Grundannahme für die folgenden Überlegungen beruht auf der gegenseitigen Verwiesenheit von Kunst und Leben. Kunst meint einerseits den Ausdruck der Wahrnehmung und Gestaltung des Lebens und andererseits den Gestaltungs- und Wahrnehmungsvorgang des Lebens als solchen.

Im Anschluß an die Überlegungen von Werner Hahne sollen drei Momente des hier zugrunde gelegten Kunstverständnisses genannt und in ihrer Relevanz für unsere Fragestellung aufgezeigt werden.

Wahrnehmung und Gestaltung haben ihre Rückbindung an die etymologische Breite des Wortes Kunst. Es umfaßt zum einen Erkenntnis als Ausdruck eines rational-sinnlichen Sich-Vertrautmachens (vgl. die Bandbreite des hebräischen Wortes „jada") und zum andern das Können in vierfacher Bedeutungsvariante:

1. als Aneignung von Wirklichkeit,
2. als Äußerung eines Vermögens und einer Kraft,
3. als Fähigkeit, etwas zu tun (diese Dimension meint im Grunde Kompetenz), und
4. als Ausdruck einer Zuständigkeit (etwa durch eine Beauftragung).[11]

Kunst ist also zunächst gekonnte Gestaltung als Erkenntnis und Können. „Im Können der Kunst verbindet sich das Wissen/Erkennen mit der Fähigkeit, das Erkannte durch Tun/Handeln umzusetzen, und zwar auf dem Weg des Sich-liebend-vertraut-Machens und der schöpferisch-zeugenden Vereinigung. ‚Kunst' ist jenes von Erkenntnis geleitete Tun/Handeln, mit dem der Mensch Welt deutet und gestaltet."[12]

Schon seit der griechischen Antike beinhaltet Kunst einen handwerklichen („artisanalen") und künstlerischen („artistischen") Anteil. Der *handwerkliche* Anteil sichert die Perfektion und „technische" Güte; der *künstlerische* Anteil sichert die Rückbindung an den zu entdeckenden

Bedeutungszusammenhang. Zum gekonnten Können gehört auch das Wissen, d. h. die Einordnung von Regeln in einen theoretischen Zusammenhang (Methodologie/Kunstlehre).

Auf diesem Hintergrund eröffnet sich für den Seelsorger und sein Handeln in der seelsorglichen Beziehungsarbeit eine Verständnisfolie, die Lebens- und Glaubenskompetenz, Selbst-, Welt- und Gotteserfahrung, theologische Bildung und seelsorglich-methodisches Handwerk miteinander verbindet und im seelsorglichen Akt als künstlerisches Ereignis in der Wahrnehmungsperspektive der Geschichte Gottes mit den Menschen zur Entfaltung bringt.

Neben diesen kategorialen Elementen eines seelsorglich bedeutsamen Kunstbegriffs lassen sich vor allem durch die Auseinandersetzung mit der sog. gegenstandslosen Malerei wichtige Einsichten für unsere Fragestellung gewinnen. Diese Malerei hat erkannt, daß nach der Erfindung der Photographie unser Verhältnis zur Wirklichkeit und Zukunft nicht mehr in Form von gegenständlicher Abbildung erreicht werden kann. Kunst hat nicht mehr einfach die Funktion, etwas abbildend darzustellen, sondern beinhaltet, ein neues Sehen zu ermöglichen, Grundstrukturen des Lebens deutlich zu machen und in einen zukünftigen Freiheitsraum hinein zu entwerfen.

Damit ist entscheidend auf die *soziale* Funktion von Kunst verwiesen. Kunst ist also keineswegs, wie landläufig verstanden, auf ihre ästhetische Dimension beschränkt, sondern „sie hat vielmehr darüber hinaus eine eigenständige, sozialrelevante Erkenntnisfunktion und … Freiheitsfunktion".[13] Nur im Zusammenhang mit der Erkenntnis- und Freiheitsfunktion der Kunst wird der ästhetische Genuß ein wahrer Genuß. Entwicklung der Wahrnehmung im Sinne von Annahme der Geschichtlichkeit, Entwurf und Realisation von Erkenntnis und Freiheit sind so als weitere Momente unseres hier zugrunde gelegten Kunstverständnisses genannt.

Für die Seelsorge heißt dies, das Moment der Geschichtlichkeit und seiner Offenheit im seelsorglichen Prozeß ernstnehmen und durch die Erkenntnnis die Vision von Freiheit und Befreiung offenhalten gegenüber allen Versuchen, die Zumutung der Freiheit durch vorschnelle Lösungen und Rezepte zu mindern. Die zukünftige Gestalt wird beim seelsorglich-künstlerischen Prozeß im Durchschreiten der Lebensgeschichte durch die Zumutung der Erkenntnis in Freiheit errungen. Dadurch ereignet sich das Schön-Werden im Angesicht Gottes und findet seinen Anschluß im „Prangen Gottes in dieser Welt" (*Goergen*).[14]

Für unser Verständnis von Seelsorge als Kunst muß noch auf ein letztes und entscheidendes Moment – den Kitsch – hingewiesen werden. „Kitsch" ist nicht nur die Qualifizierung mißratener künstlerischer Produkte, sondern vor allem „Vorspiegelung falscher Tatsachen und Vortäuschung nicht vorhandener Gefühle".[15] Kitsch hat also wesentlich mit einer kitschigen Lebenshaltung zu tun. Als weiteres Kennzeichen des Kitsches nennt Hahne den Surrogat- und Ersatzcharakter. Wirklichkeit kann so, wie sie ist, nicht ertragen werden und wird in eine „Kitsch-Welt" verändert, die durch Vereinfachung und Stereotype gekennzeichnet ist. Kitsch versucht vergangenes und nicht mehr vorhandenes Leben zu konservieren und verbaut so den Weg in die Neues erschließenden Räume der Zukunft. Ein letztes

Moment für das Verständnis von Kitsch liegt in der „Dienstbarmachung" der Zeit. Kitsch heißt: in kurzer Zeit wichtige Fragen beantworten und Lebensprozesse verstehen bzw. deuten zu wollen. Leben und Denken brauchen jedoch Zeit. Die Bedrohung durch Kitsch ist umfassend; sie ist geradezu ein Wesenszug der Konsum- und Leistungsgesellschaft.

Der blühende Psycho- und Esoterikboom scheint ein typisches Phänomen des Kitsches zu sein. Mit klar umgrenzten, im Grunde aber irrationalen Methoden wird versucht, Komplexität zu verringern und eine scheinbare Lebensklarheit herzustellen, die aber mit Realitätsverlust bezahlt wird.

Im künstlerisch seelsorglichen Prozeß geht es um die Transformation des „religiösen Lebenskitsches" hin zu dem spannungsreich-paradoxen Wirklichkeitsverständnis der Schrift, um die Auflösung von Klischees und die Symbolisierung wirklicher Lebensprozesse. Der Seelsorger hat das Wächteramt, dem Kitsch im eigenen Leben zu widerstehen, ihn bei anderen mitauszuhalten und umzugestalten. Seelsorge verzichtet auf flotte Sprüche und schnelle Antworten und begibt sich auf die mühsame Suchbewegung zu dem von Gott her ermöglichten authentischen Leben.

2.1.1.4 Pastoralhistorische Ansatzpunkte

Schon *Gregor* der Große hat in seinem „liber regulae pastoralis" Seelsorge als Kunst verstanden: „Die Kunst aller Künste ist die Seelenleitung ... und doch scheut man sich oft nicht, obwohl man die Gesetze des geistlichen Lebens nicht kennt, sich als Seelenarzt auszugeben."[16] Seelsorgliche Begleitung erfordert also schon in der Väterzeit eine Kompetenz, die mit der Kenntnis von Regeln zu tun hat und die von einem Begleiter in einem oft langwierigen Lebenslernprozeß erworben werden muß.[17]

„Schon in der Antike hat man die ‚Regelsysteme des praktischen Könnens' schriftlich fixiert und als Buchweisheit tradiert. Bekannt ist ... aus dem Mittelalter die ‚ars moriendi'- bzw. ‚ars bene vivendi-Literatur', ‚eine starke Gruppe (sc. unter den asketischen und pastoraltheologischen Werken des Mittelalters), die sich mit dem Tod und dem Sterben des Menschen befaßt'."[18] Die bis ins 18. Jh. verbreiteten Schriften der ars moriendi waren ursprünglich Kunstlehren für den jungen Klerus – eine methodische Anweisung, wie er sich Kranken und Sterbenden gegenüber zu verhalten habe. Ihren späteren moralisierenden Charakter hatten diese Pastoralanweisungen noch nicht. Seelsorge war in dieser Tradition als Kunstlehre eingebettet in die fundamentalen Prozesse der Lebensgestaltung „zwischen der ars amandi und der ars moriendi" ... (als) „die Kunst der Kommunikation schlechthin".[19]
Friedrich *Schleiermacher* benutzt den Terminus „Kunstregel" in seiner „Kurze(n) Darstellung des theologischen Studiums zum Behuf einleitender Vorlesungen"[20] in seinen Ausführungen zur Praktischen Theologie. Sie sind insgesamt in eine übergeordnete Kunstlehre einzuordnen. „Alle Vorschriften der praktischen Theologie können nur allgemeine Ausdrücke sein, in denen die Art und Weise ihrer Anwendung auf einzelne Fälle nicht schon bestimmt ist ... d. h. sie sind Kunstregeln im engeren Sinn des Wortes. In allen Regeln der mechanischen Kunst ist jene Anwendung schon mit enthalten."[21] Dagegen sind „die Vorschriften der höheren Kunst alle

von dieser Art, ... daß das richtige Handeln in Gemäßheit der Regeln immer noch ein besonderes Talent erfordert, wodurch das Rechte erfunden werden muß ... Die Regeln können daher nicht jeden, auch unter Voraussetzung der theologischen Gesinnung, zum praktischen Theologen machen, sondern nur demjenigen zur Leitung dienen, der es sein will und es seiner inneren Beschaffenheit und seiner Vorbereitung nach werden kann."[22] D. h. die Kunstregeln dienen dazu, die vorhandenen Fähigkeiten weiter zu entwickeln und ihnen eine Gestalt zu verleihen. Drei Momente lassen sich festhalten:

1. Beherrschung von Methoden zur Ausübung des Berufs,
2. persönliche Eignung und Erfüllen von Voraussetzungen und
3. die rechte Gesinnung, d. h. eine verantwortbare Ethik seelsorglichen Handelns.

Bereits Schleiermacher hat umschrieben, was wir heute mit dem Begriff „Kompetenz" zu fassen versuchen.

2.1.2 Seelsorge als Kunst und Kunstlehre – Annäherungen

Auf dem Hintergrund dieser Begriffs- und Sachproblematik sowie der dargestellten Momente unseres Kunstverständnisses verstehe ich Seelsorge als Wahrnehmungs- und Gestaltungsvorgang (und -lehre) im Horizont des Glaubens an den dreieinigen Gott, der sich nach der Botschaft des Alten und Neuen Testamentes unwiderruflich an Mensch und Welt gebunden hat. Im Zentrum dieser Wahrnehmung und Gestaltung steht die Beziehungswirklichkeit des Menschen zu sich selbst, zu anderen und zu Gott. Sie ist rückgebunden an einen – im weitesten Sinn verstanden – gemeindlichen Kontext. In der Spannung von verheißener Identität und zu ertragendem Fragment sucht Seelsorge im Medium der Beziehung durch die Lebensgeschichte hindurch den von Gott ermöglichten Weg der Freiheit und Befreiung. Im Vertrauen auf die rettende Wirklichkeit Gottes kann unsere menschlich-individuelle und gesellschaftliche Realität erkannt, ausgehalten und auf das verheißene Mehr des Lebens in der Überfülle (vgl. Joh 10,10) gestaltet werden.

Seelsorge als Umkehr stellt sich den „Verkitschungen" des Lebens und symbolisiert bisher fremde Erfahrungen im Spannungsfeld von Lebens- und Glaubensgeschichte. Die christliche Identität im seelsorglichen Prozeß wird nicht durch verdinglicht-gegenständliche Thematisierungen des Glaubens gesichert, sondern vollzieht sich in der Teilhabe an der Hinwendung Gottes zu Mensch und Welt in seiner Erniedrigung („Kenosis", vgl. Phil 2,8) und in der Ausgestaltung der umfassenden Beziehungswirklichkeit zwischen den Partnern.[23]

Voraussetzung für ein solches Verständnis von Seelsorge im Sinne einer Kunstlehre ist die Entwicklung einer „personalen Identität" und „pastoralen Kompetenz" im Kontext *kognitiver, emotionaler* und *sozialer* Lernfelder. Eine so verstandene Seelsorge braucht den kreativen Umgang mit diskursiven, theologisch-pastoralen Begriffssystemen und die Fähigkeit des Seelsorgers, diese Systeme mit der wahrgenommenen eigenen und fremden Lebenswirklichkeit zu verbinden und verstehend-deutend in den seelsorglichen Dialog einzubringen.

Der Seelsorger sollte etwas vom Leben und Glauben verstehen und dieses Verstehen als seelsorglichen Stil leben und formulieren können.

Orte einer so verstandenen Seelsorge sind zum einen die natürlichen Beziehungen in der Familie, im Freundeskreis und in der Gemeinde und zum anderen in Krisen- und Konfliktsituationen die professionelle Beziehung zwischen einem Seelsorger und einem ratsuchenden einzelnen oder einer Gruppe. Damit ist zwischen einer prophylaktischen[24] und einer therapeutischen Dimension in der Seelsorge unterschieden. In der neueren Fachdiskussion wird auf die Bedeutung der „Alltagsseelsorge" für die Seelsorge hingewiesen.[25] Beide Komponenten seelsorglichen Handelns müssen zusammen gesehen und aufeinander bezogen werden. Insofern ist es richtig, die Gemeinde als Subjekt der Seelsorge zu bezeichnen und gleichzeitig den professionellen und beauftragten Seelsorger – seien es Laientheologen oder Priester – ihren unverzichtbaren Ort für Seelsorge in dem oben definierten Sinn zuzuweisen.

2.2 LIEBHABER DES LEBENS UND DER FREIHEIT

„Freund-", „Liebhaber-sein", Leben im umfassenden Sinne des biblischen, befreienden Gottesbildes bilden das Koordinatenkreuz, in dem sich glaubwürdige Beziehungsarbeit abspielt. Der Seelsorger als Mensch der Avantgarde, als Mensch der Vorhut Gottes ist verankert und partizipiert an dem Lebensgefühl seiner Zeit und lebt gleichzeitig in christlich-kritischer Distanz dazu. Er ist ein Verfechter der Freiheit und widersteht den vielfältigen Versuchungen, die Zumutung der Freiheit auf dem „heidnischen" Altar von Lebensscheinlösungen zu opfern. In diesem Sinn ist er keine Kopie gesellschaftlich oder spirituell definierter Mittelmäßigkeit, sondern ein leidenschaftlicher Mensch, der Höhen und Tiefen in seinem eigenen Leben zu durchschreiten bereit ist. Dies zu sehen ist deshalb wichtig, weil der Seelsorger seine Profession ohne „Instrumente" ausübt. Er selbst ist das „Instrument seines pastoralen Handelns" (*van Luyn*)[26] und so in seiner Person Ermöglichung und Grenze seiner seelsorglichen Kompetenz.

2.2.1 Begleitung von Glaubens- und Lebensgeschichten

2.2.1.1 Die Zusammengehörigkeit von Leben und Glauben

In der christlichen Überlieferung sind Lebensgeschichte und Glaubensgeschichte keine getrennten Wirklichkeiten, sondern gehören unauflösbar zusammen. Die Geschichte unseres Glaubens ist eine Dimension der Geschichte unseres Lebens, die immer Gottes Geschichte mit uns sein will. Gottes Selbstbindung an die Menschen und die Welt, seine Vernarrtheit in uns, verschränkt Leben und Glauben miteinander und hält sie zusammen. Aus biblischer Sicht ist der Mensch dazu bestimmt, in der Welt zu leben, den Mitmenschen zu lieben, die Schöpfung sanft zu beherrschen und Gott zu loben.[27] Dies sind keine getrennten Vollzüge, sondern sie gehören in ihrer Basis, von der Absicht Gottes her, zusammen. Es kann also nichts wirklich Lebensstiftendes geben, das wir vor unserer gläubigen Existenz verbergen müßten, und nichts Verehrungswürdiges und Heiliges, das dem Leben vorenthalten werden müßte.

In der Selbstoffenbarung Gottes als Jahwe (Ich werde da-sein, der ich je für euch dasein werde, Ex 3,14) beschreibt die Bibel Gott gern als den Israel Zugewandten. Diese Namensoffenbarung steht im Zusammenhang mit der Befreiungs- und Bundeserfahrung Israels (Ich bin dein Gott, der dich aus Ägypten, dem Sklavenhaus, herausgeführt hat, Ex 6,6). Dieses Urdatum des jüdischen Bewußtseins als Befreiung kann nur begriffen werden, wenn sie als eine Freiheit verstanden wird, die man sich auch gegenseitig zugestehen muß. Jesus ist gekommen, um uns mit der Überfülle des Lebens in Verbindung zu bringen, schon jetzt und über dieses irdische Leben hinaus (vgl. Joh 10,10). In seinem Reden, Leben und Tun beansprucht er, die Herrschaft Gottes vorgreifend zu verwirklichen. Diese Verwirklichung vollzieht sich in der unmittelbaren Zuwendung zum anderen. Die unbedingte Anerkennung des anderen Menschen ist der Ort, an dem die Wirklichkeit Gottes geschieht. Darin ist nichts wirklich Menschliches ausgenommen. Gott hat sich selbst an unsere Lebenspraxis gebunden und uns so ermächtigt, das Leben anzunehmen und füreinander einzutreten.

2.2.1.2 Lebens- und Glaubensgeschichte im Alltag und in der Krise

Um den von der christlichen Überlieferung behaupteten Zusammenhang von Leben und Glauben wahrnehmbar zu machen, gibt es zwei wichtige Zugänge: die Schlichtheit des gelebten Lebens, der Alltag und seine Unterbrechung, die Krise. Sie sind nicht durch Gruppenerfahrungen und methodisch gesteuerte Versuche der Lebensvertiefung zu ersetzen. Die Alltagserfahrung ist der Raum, in dem sich in ursprünglicher Weise Leben ereignet und einer religiösen Deutung offensteht. Essen, Trinken, Wohnen, Sexualität, Arbeit und Spiel sind nicht Randbereiche, hinter denen das eigentliche Leben erst beginnt, sondern Vorgänge, in denen physische, psychische, soziale und geistliche Dimensionen des Lebens miteinander verbunden sind. Das Essen z. B. dient nicht nur der Befriedigung von Hunger, sondern ist ein sozialer Ort, wo verschiedene Formen der „Sättigung" ihre Befriedigung finden. Deshalb ist es auch für den Glauben nicht unerheblich, ob dieser Grundvorgang des Lebens sich in Schnellimbißketten amerikanischer Prägung oder in einem real existierenden Beziehungsfeld voneinander zugeneigten Menschen ereignet. Christliche Spiritualität ist stofflich und braucht deshalb immer wieder diese „Bewußtseinserweiterung nach unten" (H. *Timm*).

Es ist in diesem Zusammenhang nicht unerheblich, daß Jesus sein Gedächtnis an den Vorgang des Mahles gebunden hat. Auch wenn die (eucharistische) Mahlerfahrung uns heute nur noch schwach zugänglich ist, enthält sie doch die Rückbindung an Essen und Trinken, Brot und Wein. Im Vorgang des Miteinander-Essens liegt also eine religiöse Qualität. Wenn sich Lebensgeschichte als Glaubensgeschichte erweisen soll, braucht es nicht irgendwelche fromme Zutaten, sondern die Durchdringung vorhandener Vollzüge, in denen sich Stofflichkeit und Geistigkeit gegenseitig erschließen. Die Durchdringung des Alltags als Erscheinungsort des Religiösen ist nicht problemlos. Da der Alltag in sich zwiespältig ist, kann er ebenso die Vitalität des Lebens in reinen Routinevorgängen kanalisieren und so eine Lebens- und Glaubensvertiefung verhindern. Auch das Essen kann zum gesellschaftlichen Standard degenerieren, innerhalb dessen nur noch Unverbindlichkeiten möglich sind. Diese Zwiespältigkeit wird durch die unausweichliche Krisenhaftigkeit des Lebens immer wieder vereindeutigt, sei es durch vorhersehbare Lebensereignisse (z. B. Heirat und Pensionierung) oder plötzlich eintretende, wie der Tod eines geliebten Menschen. Solche Lebensereignisse zwingen, sich der Geschichte des Lebens zu stellen, und machen deutlich: So bist du; dies ist dein Leben; das sind deine Möglichkeiten und Begrenzungen. Damit kommt nicht nur ein aktuelles Ereignis ins Spiel, sondern die Art und Weise, wie bisher mit dem Leben umgegangen wurde. Der Mensch ist somit nicht nur Opfer, sondern auch Mittäter seiner Lebensgeschichte. Krise ist dann nicht nur ein von außen kommendes Ereignis, das belastet, sondern auch eine Entwicklungsmöglichkeit, die den Menschen weiterbringt. Die religiöse Dimension der Krisenerfahrung liegt nun nicht so sehr darin, daß Gott uns von etwas verschont oder etwas gibt, sondern in dem Vertrauen auf die stärkende Nähe Gottes in der Krise. Gott nimmt gewissermaßen nichts ab, aber er bleibt dabei und erweist dort seine Kraft, wo geliebt, gelitten, protestiert, geklagt und durchgestanden wird. In der Durchschreitung, nicht in der Vermeidung krisenhafter Ereignisse erweist sich so die religiöse Kraft eines lebendigen Lebens. So kann es zu Auferweckungserfahrungen kommen, wo das Totgeglaubte auf neue Weise gestärkt lebendig wird.

Das Gottesbild ist vermutlich ein zentrales Moment in der religiösen Integration von kritischen Lebensereignissen und ein Ansatzpunkt der seelsorglichen Begleitung.

In diesem Zusammenhang ist wichtig, daß verschiedene Gottesbilder des Menschen von unterschiedlichen Faktoren abhängen. Die entsprechenden Ebenen sind im seelsorglichen Prozeß zu berücksichtigen. „Die Aneignung und Ausdrucksform des Symbols Gott durch das Subjekt ist ... abhängig von der reflexiven Verarbeitung des Symbols Gott durch die Theologie, davon unterschieden von der Umsetzung der Rede von Gott in der kirchlichen Praxis sowie von der psychischen Struktur des Subjekts und seiner Umwelt."[28] Wenn eine Patientin im Krankenhaus gegenüber dem Seelsorger ihre Krebserkrankung als Strafe Gottes interpretiert, nützt eine rein intellektuell-theologische Korrektur dieses Zusammenhangs wenig. Innerhalb des seelsorglichen Beziehungsangebots geht es darum, an dieser Interpretation ganzheitlich zu arbeiten und zu verstehen, um welche Ebene es geht. Josef *Mayer-Scheu* hat diesen Zusammenhang auf dem Hintergrund der Klinikerfahrung formuliert und im Rückgriff auf die alttestamentliche Gotteserfahrung des „mitgehenden Gottes" die theologisch begründete Figur des Begleiters entwickelt.[29]

2.2.1.3 Glaube als integrierende Kraft

Krisenerfahrungen beinhalten für die Betroffenen oft eine leidhafte Undurchschaubarkeit sowohl der Ereignisse wie der menschlichen Reaktionen. Die Lebensgeschichte ist aus dem Zusammenhang geraten und existiert nur noch in unzusammenhängenden Teilstücken, die nicht verständlich sind.[30] Damit aus den Fragmenten wieder ein zusammenhängendes und durchschaubares Ganzes entstehen kann, braucht es Zeit und die Begleitung durch verstehende Menschen, mit denen zusammen jene Deutungen gefunden werden können, die nicht vertrösten, sondern wirklicher Trost sind. Eine Voraussetzung einer solchen Begleitung ist die Fähigkeit, sich von schmerzhaften, aber auch freudvollen Erfahrungen berühren zu lassen, d. h. auch seine eigenen Wunden zu kennen; dann aber nicht in gemeinsamen Schmerz zu versinken, sondern verstehend begreifen zu lernen, was dieser Schmerz bedeutet. Verstehen heißt sich hineingeben in die Wirrnisse und Windungen der Lebensgeschichte und die Bedeutung der einzelnen Teile neu sehen lernen. Dieser dem Leben zugewandte und zugleich nüchterne Vorgang hat nichts mit gutgemeinten Ratschlägen oder frommer Betulichkeit zu tun. Es ist das risikoreiche Unternehmen, sich Geschichten auszusetzen und sie mit einem anderen Menschen neu lesen zu lernen. Gehören Leben und Glauben zusammen, gibt es für jeden nur eine Geschichte, die sowohl die Geschichte Gottes mit uns als auch unsere Lebensgeschichte ist. Aus diesem Grund kann die Verbindung der individuellen Geschichte mit den überlieferten Geschichten des Glaubens zu einer befreienden Deutung beitragen. Der einzelne wird dann angeschlossen an einen großen Strom von gläubigen Erfahrungen, die seine individuellen Widerfahrnisse in einen größeren Zusammenhang einordnen. Diese Einordnung gelingt jedoch nur, wenn die Auseinandersetzung mit beiden Geschichten erfolgt: mit der des Lebens und der des Glaubens. Die Verschränkung von Leben und Glauben wird glaubhaft, wenn sie in Alltagsvollzügen durch Menschen ausgelegt und in der Krise leibhaftig durchbuchstabiert wird.

Dieses Sich-Einlassen auf die Lebensgeschichte anderer Menschen ist von jenen Gefährdungen nicht frei, die Hermann *Stenger* im Anschluß an *Guggenbühl-Graig* als die Versuchung durch das „vikariierende Leben" beschrieben hat.

> „Mancher Seelsorger will – seiner bewußten Motivation entsprechend – zwar helfen und beraten, aber, ohne daß es ihm recht zum Bewußtsein kommt, entwickelt er ein eigenartig neugieriges Interesse am Lebensdrama der Frau oder des Mannes, die bzw. der ihm gegenübersitzt. Die Frau erzählt von der Tragödie ihrer Ehe; der Mann berichtet von seiner Schwierigkeit, sich an eine Partnerin zu binden. Beide erzählen von turbulenten Konflikten aus ihrer Vergangenheit und Gegenwart. Der Seelsorger glaubt völlig dienend und helfend in seiner Beratungstätigkeit aufzugehen. Aber im Motivbündel seines Engagements ist das starke Bedürfnis enthalten, am faszinierenden Spektrum menschlichen Lebens mit seinem Reichtum und seiner Problematik ‚aussaugend' zu partizipieren. Da, wo der Seelsorger selbst den Kontakt mit dem pulsierenden Leben verloren hat, muß nun der Ratsuchende einspringen. Vielleicht hat der betreffende Seelsorger außer seinen beruflichen Beziehungen keine anderen, persönlichen, freundschaftlichen, so daß er darauf angewiesen ist, eine Anleihe bei den Freundschaften und Feindschaften anderer Leute zu machen. Auf diese Weise sich zu identifizieren, ist für den Seelsorger selbst sehr gefährlich. Wenn ihm nämlich dieser Beratungsstil zur Gewohnheit geworden ist, wird sein Leben zu einem Surrogat. Er wird zu einem Schmarotzer an fremdem Leben und verliert jede eigene schöpferische Originalität. Diese aber muß er haben, um kompetent beraten zu können."[31]

2.2.2 Auseinandersetzung mit psychologisch-therapeutischen Ansätzen

Betrachtet man den Prozeß der Um- bzw. Neubildung hinsichtlich der Stellung und Wertung einzelner praktisch theologischer Fächer, läßt sich – zumindest für den evangelischen Raum – eine Verschiebung der Prioritäten feststellen. Die Homiletik, einst Königin der Praktischen Theologie, wurde abgelöst durch die Religionspädagogik und in jüngster Zeit durch die Poimenik, die Seelsorgelehre.[32] Man sprach sogar von der Stunde der Seelsorge. Es bahnte sich in der Diskussion zum Teil in polemischer Auseinandersetzung mit den „Vätern", stellvertretend sei der kerygmatische Seelsorgeansatz von Eduard *Thurneysen*[33] genannt, ein pastoralpsychologisches Verständnis von Seelsorge an – u. a. in bewußter Abhebung zur dialektischen Theologie.

2.2.2.1 *Zur veränderten Auffassung von „Seelsorge"*

In einer Stellungnahme der deutschen Gesellschaft für Pastoralpsychologie werden für diesen Wandel des seelsorglichen Verständnisses sechs Kräfte und Strömungen angeführt.[34]

1. Der Rückgriff auf theologische Traditionen, wie sie etwa das theologische Werk Paul *Tillichs* oder Karl *Rahners* repräsentieren.
2. Das Vordringen der amerikanischen Seelsorgebewegung, die als eine Pfarrerbewegung nach Europa kam. Sie machte mit den Möglichkeiten einer kontrollierten Gesprächsführung und mit dem Zusammenhang von religiöser Erfahrung und psychischer Erkrankung vertraut.
3. Der Einfluß der Tiefenpsychologie, die Einsichten und Deutungen von Texten und Menschen wesentlich erweiterte und die als ernstzunehmende Herausforderung für den christlichen Glauben und Hilfe für die seelsorgliche Praxis und Verkündigung erkannt wurde.
4. Der Erfahrungsaustausch mit einer Sozialpsychologie, die die Gruppe als den zentralen Ort menschlicher Grunderfahrung erforschte.
5. Das kritische Sich-Einlassen auf die nicht umkehrbaren Wandlungen der Wirklichkeit, wie sie sich in der sogenannten Säkularisierung, in der Mobilität und in der Sensibilität für Differenzierungen in allen Lebensbereichen zeigen.
6. Die Wiederentdeckung biblischer Traditionen, um von geistlichen Erfahrungen zu theologischen Einsichten zu kommen.

2.2.2.2 *Die Seelsorgelehre von Eduard Thurneysen*

Thurneysen hat nachdrücklich die Frage nach dem genuin theologischen Aspekt der Seelsorge gestellt. Das Grundthema seiner Seelsorgekonzeption läßt sich mit Friedrich *Wintzer* als „Rechtfertigung und Seelsorge" bezeichnen. „Die ‚Nicht-sondern'-Rede spielt in dieser von der Konzentration auf das Wort beherrschten Seelsorge eine dominierende Rolle."[35] Das wahre Seelsorgegespräch bezieht sich auf die Sünde des Menschen und die Gnade Gottes. Seelsorge bedarf des Bruchs.[36] Sie lebt, wie Volker *Läpple* formuliert, „von dem krassen Gegensatz zwischen ...

(dem) tiefen, erschrockenen Betroffensein über den sündigen, gottvergessenen, säkularen Menschen und seiner freudigen Hoffnung und Mut vermittelnden Gewißheit über Gottes gnädige Annahme des Sünders".[37] Ein solches Denken mußte zu einem poimenischen Gegenschlag herausfordern. Wirkungsgeschichtlich erfolgte der Wandel von der verkündigenden zur „beratenden Seelsorge". Bezugswissenschaften wurden psychotherapeutische und gruppendynamische Verfahren verschiedener Herkunft. Das Verhältnis von Theologie und Humanwissenschaft oder von Freiheit und Methode rückte in den Mittelpunkt der Diskussion.

Diese inzwischen zur Pastoral- und Wissenschaftsgeschichte gehörende Entwicklung brachte eine Diskussion in Gang, die auf der Metaebene unter dem Schlagwort „Praktische Theologie und Humanwissenschaften" verhandelt wurde. Jenseits aller auch konfessionell unterschiedlichen Streitpunkte kann in einem ersten Schritt festgehalten werden, daß Praktische Theologie – und für unseren Zusammenhang hier Seelsorge – nicht ohne humanwissenschaftliche Konzepte sinnvoll zu betreiben sind. Ein deutlicher Niederschlag dieser Überzeugung ist u. a. die Einrichtung von entsprechenden Referaten in den Weiterbildungs- und Ausbildungsstätten der Kirchen. Wie das Zueinander von Humanwissenschaft, in unserem Fall von psychologischen, psychotherapeutischen Konzepten, und den jeweiligen Theorien und Modellen von Seelsorge gelöst wird, ist eine unterschiedlich beantwortete Frage.[38]

Verschiedene Seelsorge-Ansätze richten sich nach psychotherapeutischen Verfahren aus. Gestalttherapie, Transaktionsanalyse, Verhaltenstherapie, existenz- bzw. daseinsanalytische und logotherapeutische Therapieformen – besonders aus dem amerikanischen Raum –, systemorientierte Psychotherapie sind wichtige Dialogpartner der Pastoralpsychologie geworden.

Wenn im folgenden einige ausgewählte pastoralpsychologisch orientierte Seelsorgeansätze skizziert werden, geht es darum, sozialwissenschaftlich und theologisch auszumachende „kritische Punkte" anzudeuten. Es wird an dieser Stelle keine Gesamtdarstellung geboten; die Literaturhinweise vermitteln weiterführende Informationen.[39]

2.2.2.3 *Tiefenpsychologisch orientierte Seelsorge*

Dieser vor allem in der evangelischen Kirche beheimatete Seelsorgeansatz, der bis auf den evangelischen Pastor Oskar *Pfister*, einen Zeitgenossen Sigmund *Freuds*, zurückreicht, hat seinen therapeutischen Bezugspunkt in den unterschiedlichen Schattierungen der Psychoanalyse seit Freuds genialen Entdeckungen bis heute und der von C. G. *Jung* gegründeten Schule der „analytischen Psychologie".[40]

Methodisches Kernstück der Psychoanalyse als Behandlungstechnik stellt der Einsatz von Übertragung und Gegenübertragung sowie die Arbeit am Widerstand dar. „Ich kann nämlich letztlich einen unbewußten Konflikt oder eine seelische Beeinträchtigung meines Gesprächspartners nur dann adäquat erfassen, wenn ich auf der emotionalen Ebene, durch empathische Identifikation und zugleich reflektierendes Abstandnehmen, erspüre, welche Schwierigkeiten er nicht bloß berichtet, sondern in der Beziehung zu mir zwangsläufig immer wieder darstellen, in Szene setzen muß (‚Übertragung'); und nun will meine spontan unkontrollierte Reaktion darauf – meine Gegenübertragung – mich veranlassen, dieses unselige ‚Spiel', genau wie die früheren und jetzigen Bezugspersonen, mit- und weiterzuspielen. Dadurch ändert sich freilich nichts; alles bleibt beim alten, ja verfestigt sich."[41] Die Arbeit mit dem Übertragungs- und Gegenübertragungsrezept berücksichtigt also, daß unsere gegenseitige Wahrnehmung einem „Verzerrungspotential" unterliegt, das wesentlich mit unseren kindlichen Erfahrungen zu tun hat, das uns oft nicht bewußt ist und an dem wir mit Macht festhalten. Diese normale psychologische Erscheinung kann in Krisensituationen und im klinischen Fall unseren Umgang mit der Realität und den Mitmenschen so beeinträchtigen, daß Hilfe von außen in Anspruch genommen werden muß. Unter Widerstand versteht man die „Tendenz des Menschen, einen konflikthaften Inhalt (Vorgang) lieber im Erlebnis zu wiederholen, als durch ein Erinnern zu verändern".[42]

Widerstände können sich äußern als intellektuelle Abwehr, als Gegenzug durch ein rigides Über-Ich oder als Abwehr gegenüber der Erinnerung kindlichen Konfliktpotentials.

Heribert *Wahl* hat durch ein Beispiel diese abstrakten Begrifflichkeiten der Psychoanalyse für den Zusammenhang der Seelsorge deutlich gemacht: „Wenn eine schwer depressive Frau den Seelsorger über Stunden hinweg mit ihren Klagen, Selbstbeschuldigungen und ihrer Hoffnungslosigkeit überschwemmt, lähmt und mürbe macht, so riskiert sie – wenn alles Aufmuntern, Trösten und Ermutigen nichts fruchtet –, daß der Seelsorger allmählich ungeduldig, ja wütend wird, sie am liebsten los wäre, weil er die unterschwellige Aggression dieser Frau sehr wohl spürt, aber kaum aushält, weil er sie auf sich als Person bezieht. Der Frau aber wäre es so – ihr selbst völlig unbewußt – gelungen, mit dem Seelsorger die frühere Szenerie ihrer Familie ein Stück weit wiederherzustellen, zu wiederholen, wo sie gerade nie traurig und elend noch offen wütend sein durfte; sie mußte vielmehr – wollte sie keinen Bruch riskieren oder zur Strafe verlassen werden – die ganze Wut gegen sich selber kehren und nun sich anschuldigen statt die anderen."[43]

Um diesen „circulus vitiosus" therapeutisch wirksam aufbrechen zu können, braucht es zweierlei: „Der in seinem Helferwillen – eventuell einem professionalisierten ‚Helfersyndrom' – frustrierte Therapeut muß seine eigene ‚Selbstobjekt-Gegenübertragung' erkennen und reflektieren (statt sie zu agieren). Und er kann dann – indem er zunächst seine eigene Hilflosigkeit wirklich akzeptiert und nicht vom Patienten oder Ratsuchenden fordert, als hilfreicher Therapeut bestätigt zu werden – das Recht des Leidenden anerkennen, daß man sein Elend sieht und erträgt. Erst wenn die früher verpönten, unterdrückten Gefühle, Bedürfnisse und Wünsche empathische Resonanz finden und auf Verständnis stoßen, d. h. endlich einmal wirklich (mit-)geteilt werden können und so in ihrem Recht validiert und affirmiert werden, können sie integriert und dann auch ‚bearbeitet', evtl. aufgegeben und verändert werden."[44]

Joachim *Scharfenberg*, ein typischer Vertreter dieser Richtung, plädierte schon 1972 aus theologischen Gründen für die Einbeziehung der Psychoanalyse als geeignetes psychologisches Modell in die Seelsorge.[45] Die Psychoanalyse genüge dem Kriterium einer Theologie der Freiheit, sie sei verträglich mit den Grundzügen der biblischen Anthropologie, sie berücksichtige den Gedanken des uns von „außen" geschenkten Heils; sie bewege sich damit im Gefälle der Jesus-Überlieferung, die das „Ich aber sage euch" als Ablehnung jeder falschen Autorität betont.[46]

Das Seelsorgegespräch besitzt im Verständnis dieser Argumentation schon als durch und durch menschliches Gespräch religiöse Valenz und Dignität, sofern es auf wechselseitigem Vertrauen gründet und ein gegenseitiges Sich-Annehmen schafft und so als Ausdruck „impliziter Theologie" *(Läpple)* betrachtet werden kann. Die Integration der Psychoanalyse in die Theoriebildung der Seelsorge erfolgte, um die Klassifikation von *Steinkamp* aufzugreifen, im „Fremdprophetie-Paradigma". „Der von Scharfenberg geprägte Begriff der Fremdprophetie besagt in diesem Zusammenhang, daß die Theologie in den Werten des fremden Wissensbestandes, der fremden Methode vergessene Bestandteile ihrer eigenen jüdisch-christlichen Tradition wiederentdeckt oder auf Ideale stößt, die sie nicht nur als kompatibel mit ihren eigenen ansieht, sondern als Bereicherung, als ‚neue' Wahrheit, als ‚Offenbarung' betrachtet."[47]

Neben den theologischen Anfragen an diesen Seelsorgeansatz hat Gerhard *Besier* aus psychologischer Sicht vehement Einwände gegenüber einer psychoanalytisch orientierten Seelsorge erhoben.[48] Im Kontext der Schulpsychologie kritisiert Besier den mangelnden wissenschaftstheoretisch begründeten Status der Psychoanalyse, angesichts fehlender Untersuchungen zur Effizienz psychoanalytischer Therapie.

Nicht zuletzt unter praxis- und ausbildungsbezogenen Gesichtspunkten ist die Möglichkeit von wirklich psychoanalytisch orientierter Seelsorge von einigen Problemen begleitet. Psychoanalyse wirklich begreifen ist an psychoanalytische Erfahrungen gebunden. Will man in der Seelsorge mit Übertragung, Gegenübertragung und Abwehranalyse arbeiten, braucht es analytische Selbsterfahrung und Ausbildung, die, will sie nicht dilettantisch sein, kosten- und zeitintensiv ist. Eine rein auf intellektueller Beschäftigung beruhende Strukturierung der Seelsorge durch psychoanalytisches Gedankengut ist wohl eher schädlich als hilfreich, weil es Probleme in Seelsorgesituationen vielleicht mehr oder weniger *erklären*, nicht aber durch eine Intervention *beeinflussen* kann.

2.2.2.4 *Das Modell der klinischen Seelsorgeausbildung (KSA)*

Bei der klinischen Seelsorgeausbildung handelt es sich nicht um ein „spezifisches, therapeutisches Einzel- oder Gruppenverfahren, sondern um ein Ausbildungs- und Organisationsmodell zur Vermittlung humanwissenschaftlicher Voraussetzungen für seelsorgliche Beratung und Betreuung. Die klinische Seelsorgeausbildung … ist in den USA auf dem Hintergrund eines spürbaren Defizits in der vornehmlich theoretisch orientierten theologischen Ausbildung"[49] von Seelsorgern entstanden und hat über die Niederlande in Deutschland eine starke Verbreitung gefunden. Die Bezeichnung „klinisch" meint dabei nicht nur das Krankenhaus, auch wenn dies ein bevorzugter Trainingsort ist, sondern zielt auf die

Methode ab. Die Maßstäbe für die Seelsorge werden im Kontakt mit dem Menschen gewonnen, der mich als Seelsorger verbal und nonverbal anspricht. Das Entscheidende dabei ist, daß unter Supervision gearbeitet wird, d. h. unter beständiger Anleitung, das eigene Verhalten und Tun einer kritischen Reflexion zu unterziehen. Hans-Christoph *Piper* hat gezeigt, daß dieser Gedanke nicht neu ist. Im Göttinger Pastoralinstitut von 1781, angegliedert an das dortige Krankenhaus, wurde ein solches Supervisionsmodell im Grundanliegen realisiert.[50] Inhaltlich läßt sich die klinische Seelsorgeausbildung unter vier spezifischen Gesichtspunkten beschreiben:[51]

1. Die Entdeckung der Gruppe

Dahinter steht die Überzeugung, daß der Seelsorger, wenn er als einzelner isoliert den Fragen und Problemen anderer sowie seinen eigenen Problemen ausgeliefert ist, gar nicht Seelsorge ausüben kann, sondern auf den Austausch in der Gruppe verwiesen ist. Die Gruppe als Ganzes besitzt ein Potential, das die Klärung von Problemen in der seelsorglichen Praxis ermöglicht, vorantreibt und als Korrekturmoment wirksam wird.

2. Die Entdeckung der Rolle des Seelsorgers

Es gilt ernstzunehmen, daß zu einem Gespräch zwei gehören und der Seelsorger mit seiner Geschichte, seinen Ängsten und Befürchtungen, seinen verbalen und nonverbalen Verhaltensweisen das Gelingen des Gesprächs stark mitbestimmt und den Gesprächsverlauf strukturiert.

3. Die Entdeckung des anderen oder genauer gesagt, das Anderssein des anderen und die damit verbundene Verständnisproblematik.

Bei dieser Entdeckung des anderen als jemanden, der anders ist als ich, in einer anderen Welt lebt, spielt der Einfluß der Gesprächspsychotherapie gerade in der Anfangsphase der klinischen Seelsorgeausbildung eine wichtige Rolle.

4. Verkündigung als Prozeß

Verkündigung wird als prozeßhaftes Geschehen verstanden, in dem der Seelsorger als Begleiter – eine theologische Figur, die vor allem von *Mayer-Scheu* entwickelt wurde[52] – sich mit seinem Partner auf den Weg des Abraham begibt, als er aus Ur auszog, ohne zu wissen, wo er ankommen würde. Verkündigung geschieht durch eine verkündigende Haltung, die erlebbar machen kann, daß auch Gott mich annimmt, trotz des Zorns und Haders, der vielleicht in mir ist.

Unter methodischen Gesichtspunkten nahmen „bis weit in die siebziger Jahre … die an ‚*Rogers* mit einem (guten) Schuß Freud' orientierten Methoden … noch eine Art Monopolstellung ein".[53] Inzwischen hat sich das Bild weitgehend gewandelt. Gestalttherapie und Transaktionsanalyse, als eher psychotherapeutische Strategien und themenzentrierte Interaktion, haben ihren Einzug gehalten. Supervisionen in der Gruppe, vor allem mit Hilfe der sog. Verbatim-Protokolle, d. h. Aufzeichnungen der durchgeführten Seelsorgegespräche, bilden das methodische Herzstück, gleichgültig, welchem therapeutischen Glauben die einzelnen Vertreter der klinischen Seelsorgeausbildung anhängen.

Betrachtet man das Gesamtspektrum klinischer Seelsorgeausbildung, läßt sich in ihrer katholischen Ausprägung ein methodisches Spezifikum feststellen. In der Konzeption der KSA in Heidelberg ist die Klinik und Klinikseelsorge nicht nur ein Paradigma der Ausbildung, sondern echtes Ausbildungsziel. Der Herkunftsort der Heidelberger klinischen Seelsorgeausbildung entstammt „aus der Entwicklung einer neuen Praxis der Krankenhausseelsorge. Die Grundthematik des Krankenhauses und der heilenden Berufe, die auch uns als Theologen angeht, das Heilen, ist hier in Zusammenarbeit und in Auseinandersetzung mit Therapeuten wieder aufgegriffen und in die Behandlung im Krankenhaus wieder eingebracht worden."[54] Neben der Praxisreflexion erfolgt eine ergänzende thematische Arbeit, die – dies ist ein weiteres Heidelberger Spezifikum – in der Form der themenzentrierten Interaktion durchgeführt wird. D. h. das Thema erhält neben den dynamischen Prozessen einen eigenen Stellenwert. Im Verständnis der klinischen Seelsorgeausbildung qualifiziert sich das seelsorgliche Gespräch theologisch vor allem durch die Figur des Seelsorgers als Begleiter, der durch seine seelsorgliche Haltung theologischer Interpret der Glaubenssituation ist.

2.2.2.5 Gesprächstherapeutisch orientierte Seelsorge

Hier geht es nach Alwin *Hammers* „nicht um eine Erweiterung der Seelsorge durch Psychotherapie", sondern darum, „Wege aufzuzeigen, wie Seelsorge heute effektiver, mitmenschlicher und nicht zuletzt auch christlicher werden kann".[55] Den therapeutischen Bezugspunkt bildet die auf den amerikanischen Psychologen und Psychotherapeuten Carl *Rogers* zurückgehende klientenzentrierte Gesprächspsychotherapie oder, wie sie jüngst auch genannt wird, personenzentrierte Psychotherapie.

Die theoretischen Vorstellungen von Rogers beruhen auf einem humanistischen Menschenbild, das nach *Linster* folgende sechs „philosophisch-anthropologische Grundannahmen" einschließt:

1. „Menschliches Leben vollzieht sich als Prozeß der Selbstverwirklichung. Jeder Mensch besitzt eine angeborene Tendenz, seine Person, sein Verhalten und Erleben selbständig, frei und eigenverantwortlich in Richtung auf Wachstum und Selbstverwirklichung zu entwickeln. Damit besitzt er ein unfaßbares, beinahe beliebig weckbares inneres Potential positiver und konstruktiver Kräfte.

2. Selbstverwirklichung geschieht durch die Fähigkeit, im Prozeß der Selbsterfahrung Bewußtsein und Selbstbewußtsein zu bilden. Dieser Prozeß erfordert Offenheit für Erfahrung und Veränderung, Zugang zu dem, was im Moment geschieht. Die angeborene ‚organismische Weisheit' befähigt, zwischen Erfahrungen zu unterscheiden, die die Selbstaktualisierung begünstigen oder behindern.

3. Jeder Mensch lebt in seiner eigenen Welt. Er ist zugleich unentrinnbar auf die anderen und seine Umwelt bezogen. Eigenwelt, Umwelt und Mitwelt bilden – soweit sie vom Individuum erfahren werden – (s)eine subjektive Realität.

4. Die Außenwelt ist nur insoweit für das Individuum real vorhanden und von Belang, wie sie in seiner Innenwelt repräsentiert ist. Die Wahrnehmung der Außenwelt ist in dem Sinn ‚subjektiv', indem das Individuum (nur) das von seiner Umwelt wahrnimmt, was für ihn eine bestimmbare Bedeutung besitzt.

5. Jeder Mensch besitzt ein großes Bedürfnis nach einer tiefen menschlichen Beziehung. Jede zwischenmenschliche Beziehung soll eine echte mitmenschliche Begegnung, eine Ich-Du-Beziehung, sein. Sie soll frei sein von Macht und Autorität, gleichberechtigt und partnerschaftlich. Jeder soll dabei im Rahmen seiner Möglichkeiten er selbst und real zugegen sein können. Jeder akzeptiert die Eigenart und Einzigartigkeit seines Gegenübers.

6. Diese reale mitmenschliche Begegnung stellt eine für die Selbstentfaltung entscheidende förderliche Bedingung dar. Erst im Zusammensein mit anderen können wir uns selbst und unsere Umwelt voll erfahren. Erfahrung entsteht im lebendigen Austausch mit anderen Personen, in der Ich-Du-Beziehung (*Buber*). Wir können uns selbst verstehen, indem wir vom anderen ausgehen. Wenn das Individuum sich selbst innerhalb seiner Realität durch die anderen akzeptiert und verstanden fühlt, erfährt und akzeptiert es zunehmend seine eigene Realität und damit sich selbst als eigenständige Person."[56]

Daraus ergeben sich auf der Ebene der therapeutisch-seelsorglichen Intervention folgende Momente:

Therapie stellt ein Beziehungsangebot dar, in dem der Klient die Möglichkeit erhält, sich mit der Bedeutungsqualität seines Erlebens innerhalb eines Bezugssystems auseinanderzusetzen.

Der Therapeut legt von sich aus keine Therapieziele fest, sondern schafft Bedingungen, die es dem Klienten ermöglichen sollen, sich angstfrei mit seinem Erleben und Verhalten auseinanderzusetzen.

Dabei handelt es sich nicht um Techniken, sondern um die Realisation von Grundhaltungen, die den therapeutischen Prozeß ermöglichen: um Echtheit und Selbstkongruenz, um positive Wertschätzung und bedingungsfreies Akzeptieren und um Empathie, einfühlendes Verstehen.

Die Hauptaktivität des Gesprächspsychotherapeuten besteht darin, den Gesprächspartner einfühlend zu verstehen, d. h. „sich in die phänomenale Welt des Klienten hineinzuversetzen und den inneren Bezugsrahmen des Klienten, aus dem heraus er sich selbst und seine Umwelt wahrnimmt und erfährt, zu erfassen. Der Therapeut versucht dabei, die Erlebnisse und Gefühle des Klienten und deren persönliche Bedeutung dadurch zu verstehen, daß er deren Einbettung in den inneren Bezugsrahmen berücksichtigt. Dabei muß er mehr als nur den Wortsinn der Mitteilungen des Klienten beachten und aufnehmen. Daher verwendet er nicht nur die sprachlichen Äußerungen, sondern auch das gesamte nicht-sprachliche Verhalten des Klienten, etwa seine Mimik und Gestik."[57]

Dieser Vorgang hat so gut wie gar nichts mit der sog. Spiegelmethode zu tun, die als das bloße Nachplappern von Klientenäußerungen verstanden wird. Einen Menschen in seinem Bezugsrahmen zu begreifen und seine umfassende Wahrnehmung davon mitzuteilen, ist eine Kunst, die im long-life-learning erst ihre künstlerische Qualität gewinnt. Mit Schnellkursverfahren in Sachen Gesprächsführung ist da nichts zu machen. Im Zusammenspiel von Empathie und positiver Wertschätzung gegenüber dem Klienten gewinnt das Moment der Echtheit eine wichtige Korrektivfunktion; zum einen in der therapeutischen Selbstwahrnehmung und zum anderen in der Wahrnehmung und der Beziehung gegenüber dem Klienten.

Dieser Ansatz hat nicht zuletzt wegen seiner Erweiterung und Modifikation in Beratung und Pädagogik eine starke Verbreitung im kirchlichen Raum erfahren. Viele pastorale Mitarbeiter haben inzwischen eine Weiterbildung in klientenzentrierter Gesprächsführung (nicht Therapie).

Die theologische Verträglichkeit des personenzentrierten Ansatzes wurde intensiv diskutiert und hat eine unterschiedliche Bewertung erfahren. Die Einwände konzentrieren sich auf zwei wesentliche Punkte. Zum einen wird angemahnt, das humanistische Verständnis des autonomen Menschen sei unvereinbar mit dem christlichen Menschenbild und zum anderen widerspräche die proklamierte Fähigkeit des Menschen zur Selbstaktualisierung dem grundlegenden Satz von der Erlösung durch Christus allein. In ihrem Buch „Theologie und Praxis annehmender Seelsorge" hat Helga *Lemke* versucht, mit Hilfe einer Parallelisierung beider Anthropologien unter Berücksichtigung ihrer theoretischen wie praktischen Implikationen Entsprechungen und Unterschiede herauszuarbeiten.[58] Dabei kommt Lemke zur Überzeugung, daß „erst die Tatsache, daß Rogers die empirisch gewonnenen Phänomene von seinem philosophischen Vorverständnis her interpretiert ..., zu einem dem Humanismus nahestehenden Menschenbild (führt) ... Der Theologe findet also von der Zeit des Neuen Testamentes an bis heute die Voraussetzungen für das Vertrauen in die Fähigkeiten des Menschen zu glauben und zu lieben in der Lehre von der Schöpfung sowie in der von der Rechtfertigung und Heiligung des Menschen ... Der von Rogers geforderte Optimismus ist also auch theologisch abzuleiten und muß nicht auf ein humanistisches Menschenbild zurückgeführt werden."[59] Helga Lemke versucht zu verdeutlichen, daß humanistische Psychologie und christlicher Glaube trotz verschiedener Denkkategorien zu einer gleichen Haltung dem Menschen gegenüber kommen: Vertrauen in den Menschen akzeptieren, entspricht dem Annehmen, emotionale Wärme korrespondiert mit Liebe, Echtheit steht in Verbindung zu Wahrhaftigkeit. Der Angelpunkt der theologischen Qualifikation eines Seelsorgegespräches liegt nach Lemke in der angenommenen Verträglichkeit seines humanistischen Menschenbildes mit der Theologie bzw. der Rückführung seiner Anliegen in die Theologie selber einerseits und in der Theologisierung von bedingungslos positiver Wertschätzung von Echtheit und Selbstkongruenz andererseits.

Einen weiteren wichtigen Gesichtspunkt der Theologieverträglichkeit stellt die Grundcharakterisierung des personorientierten Ansatzes als Beziehungsangebot dar. Dieses Selbstverständnis teilt dieser Ansatz, wenn auch in unterschiedlicher Ausprägung, mit der psychoanalytisch orientierten Seelsorge. Dieser Gesichtspunkt ist in unserem Zusammenhang besonders wichtig, weil die Arbeit an Beziehungen oben zu einem konstitutiven Merkmal von Seelsorge erklärt wurde. Hermann *Stenger* und Heinrich *Pompey* haben auf die theologische Dignität dieser Kategorie hingewiesen.[60] Gott ist in seiner dreifaltigen Selbstdefinition höchste Beziehung, und in seiner geschichtlichen Entäußerung im alten und neuen Bund hat er sich unwiderruflich an Mensch und Welt gebunden. Jesu Überwindung der Aussonderung und Sünde war eingebettet in Kontakt, Nähe, heilende Begegnung.[61]

Auf ein weiteres Argument in der theologischen Begründung weist Hermann Steinkamp hin. Jenseits von Menschenbild und zum Teil unseliger Propriumsfrage gewinnt für ihn die „Nichtdirektivität" als Prozeßmerkmal eine wichtige Bedeutung. „Das Prinzip der Nicht-Direktivität korrespondiert unmittelbar dem Subjekt-Sein des Menschen, und zwar sowohl dem faktischen wie dem immer noch zu konstituierenden." Insofern steht eine so verstandene Seelsorge im Dienste des „Subjekt-Seins vor Gott" (J. B. *Metz*).[62]

Unter praktischen Gesichtspunkten ist entschieden darauf hinzuweisen, daß es bei diesem Seelsorgeansatz um Begleitung und nicht um Psychotherapie geht. In Ausbildungsgängen (z. B. denen der deutschen Gesellschaft für wissenschaftliche Gesprächspsychotherapie [GwG]) wird immer eindringlicher zwischen Gesprächsführung, Beratung und Psychotherapie unterschieden, ganz abgesehen davon, daß einem Theologen kein Heilbehandlungsrecht zusteht. Innerhalb dieses Rahmens ist unter pragmatischen Gesichtspunkten dieser Begleitungs- und Beratungsansatz auch Nichtmedizinern und Nichtpsychologen zugänglich. Er hat den Vorteil, daß er bei entsprechender Berufserfahrung und Ausbildung auch ohne ein eigenes Studium in berufsbegleitenden Weiterbildungsangeboten realisiert werden kann.[63] Kirchliche Weiterbildungsstätten, in denen pastorale Begleitung vermittelt wird, beruhen z. T. auf diesem Konzept. Ziel ist, daß die Seelsorge vor Ort und nicht nur die hochqualifizierten Fachleute diese Möglichkeit der Gestaltungen von Beziehungen in ihrem Kontext realisieren.

2.2.2.6 Gemeinsamkeiten und Unterschiede der einzelnen Ansätze

Der theologische Begründungszusammenhang der gesprächspsychotherapeutisch orientierten Seelsorge hat sich als unterschiedlich erwiesen. Zum einen wird auf der Ebene des „Menschenbildarguments" versucht, Unterschiede und Gemeinsamkeiten zu klären, zum anderen stellen Prozeßmerkmale wie „Nondirektivität" und die Kategorie der Beziehung den Ansatzpunkt des Theologisierens dar.

– Bezugspunkt heutiger Seelsorgeansätze sind verschiedene psychotherapeutische Schulen mit einem unterschiedlichen Herkunfts- und Begründungszusammenhang. Die theologische Reflexion erwächst zum Teil – und dies weist auf Einbahnstraßen hin – aus der psychologischen Bestimmung des Feldes.

– Das Grundmodell seelsorglicher Beziehungen wird zumeist implizit in Analogie zum Therapeut-/Klient-Modell gestaltet.

– Für die Seelsorger stellt sich die Aufgabe, ihre psychologische Kompetenz in ihre theologisch christliche Identität zu integrieren.

– Die Vereinbarkeit psychologischer und christlicher Wirklichkeitsinterpretationen wird in den verschiedenen Ansätzen unterschiedlich gelöst.

Damit partizipiert die Seelsorgelehre an der für die Praktische Theologie noch nicht bewältigten Aufgabe des Verhältnisses von Theologie und Human- und Sozialwissenschaften.

Die Frage nach der kirchlichen Identität der neuen Seelsorge wurde in Abwandlung einer Systematisierung von Rainer *Preul* in vier Richtungen gelöst:[64]

1. Das Gespräch zwischen Seelsorger und Klient gewinnt erst dann seine spezifisch seelsorgliche Qualität, wenn sich zeigt, daß er neben allen möglichen anderen auch religiöse Probleme hat. Das wäre die Vorstellung einer Seelsorge im Sinne der dialektischen Theologie, die auch heute wieder stärker beachtet wird.
2. Das seelsorgliche Gespräch besitzt schon als menschliches Gespräch religiöse Dignität, was den religiösen Wert gelungener zwischenmenschlicher Beziehungen voraussetzt.
3. Das seelsorgliche Gespräch qualifiziert sich als solches durch die Motivation, Haltung und das theologische Selbstverständnis des Seelsorgers. (Dieses Modell findet sich vor allem in der klinischen Seelsorgeausbildung und in der oben angedeuteten Figur des Begleiters.)
4. Das Verhältnis von Seelsorge und Humanwissenschaften richtet sich nach dem Modell der konvergierenden Grundoption.[65]

Was heißt konvergierende Grundoption? Die bisher dargestellten Lösungen machen unterschwellig deutlich, daß sie von der Frage gesteuert sind, ob es so etwas wie ein theologisches Proprium gibt und wo man dieses theologische Proprium verorten kann. Das Modell der konvergierenden Grundoption besagt nun, daß die Propriumsdiskussion in der Sache nicht entscheidend weiterführt, sondern daß es auf die Konvergenz in der inhaltlichen Zielrichtung des jeweiligen Handelns ankommt. Hier wäre dann im Sinne *Steinkamps* unter theologischen Gesichtspunkten auf die „Befähigung zum Subjektsein vor Gott" zu verweisen. Diese theologische Zieloption ist verträglich mit der Grundintention verschiedener therapeutischer Schulen und Richtungen, nämlich der Person, dem einzelnen zum Subjektsein und zu seiner Entwicklung zu verhelfen. Es ist also eine Denkrichtung und ein Modell, das eher perspektivisch vorgeht und in der Perspektivität die theologische Frage verortet und nicht nach einem spezifischen Themenfeld sucht, in dem die Rechtgläubigkeit quasi quantifizierbar festzustellen ist.

2.2.3 Zwischen Alltagssorge und Professionalisierung

Betrachtet man die dargestellten Ansätze pastoralpsychologisch orientierter Seelsorgekonzeptionen, läßt sich – die klinische Seelsorgeausbildung vielleicht ausgenommen – der Verdacht nicht ganz von der Hand weisen, daß in diesem Verständnis von Seelsorge ihr epiphanischer Ort, die Gemeinde, zu wenig ins Blickfeld rückt. Ihren Hintergrund bilden eher die Beratungs- und Therapiepraxis, nicht der Normalfall des Seelsorgealltags – die „Zwischenfälle" in der Gemeinde. Seelsorge wurde weitgehend unabhängig von ihrem üblichen Erscheinungsort der Gemeinde formuliert. Die Fortbildungsangebote der verschiedenen pastoralpsychologischen Ausbildungsstätten haben dies inzwischen nach ihren Ankündigungen in unterschiedlichem Maße erkannt. Deshalb ist es bei allem Eintreten für die zwingend notwendigen Anliegen pastoralpsychologischer Seelsorge erforderlich, auf die „Orte" zurückzuverweisen, in denen und unter deren Bedingungen Seelsorge sich ereignet. Es ist die Balance zu halten, durchaus im Sinne eines katholischen „et ... et", zwischen der Gemeinde als Träger der Seelsorge und der notwendigen Tätigkeit spezifisch ausgebildeter, hauptamtlicher Seelsorger, die nicht nur aus Gründen der Psychohygiene auf diesen angedeuteten gemeindlichen Kontext verwiesen sind.

Rudolf *Bohren* hat die berechtigte Frage gestellt, ob der Theologe, nachdem er den „Schwarzrock" des Beichtvaters abgelegt hat, sich nun den weißen Mantel des Therapeuten umlegt, um so erneut, diesmal durch die therapeutische Kompetenz, die Gemeinde zum Objekt, zum Klienten zu machen.[66]

Jene Fortschritte, die in der Gemeindetheologie inzwischen errungen wurden, sollten auf dem Feld der Seelsorge nicht auf sublime Weise pastoralpsychologisch unterlaufen werden. Wir haben eingangs darauf verwiesen, daß die natürlich gegebenen Beziehungen im jeweiligen Kontext von Gemeinde und Gemeinschaft und die professionelle Begleitung[67] durch einen Seelsorger Grundpfeiler dieses Seelsorgeansatzes sind, also Alltagserfahrung und Grenzerfahrung. Für die Hilfe der Seelsorge gilt es, kritisch zu überprüfen, ob das seelsorgliche Beziehungsangebot in der Krise nicht unterschwellig nach dem „Defizit-Modell" (Henning *Luther*) gestaltet wird. „Ist jene Perspektive überwunden, die das Anders-Sein nicht in seiner qualitativen Besonderheit annehmen und ernstnehmen kann, sondern es auf der Folie der Normalität ... nur als Abweichung oder als zu beseitigendes Defizit ansieht? Kommunikative Seelsorge müßte dieses Defizitmodell verabschieden und fähig wie bereit werden, das Andere, den Anderen zuzulassen, in ihm zugleich das Andere seiner selbst zu erkennen. Erst in dieser nicht abwehrenden, sondern empathischen Einstellung ist Solidarität mit den Betroffenen möglich. Echte, d. h. wechselseitig ausgelegte Solidarität verliefe dann aber nicht einseitig als Hilfe für andere, sondern führte dazu, daß gerade auch von dem Anderen her wir, die wir gesund, stark, lebend ... sind, lernen können und in Frage gestellt werden."[68]

Dies gelingt um so mehr, je deutlicher Gemeinden ihr Subjektsein wahrnehmen und professionelle Seelsorger aus dieser Gemeinde heraus und zugleich ihr gegenüber ihren Dienst ausüben und sich zur Verfügung stellen. Seelsorge braucht die Rückbindung an die Koinonia der Gemeinde.[69]

2.3 ELEMENTE SEELSORGLICH-KÜNSTLERISCHEN HANDELNS

Im folgenden soll das Seelsorgegespräch als Kunstwerk verstanden und einige Momente des seelsorglich-künstlerischen Handelns identifiziert und erläutert werden. Damit ist keine „neue Seelsorgemethode" gemeint, sondern eine Blickrichtung, die als übergeordnete Kategorie methodisches Können und personale Identität miteinander verbindet.

2.3.1 Die Transformation der Methoden

Die Darstellung der verschiedenen pastoralpsychologisch orientierten Seelsorgeansätze hat gezeigt, daß unterschiedliche psychologisch-psychotherapeutische Methoden für die Theorieentwicklung und vor allem für die Praxis einen wichtigen Stellenwert einnehmen.

Seelsorge als Kunst verweist darauf, daß ihr Können weit über die methodisch richtige Handhabung von Gesprächstechniken hinausweist. Das seelsorgliche „Können als Kunst" schließt handwerkliche Perfektion ein und löst sie durch den künstlerischen Umgang damit gleichzeitig alltagssprachlich wieder auf. Die Voraussetzung dieses Könnens ist neben der Übung und dem Training die Rückbindung an Erkenntnis und Theorie als Ausdruck eines rational-sinnlichen „Sich-vertraut-Machens" mit meiner eigenen und der sich im Dialog eröffnenden Lebensgeschichte.

Der Seelsorger als Künstler ist Mitgestalter im Verstehen der Lebensgeschichte und hält die Verbindung offen zu der ausstehenden Gesamt-Gestalt menschlich-gläubiger Entwicklung. Er ist Begleiter beim Umbau des Lebensgehäuses, beim Entdecken, Entwerfen und Verwerfen neuer Möglichkeiten der Lebensgestaltung.

2.3.2 Seelsorge als Kunstwerk

Das Seelsorgegespräch als „offenes Kunstwerk" besitzt eine doppelsinnige Struktur. Es ist nicht festlegend, sondern ermöglicht in seinem Beziehungsangebot verschiedene Lesarten von Lebens- und Glaubenserfahrung zu entdecken. Pure Eindeutigkeit entspricht lediglich dem Modus der Information. Im seelsorglichen Gespräch geht es aber nicht um die Festschreibung von scheinbar objektiven Sachverhalten, sondern um das Aufspüren von oft paradoxen Facetten des Lebens, die zugelassen, erkannt und ausgehalten werden müssen. Die paradoxe Struktur von Leben und Glauben[70] erfordert eine offene Form der Erschließung.

„Das Evangelium als die Geschichte und Wirkung der Person und der Botschaft Jesu hat starre Plausibilitätsstrukturen in Politik und Religion, im Krankheitsverständnis und im Ritualverhalten aufgebrochen und in Bewegung gebracht. Evangelium als die frohe Botschaft vom nahen Einbruch des Reiches Gottes, das Evangelium nach Johannes, das die Wirklichkeit des Vaters gegen ‚diese Welt' stellt, sprengt das Wahrnehmungs- und Lebensfeld. Aus der gefängnishaften Eindeutigkeit und Blindheit der Welt wird sehende Mehrdeutigkeit. ‚Reich Gottes', das in Anknüpfung und Widerspruch zu dieser Welt angesagt wird, ist ja nicht ein geschlossenes System gegen ein anderes, sondern ermöglicht Transzendierung der vorhandenen Welt ... ‚Evangelium', strukturalistisch betrachtet, heißt, daß Gott, Welt und Mensch verschieden ‚lesbar' werden, daß es nicht nur eine, sondern mehrere Plausibilitäten und unausweichliche Erfahrungs- und Erwartungshorizonte gibt, die sich als solche gegenseitig relativieren und damit zugleich in Relation setzen. Davon lebt noch die Theologie, die diese Relation als eine paradoxe behauptet ... In diesem Sinn macht das Evangelium sich selbst und die Welt zusammen zu einem offenen Kunstwerk und entspricht das offene Kunstwerk einer Wirkung des Evangeliums."[71] Seelsorge heißt dann, für die Lesarten des Lebens eines Menschen offen sein, sie mit ihm herausfinden und auf die Lesarten Gottes mit den Menschen hin transzendieren.

2.3.3 Erkenntnis und Umkehr als Prinzip der Seelsorge

Die Auseinandersetzung mit sich selbst im Kontext des seelsorglichen Beziehungsangebots ermöglicht bisher nicht wahrgenommene Grenzen und Möglichkeiten des Lebens zuzulassen, zu erkunden und zu versprachlichen. Die Erkenntnis seiner selbst als oft schmerzhafter Prozeß ist kein rein kognitiver Vorgang, sondern ist ein gesamtmenschliches Sichwahrnehmen im Spiegel von Gottes Liebe.

In der Begegnung mit Jesus, der selbst das Gericht ist, wird das Unvollendete des Lebens offenbar und deutlich. Dieses sich Aussetzen wird möglich durch die mütterliche Barmherzigkeit Gottes[72], die Umkehr und Umkehrung erst ermöglicht. Seelsorge kann es sich leisten, sich dem Fragmentarischen des Lebens auszusetzen, weil die Identität des Lebens nicht gewaltvoll geschaffen werden muß.[73]

Als Erkenntnis und Umkehr heißt Seelsorge trauern über das Häßliche des Lebens und bereit sein, sich dem Angebot der Umwandlung zur Schönheit hin auszusetzen.

2.3.4 Vom Klischee zur Originalität

Seelsorge als Wahrnehmung und Gestaltung im Horizont des Glaubens stößt auf die Verkitschungen des Lebens. Lebenskitsch als Surrogat-Konstruktion hat die als unerträglich wahrgenommene Wirklichkeit auf Klischees und Stereotype reduziert, um so scheinbar leichter das Leben zu bewältigen. Klischees haben zwar im Alltag eine entlastende Funktion, sie verweisen jedoch auf ein Szenario, das von Originalität und Ursprünglichkeit abgerückt ist.

Im seelsorglich-künstlerischen Prozeß ist der Luxus möglich, Absicherungen zu verlassen und sich im Angesicht zu begegnen, Lebensstrukturen in Frage zu stellen, ohne sich existentiell bedroht zu fühlen. Die Auseinandersetzung mit dem Kitsch bringt den Menschen zu sich selber und setzt Potentiale zur kreativen und eigenverantwortlichen Lebensgestaltung frei. Die von der Absicht Gottes her geglaubte Einzigartigkeit eines Menschen kann so sichtbar und fruchtbar werden. Der so ermächtigte Mensch kann es sich eher leisten, auf Eigentäuschung zu verzichten und sich dem Umkehrprozeß als Erneuerungsvorgang auszusetzen.

2.3.5 „Epiphanie" des Neuen

Nach manchmal langen und mühsamen Wegen der seelsorglichen Begleitung ereignet sich oft plötzlich, unerwartet eine neue Einsicht, wird ein bisher verworrener Vorgang des Lebens deutlich, und alles erscheint klar und einfach. Solche kairologischen Momente sind sowohl Ausdruck der im Beziehungsangebot erarbeiteten Geschichte eines Menschen als auch über das Jetzt hinausweisende Klarheiten, die bisher nicht verstehbare Erfahrungen einordnen. Im Seelsorgegespräch als Kunstwerk sind solche Erfahrungen der plötzlichen Einsicht einerseits nicht herstellbar, andererseits aber gerade ein Merkmal des künstlerischen Schaffens. Das Hereinbrechen des Neuen partizipiert an der Verheißung der Geheimen Offenbarung „Seht, ich mache alles neu" (21,5) und ist kritisch gegenüber der sinnlosen, „von den Vätern ererbten Lebensweise" (vgl. 1 Petr 1,18).

Als Kunst geht es der Seelsorge um das „Wahrnehmbarmachen des Unwahrnehmbaren" (H. *Stenger*), um das Entdecken der Tiefendimension des Lebens zwischen Alltag und Krise.

3. Stationen und Konzeptionen der Pastoraltheologie

Eine auf die Praxis der Kirche und der einzelnen Christen bezogene Theorie von Pastoral und Seelsorge, die eine zukunftsfähige Konzeption von beiden entwickeln soll, steht vor der Aufgabe, die vorfindliche Praxis wahrzunehmen und kritisch zu analysieren, um Handlungsorientierungen für die zukünftige Praxis zu entwerfen. Diese Ausgangsthese erscheint selbstverständlich und plausibel. Dennoch sind in ihr wissenschaftstheoretische und -methodologische Grundfragen der Pastoraltheologie enthalten. So beispielsweise:

– die Frage nach der inneren Verbindung der praktisch-theologischen Disziplinen untereinander,

– das Verhältnis der Pastoraltheologie zu den übrigen theologischen Fächern, bes. zur systematischen Theologie,

– das Theorie-Praxis-Problem bzw. der Zusammenhang zwischen der Theoriebildung und der Praxis.

3.1 BEZIEHUNGSZUSAMMENHÄNGE UND FRAGESTELLUNGEN

Im Fächerkanon der theologischen Fakultäten ist die Praktische Theologie neben der historischen, der biblischen und der systematischen Theologie eine eigene Disziplin. (Dabei legt der Begriff „Disziplin" die Einheit der Praktischen Theologie nahe.) Wie bereits ausgeführt, besteht die Praktische Theologie jedoch aus einer Reihe von Teilgebieten, die heute kaum mehr zu einer „Einheit" zusammenzuschließen sind. Je nachdem, ob es sich um die *Verkündigung* (Predigt, Religionsunterricht, Katechese), um die *Liturgie* (Kasual- und Sakramentenpastoral), um die eigentlich *seelsorglichen Aufgaben* (Individual- und Gruppenseelsorge) und *Strukturfragen* der Pfarrgemeinde, der Gruppen und Verbände, um die *diakonische* bzw. sozial-karitative Dimension der Praxis handelt, differenziert sich jedes Gebiet in besonderer Weise aus. Diese Differenzierungen und Spezialisierungen haben ihren Grund in der Verschiedenartigkeit der kirchlichen Praxis.

In den einzelnen Abschnitten dieses Kapitels stehen folgende grundlegende Probleme mit den entsprechenden Fragestellungen im Hintergrund, auch wenn sie nicht immer ausdrücklich angesprochen werden:

1. Die Rolle der Theologie bei der Reflexion des kirchlichen und christlichen Handelns

Die Pastoraltheologie reflektiert die kommunikativen Formen christlicher und kirchlicher Praxis im Horizont des Glaubens. Daraus ergeben sich die Fragen:
- Wie ist das Verhältnis von theologischer Theorie zur Praxis zu bestimmen?
- Welches Verständnis von Theologie wird deutlich und artikuliert?
- Worauf gilt es theologisch zu achten?

2. Die Notwendigkeit einer Analyse der Zeitsituation einschließlich der geschichtlichen Dimension

Praktiker sehen sich stets vor die Notwendigkeit gestellt, die in der Praxis vorfindlichen Situationen mit der Wirklichkeit des Glaubens in Beziehung zu setzen, indem sie ihre Erfahrungen und die anderer mit den Urkunden des Glaubens, der lebendigen Tradition der Kirche und den Notwendigkeiten der Zeit verbinden, um zu erkennen, was in der Zeit „wahre Zeichen der Gegenwart oder der Absicht Gottes sind" (Pastoralkonstitution „Gaudium et spes" des II. Vatikanums Nr. 11). Daraus ergibt sich für Linus *Bopp* der „Zeitstil der Seelsorge"; nicht zuletzt im Hinblick darauf, was die Not der Zeit wendet.[1]

Im Spannungsfeld von Zeitsituationen, gesellschaftlichen und gesamtkirchlichen Bedingungen überprüft die Pastoraltheologie das konkrete pastorale und seelsorgliche Handeln. Daraus ergeben sich die Fragen:
- Welche Rolle spielt die Zeitanalyse?
- Welche Berücksichtigung finden geschichtliche Entwicklungen?
- Wie wird auf die jeweilige Zeit eingegangen?

3. Die Bedeutung der Erfahrung und Empirie für die Erfassung der Wirklichkeit

Zur Lösung der Aufgabe einer wissenschaftlichen Reflexion unternimmt es die Pastoraltheologie, für die zu formulierenden Ziele und Handlungsimpulse sowohl theologische als auch humanwissenschaftliche Reflexionsprozesse miteinander zu verbinden.

Für Antworten, die die Pastoraltheologie auf Probleme der Zeit gibt, stehen Ergebnisse empirischer Wissenschaften zur Verfügung. Daraus ergeben sich die Fragen:
- Wie wird die Praxis wahrgenommen, erhoben und analysiert?
- Werden die Erfahrungen aller Glieder der Kirche auf dem Hintergrund der heutigen Lebenswirklichkeit genügend berücksichtigt?
- Haben die Erfahrungen der Mitarbeiter einen besonderen Stellenwert?

4. Das Verhältnis von Heilsdienst und Weltdienst

Kirche ist in der Welt und für die Welt das universale Sakrament des Heils. Deshalb soll das pastorale Handeln auch dem jeweiligen Anspruch der „eigenständigen Welt-Bereiche" gerecht werden. Daraus ergeben sich die Fragen:
- Wird die Verflochtenheit des pastoralen Handelns in die Bedingungen von Welt und Gesellschaft zureichend reflektiert?
- Wie stehen Heilsdienst und Weltdienst zueinander?

5. Der Bezug zum Lebenszusammenhang

Die Wirklichkeit des christlichen und kirchlichen Lebens spielt sich nicht als Sonderbereich neben dem profanen Leben ab. Für die Pastoraltheologie ergeben sich daher die Fragen:
- Wie ist der konkrete Bezug zur Lebenswelt?
- Wie ist das Verhältnis von Leben und Glauben?
- Hat die pastoraltheologische Theorie einen „Sitz im Leben"?

Es ist eine interessante Aufgabe, einzelne Etappen und Schritte, die sich im Zusammenhang der historischen Entwicklung der Pastoraltheologie ergaben, nachzuzeichnen und theologisch zu reflektieren. Auch wenn dieser Prozeß noch im Gang ist, lassen sich im Sinne einer Wegbeschreibung ausschnittweise einzelne Stationen ausmachen und exemplarisch beschreiben, ohne den Leser mit einer Fülle historischer Detailfragen belasten zu wollen.

3.2 ZUM GESCHICHTLICHEN WEG DER PASTORALTHEOLOGIE

3.2.1 Pastoraltheologie als Universitätsdisziplin

Die Aufnahme der Pastoraltheologie in den theologischen Fächerkanon erfolgte im Rahmen der umfassenden Neu-„Einrichtung der theologischen Schulen" in den österreichischen Erblanden, die 1777 mit der Einführung des Praktischen Kurses nach der Konzeption des Benediktinerabts Franz Stephan *Rautenstrauch* abgerundet wurde.

Rautenstrauch wurde am 29. Juli 1734 in Blottendorf (Nordböhmen) geboren. Er trat in das Benediktinerkloster Břevnov-Braunau ein, absolvierte dort seine philosophischen Studien, von 1756 bis 1758 studierte er an der Theologischen Fakultät Prag Theologie und wurde am 25. September 1758 zum Priester geweiht. Nach einem zweijährigen Studium der Rechtswissenschaften an der Juristischen Fakultät Prag lehrte er ab 1761 zunächst Philosophie, dann Dogmatik und Kirchenrecht in der Doppelabtei Břevnov-Braunau, zu deren Abt er 1773 gewählt wurde. Rautenstrauchs „Entwurf einer besseren Einrichtung theologischer Schulen" (1774) bildete die Grundlage für die im gleichen Jahr begonnene grundlegende Studienreform. (1782 erschien der Entwurf unter dem Titel „Entwurf zur Einrichtung der theologischen Schulen in den k. k. Erblanden" im Druck.) 1773 zum Direktor der Theologischen Fakultät Prag und im folgenden Jahr zum Direktor der Theologischen Fakultät in Wien ernannt, entfaltete Rautenstrauch eine unermüdliche wissenschaftlich-literarische Tätigkeit zur Verbesserung des theologischen Studiums in Österreich. Rautenstrauchs Studienplan (1774 unter dem Titel „Verfassung der theologischen Fakultät" veröffentlicht) gelangte in den Jahren 1774–1778 zur Durchführung. Joseph II. betraute den inzwischen zum Wirklichen Hofrat und Mitglied der geistlichen Hofkommission ernannten Abt mit der Gründung der Generalseminarien in den habsburgischen Erblanden. Rautenstrauch starb am 30. September 1785 auf einer Visitationsreise beim Besuch des ungarischen Generalseminars in Erlau.[2]

Der häufig geäußerte Vorwurf, Rautenstrauch, der geistige Initiator der theresianisch-josephinischen Studienreform, habe durch seine Mitwirkung an der Neuorganisation der theologischen Studien diese den Staatsinteressen untergeordnet, trägt dem Gesamtzusammenhang des Reformwerks der verantwortlichen Habsburgerherrscher Maria Theresia und Joseph II. mit den geistesgeschichtlichen, gesellschaftlichen und vor allem politischen Hintergründen zu wenig Rechnung. Aufgrund wirtschaftlicher und politischer Umstände stand im

damaligen Österreich eine Neuorganisation des Staatswesens und damit vor allem eine Erneuerung des gesamten Bildungsbereichs an. Die Aufhebung des Jesuitenordens und damit die Durchbrechung seines Schulmonopols boten Maria Theresia 1773 Gelegenheit, einen neuen theologischen Studienplan in Auftrag zu geben, nachdem ein erster Reformversuch vom Jahr 1752 gescheitert war. Diese vom Jesuiten Ludwig *Debiel* vorgeschlagene Studienordnung mit der Zweiteilung in „höhere" und „niedere" Theologen (*theologi speculativi* und *theologi morales*) entsprach in keiner Weise dem Wissenschaftsideal, das von der kulturreligiösen Reformbewegung am Wiener Kaiserhof gewünscht und gefördert wurde. Es fehlten die organische Einheit der einzelnen theologischen Fächer und vor allem eine fundierte praktische Ausbildung für die Seelsorge.
So dauerte das Unbehagen am Zustand der Priesterausbildung an, das im 18. Jahrhundert zu mehreren staatlichen Reformdekreten führte.

3.2.2 Befähigung zur Praxis

In seinem 1774 von Maria Theresia in Kraft gesetzten „Entwurf einer besseren Einrichtung theologischer Schulen" umschreibt Rautenstrauch das Ziel der Theologie damit, „vollkommene Seelsorger", das bedeutet „würdige Diener des Evangeliums" auszubilden. Ziel und Aufgabe des ganzen Studiums sollen sich danach richten, welche Eigenschaften und Fähigkeiten vom kommenden Seelsorger verlangt werden.[3] Rautenstrauch gliedert die wissenschaftliche Reflexion der einzelnen theologischen Disziplinen in vorbereitende, systematische und praktische Schritte. Die Pastoraltheologie, die den Seelsorgern die „echte Praxis" vermitteln soll, teilt er in die Aufgabenbereiche „Unterweisungs-, Ausspendungs- und Erbauungspflicht" ein.

Die *Unterweisungspflicht* (ihr werden die Katechetik und Homiletik als wichtige Teile der Pastoraltheologie zugeordnet) umfaßt die Aufgaben der Verkündigung; die *Ausspendungspflicht* (ihr entspricht die Liturgiewissenschaft) beinhaltet die Feier der Eucharistie und der Sakramente; die *Erbauungspflicht*, bzw. die eigentliche Pastoraltheologie, thematisiert Fragen der Seelsorge, der „Auferbauung der Gemeinde" und des Lebens des Priesters. Diese drei Grundaufgaben der Pastoral und Seelsorge werden im praktischen Kurs, der im Rahmen der Rautenstrauchschen Studienreform 1777 zur Durchführung kam, zusammengefaßt.

Die Grundideen, die Rautenstrauch in seinem „Tabellarischen Grundriß" der in deutscher Sprache vorzutragenden Pastoraltheologie (1778) und in den „Anleitungen" für die theologischen Lehrer der einzelnen Fächer ausgeführt hat, lassen sich folgendermaßen zusammenfassen:

1. Das durchgängige Ziel des Theologiestudiums ist die Befähigung zu einer Praxis, die den Heilsauftrag Jesu Christi unter den sich jeweils wandelnden Bedingungen der Zeit gerecht zu werden versucht.

2. Aufgrund der eigenständigen theologischen Prinzipien und Methoden versteht Rautenstrauch die Pastoraltheologie als eigenständige theologische Wissenschaft.

3. Rautenstrauch teilt die einzelnen Tätigkeitsbereiche der Pastoral und Seelsorge in die Schwerpunkte Verkündigung, Liturgie und Seelsorge des einzelnen und der Gemeinde ein. Damit werden eindeutig pastorale Handlungsfelder zu Kristallisationspunkten der Einführung in die Praxis.

4. Die Ausrichtung auf die jeweiligen Lebenszusammenhänge bildet einen Schwerpunkt der pastoraltheologischen Reflexion. Durch die Einbeziehung der zeitgenössischen Philosophie und Pädagogik, vor allem durch die Übernahme von Ergebnissen der Historie – besonders der Forschungen Ludovico *Muratoris* über die „wahre christliche Religiosität"[4] – ist Rautenstrauch bemüht, eine ganzheitliche Verschränkung zwischen Glauben und Leben im Geiste der „wahren Gottes- und Nächstenliebe" zu finden. Im Sinne der Aufklärungsphilosophie und der Reformpädagogik sollen die für die Zeit prägenden Tendenzen in Erziehungslehre und Literatur in das Studium der auszubildenden Seelsorger Eingang finden.

Das Verhältnis von Theorie und Praxis, das den Studienverlauf kennzeichnet, steht im Spannungsfeld von Kirche und Staat bzw. von Kirche und Gesellschaft. Rautenstrauchs Systematisierung der Theologie ist bis heute für den Aufbau des Theologiestudiums grundlegend. Freilich muß auch darauf hingewiesen werden, daß Rautenstrauch mit seinen volksbildnerischen und erzieherischen Tendenzen auch staatlichen Reformwünschen im Bildungswesen entgegenkam.

3.2.3 Konzeptionelle Entwicklungen

Wenn Seelsorger und Gemeindemitglieder heute nach einer Standortbestimmung, nach Handlungskriterien und Zielperspektiven der Pastoral fragen, kann das im Vorwort erwähnte „Lernen aus der Geschichte und der Biographie" die pastoraltheologische Reflexion der Gegenwart anhand von exemplarisch ausgewählten Ansätzen aus der jüngsten Vergangenheit und der Gegenwart befruchten. Das Schaubild (Seite 65) möchte den Gang der Überlegungen verdeutlichen helfen.

3.2.3.1 Pastoraltheologie als Berufs- und Handlungstheorie

In einer sozialwissenschaftlichen Betrachtungsweise gilt als „Profi", wer in seinem beruflichen Handeln durch Können, Wissen und Erfahrung die Standards seiner Berufsgruppe aufrechterhält. Zum beruflichen Standard eines Seelsorgers gehört die Einsicht in Prioritäten der anfallenden Aufgaben und Tätigkeiten.

Rautenstrauchs „Tabellarischer Grundriß", der als erste systematische Anleitung für die gesamte „Pastoralwissenschaft" gelten kann[5], nimmt den Priester als Seelsorger in den Blick. (Der Ausdruck „Pastoralwissenschaft" ist dem Text der „Verfassung der theologischen Fakultät" von 1774 entnommen.) Ausschlaggebend dafür ist, daß es in der damaligen Dogmatik noch keine ausgefaltete Ekklesiologie gab, nach der *alle* Gläubigen Träger des Heilswirkens sind. Diese zeitbedingte Einschränkung des Blickwinkels war grundlegend für die unmittelbar folgenden pastoraltheologischen Lehr- und Handbücher (von Franz Christian *Pittroff*, Joseph *Lauber*, Franz *Giftschütz*, Carl *Schwarzel* u. a.), die ebenfalls das Tätigwerden des amtlich bestellten Seelsorgers, des „Pastors", reflektierten, bis mit Johann Michael *Sailer* und anderen eine entscheidende Wende eintrat.[6]

3.2.3.1.1 Beruf und Person des Pfarrers

Zu Recht stehen bis in jüngste Zeit auch Ausbildungsfragen im Mittelpunkt der pastoraltheologischen Theoriebildung. Ein typisches Beispiel dafür ist der programmatische Beitrag von Wolfgang *Steck* mit dem Titel „Der Pfarrer zwischen Beruf und Wissenschaft".[7] Dementsprechend sieht er – ähnlich wie *Rautenstrauch* – in der Pastoraltheologie eine „Theorie der pastoralen Erfahrung. Sie versucht, die Welt des Pfarrers zu einer bestimmten Zeit und unter bestimmten Bedingungen darzustellen, zu strukturieren und damit durchsichtig und verstehbar zu machen."[8] Nach Manfred *Josuttis* soll eine zeitgenössische Pastoraltheologie besonders auch „die Konfliktzonen" an den „Schnittpunkten zwischen der beruflichen, der religiösen und der personalen Dimension" in der Existenz des Pfarrers lokalisieren und wissenschaftlich reflektieren.[9]

Solche Positionen lassen deutlich werden, daß sich die pastoraltheologische Reflexion nicht in einer reinen Anwendung der Ergebnisse der systematischen Theologie erschöpft. Indem die Pastoraltheologie die Grundfragen der beruflichen Tätigkeit und der persönlichen Lebensgeschichte miteinander verbindet, trägt sie zur Identität der Seelsorger bei. Diese sind häufig in der Ausübung ihres Berufs Profis und im privaten Leben Amateure oder umgekehrt.[10] Seelsorger sind stets von Prozessen der Lebensbedrohung und vom Kampf um die Rettung des Lebens mitbetroffen und sollen die ermutigenden und „anstößigen" Kräfte der biblischen und kirchlichen Tradition zur Erhaltung des Lebens neu entdecken.[11]

3.2.3.1.2 Amtshandlungen oder Kasualien als Hilfe zur religiösen Sinnstiftung

Nach *Rautenstrauchs* „Entwurf zur Einrichtung der theologischen Schulen" und seinem „Tabellarischen Grundriß" der Pastoraltheologie behandelt die „Verwaltungs- und Ausspendungspflicht" die pastoraltheologischen und -praktischen Gesichtspunkte der Sakramentenpastoral.

Das theologische Nachdenken über die sog. „Amtshandlungen" oder „Kasualien" führte in der weiteren Entwicklung zur Ausprägung typischer Formen der pastoraltheologischen Theoriebildung. Werner *Jetter* bezieht den Gottesdienst als „entscheidendes Ereignis kirchlicher Praxis" (Eberhard *Jüngel*) in den Bereich der Fragestellungen mit ein und macht ihn damit für die pastoraltheologische Reflexion zu einem wichtigen Gegenstand.[12]

Die Bemühungen, aus einer Theorie der Kasualien ein integratives Element der praktisch-theologischen Wissenschaft zu machen, führen bei Volker *Drehsen* zu einer Topographie, einer Art „Landkarte", derselben.[13] Aus der Analyse von Gestalt und Prozeß ergeben sich Gesichtspunkte pastoraltheologischer Handlungskonzepte. Ihr Ziel ist die Strukturierung der Amtshandlungen auf ihre soziale, kulturelle und situative Dimension im Hinblick auf eine Theorie und Theologie der Amtshandlungen. Gottesdienst, Riten, Kult, Symbole, Sakramente, Gebete, Liturgie sind ein wesentlicher Teil der pastoralen Praxis und somit der pastoraltheolo-

PASTORALE PRAXIS IM SPANNUNGSFELD VON

GESELLSCHAFT

a) Pastoraltheologische Ansätze verstehen Pastoraltheologie als

- Praktisch-theologische Ekklesiologie (KLOSTERMANN)
- Hermeneutik des mit der Lebenswirklichkeit verbundenen authentischen Glaubens (PANNENBERG)
- Theologische Theorie des Heilsauftrags des Christen in der Welt (SAILER)

b) Pastoraltheologische Ansätze verstehen Pastoraltheologie bzw. Praktische Theologie als

- Empirische Handlungswissenschaften (DAIBER)
- Kritische Theorie (OTTO)
- Vergleichende Pastoraltheologie (EXELER)

c) Von Theorie und Praxis abgeleitete Ansätze verstehen Pastoraltheologie unter den Gesichtspunkten

- Seelsorge als Dienst am Evangelium (RAUTENSTRAUCH)
- Kirchenregiment Kirchenleitung (SCHLEIERMACHER)
- Theorie bzw. Theologie der Amtshandlung (SCHRÖER)
- Berufstheorie der Funktionsträger (JOSUTTIS)
- Praktisch-theologische Ästhetik (BOHREN)

GEMEINDE

INDIVIDUUM

KIRCHE

gischen Reflexion. Für die Mitarbeiterinnen und Mitarbeiter im pastoralen und seelsorglichen Dienst stellt sich z. B. bei der Taufe, im Trauerfall, am Krankenbett und bei der kirchlichen Trauung das Problem, daß ihnen der unmittelbare Lebenszusammenhang der vom Kasus Betroffenen (zu) wenig vertraut ist. In der Praxis treten vorbereitende Gespräche, die Liturgie und die nachgehende Begleitung immer stärker auseinander. Ein integrativer Ansatz, der die in der Praxis vorhandene *Einheit* von Personen und Handlungen berücksichtigt, wird als hilfreich empfunden, zumal die Kasualien nach Drehsen – vornehmlich an den Knotenpunkten des Lebens – zur Sinndeutung und damit zur Identitätssicherung beitragen.[14] Indem kritische Lebensereignisse den normalen Lebensablauf und -rhythmus „unterbrechen" bzw. „verdichten", stellen sie das eigene Lebenskonzept und die Lebensführung anderer in Frage. Das Ritual, das besonders an den Lebenswenden eine Rolle spielt, beinhaltet religiöse Deutungsmuster, die dem einzelnen und der Gemeinschaft helfen, die Identität zu bewahren oder gegebenenfalls neu zu finden. Insofern helfen liturgische und sakramentale Vollzüge, Leben zu *deuten* und zu bewältigen.[15]

Ein solches Bemühen um die Vermeidung von Brüchen und Widersprüchen im pastoralen Alltag ist für Peter *Cornehl* ein wesentliches Kriterium für Perspektiven eines integrativen Ansatzes der pastoralen Theoriebildung, ein Anliegen, das durch Praxiserfahrungen an Bedeutung gewinnt.[16]

3.2.3.2 *Pastoraltheologie als theologische Theorie der christlichen und kirchlichen Heilssendung*

Mehrere pastoraltheologische Entwürfe thematisieren Direktiven des christlichen und kirchlichen Tuns, indem sie unmittelbar die Frage nach dem Verständnis von Kirche und Gemeinde und dem Zusammenhang der Sendung der Kirche in die Welt stellen.

3.2.3.2.1 Die sich selbst erbauende Kirche

In einer „Kritischen Darstellung des gegenwärtigen Zustandes der Praktischen Theologie" (1841) beschreibt der Tübinger Privatdozent Anton *Graf* die Theologie als „das wissenschaftliche Selbstbewußtsein" der Kirche oder als „Wissen durch die Kirche und um die Kirche".[17] Damit ist die Kirche Gegenstand der Theologie und zugleich ihr Konzentrationsprinzip.[18] Während das Werden der Kirche Gegenstand der biblischen und historischen Theologie, das göttliche Wesen Gegenstand der systematischen Theologie ist, bringt die Praktische Theologie die Erbauung der Kirche in die Zukunft zur Darstellung. Mit der von Graf gewählten Bezeichnung „Praktische Theologie" setzt er sich bewußt vom Begriff „Pastoraltheologie" ab, um zum Ausdruck zu bringen, daß es bei der Erbauung der Kirche nicht um das Handeln des einzelnen Geistlichen, sondern der ganzen Kirche geht.

Anton Graf wurde am 23. Mai 1811 in Baldern (Württemberg) geboren. Im Wintersemester 1830/31 begann er sein Theologiestudium in Tübingen. Nach seiner Priesterweihe 1835 wurde er zunächst Vikar in Ravensburg und 1837 Repetent am Wilhelmsstift in Tübingen. 1838 zum Privatdozenten an der Tübinger Katholisch-Theologischen Fakultät ernannt, verteidigte er am 19. November 1840 in

einer öffentlichen Antrittsdisputation 36 Sätze aus der Praktischen Theologie, woraufhin er 1841 zum außerordentlichen Professor für Pastoraltheologie ernannt wurde. Schon 1843 schied Graf – vermutlich im Zusammenhang staatskirchenpolitischer Auseinandersetzungen zwischen der Fakultät und der Regierung in Stuttgart – aus dem Hochschuldienst aus. 1844 verlieh ihm die Katholisch-Theologische Fakultät für seine sechsjährige Lehrtätigkeit den Doktorgrad. 1848 erhielt er die Ehrenmitgliedschaft der Theologischen Fakultät der Karls-Universität in Prag. Am 1. Mai 1861 wurde Graf zum Dekan des Dekanats Wiblingen ernannt. Er starb am 24. April 1867.[19]

Die Kirche will „in allen Menschen den in Liebe tätigen Glauben, kurz das subjektive Christentum unter Gottes Beistand pflanzen, erhalten, vervollkommnen, vollenden, will im Namen ihrer Glieder das im Innern Lebendige äußerlich dem inneren Drang gemäß darstellen, will eben durch diese Erbauung des einzelnen sich selbst erbauen, sich selbst erweitern, als den Leib Christi sich erhalten, reinigen, vollenden zum ewigen Leben ihrer Glieder und zur Verherrlichung Gottes und Jesu Christi".[20]

Für die Einteilung der Praktischen Theologie wählt Graf nach der Grundlegung die beiden Hauptteile „Wissenschaft und Theorie des Kirchenregimentes" und „Wissenschaft und Theorie des Kirchendienstes". In der Theorie des Kirchenregimentes bringt er vor allem jene Tätigkeiten zur Sprache, die sich auf die Gesamtkirche beziehen. Der Kirchendienst hat die Pastoral und Seelsorge der Gemeinden zum Inhalt. Es war Graf nicht vergönnt, sein Konzept der Praktischen Theologie zu einem vollständigen Lehr- oder Handbuch auszuarbeiten. Sein Verständnis der Pastoraltheologie bzw. der Praktischen Theologie bildete jedoch die Grundlage für weitere Überlegungen zu einem „ekklesiologischen Ansatz" der Pastoraltheologie, der exemplarisch seinen Niederschlag im „Handbuch der Pastoraltheologie" (1964–1972) gefunden hat.[21]

3.2.3.2.2 Die Praxis der Kirchenleitung

Schleiermacher, der auf evangelischer Seite die Wissenschaftstheorie der Praktischen Theologie maßgebend geprägt hat (vgl. bes. unten S. 130f. u. oben S. 39f.)[22], weist ihr die Aufgabe zu, vor allem Begründungen und Orientierungen für die Praxis der Kirchenleitung zu vermitteln. Darin sieht er das einheitsstiftende Element der gesamten Theologie. Nach Schleiermacher kann die Praktische Theologie sinnvoll nur im Verbund mit den übrigen theologischen Wissenschaften verstanden werden. Schleiermacher konzipiert die Aufgaben der Praktischen Theologie im Zusammenhang mit den Lebensvorgängen von Kirche. Darin läßt sich eine eindeutige Verbindung zur Kategorie des Lebens als bedeutsamer Bestimmungsgröße für die Pastoraltheologie ausmachen.

Für Schleiermacher entsteht Theologie „als das Wissen derer, die an der Kirchenleitung teilhaben".[23] Als „Theorie aus Erfahrung" vermittelt sie das notwendige „Regelwissen" für das allgemeine religiöse Leben und besonders für die Ausübung der Leitung der christlichen Gemeinde. Das eigentliche Ziel der Theologie und der Kirchenleitung besteht darin, „das Christentum nach seinem Wesen und seiner Praxis reiner darzustellen".[24] Ähnlich wie Graf unterscheidet Schleiermacher zwischen den Aufgaben der Seelsorge in den einzelnen Gemeinden, den sog. „Kirchendienst" und den Leitungsaufgaben in der Kirche, dem „Kirchenregiment".

Die besondere Aufgabe der Seelsorge besteht nach Schleiermacher darin, die „geistige Freiheit der Gemeindemitglieder zu fördern, um dem einzelnen so zur Glaubensentscheidung zu verhelfen".[25]

3.2.3.2.3 Gemeinde als Prinzip des christlichen Handelns

Das Ziel des kirchlichen Heilsdienstes ist kein anderes als das Ziel der Sendung Jesu Christi, durch den sich Gottes Heilshandeln in der Welt vollzieht. Für den 1982 verstorbenen Wiener Pastoraltheologen Ferdinand *Klostermann* ist das kirchliche Handeln – diesem entspricht im Verständnis des Autors das „gemeindliche" Handeln – einzig und allein vom Ur-Bild Jesu her zu interpretieren: „von seiner Person, seinem Leben, seinem Tod, seiner Botschaft und von dem, was wir ‚Auferweckung' nennen".[26] In dem 1965 erschienenen Werk „Prinzip Gemeinde"[27] entwickelt Klostermann, der als Konzilstheologe am Zweiten Vatikanischen Konzil teilnahm, seine Überlegungen zu einer praktisch-theologischen Lehre der Kirche. Kirche als Stiftung Jesu ereignet sich wesentlich als Gemeinde und in der Gemeinde, so daß sich für Klostermann daraus de facto die Gleichsetzung ergibt: Kirche ist Gemeinde.

Klostermann stellt fest, daß sich Jesus „nicht nur an das breite Volk, an die große Menge" wendet, „sondern aus diesem namenlosen Hintergrund sammelt er Jünger, ruft sie in ein persönliches Verhältnis, in eine Schicksalsgemeinschaft mit ihm". „Aus ihnen bildet er die Jünger-Gemeinde derer, die ihm buchstäblich nachfolgen (vgl. Mk 10,21) oder ... an ihn glauben (Joh 8,31f.; Apg 6,1f.7 u. a.). In diese Gemeinde hinein ruft er den einzelnen. Aus diesem Kreis wählt er die Zwölf und sendet sie aus ‚in Kraft und Vollmacht' (Lk 9,1) ... Ihnen verheißt er ‚den Geist der Wahrheit' als Beistand und Bezeuger seiner eigenen Gegenwart bis zu seiner Wiederkunft (Joh 14,15–17; 16,5–15). Vor seinem Opfertod stiftet er für diese Gemeinde noch ein Mahl zu seinem Gedächtnis, das sie also auch als sichtbare Mahlgemeinde zusammenhalten sollte bis zur Erfüllung im Reiche Gottes (Lk 22,16) ... Diese Jüngergemeinde verstand sich von Anfang an als Stiftung Jesu, aber doch als Stiftung Jesu in die Zukunft hinein, als die Gemeinde Christi zwischen seinem Weggang und seiner Wiederkunft ..."[28]

Nach Klostermann entsteht Gemeinde dadurch, daß Menschen Jesus nachfolgen und leben wie er. Dadurch werden die Christen als „Nachfolger" in die von Gott begonnene und vorangetriebene Lebenstradition eingefügt, die in Jesus Christus ihren Höhepunkt erreicht hat. So sammelt sich Gott das Volk, die Gemeinde der Erlösten. Diese Gemeinde und ihre Glieder sind aufgerufen, den Menschen vorzuleben, welche Absicht Gott mit der Welt und den Menschen hat. Damit bildet die Kirche, die Gemeinde, gewissermaßen ein „Vorausbild" für die von Gott gedachte, eschatologisch ausgerichtete Menschheit.

Die Gemeinde soll als „das Ursakrament des ... Erbarmens Gottes"[29] das Heilszeichen für die Welt (sacramentum mundi) sein, um Gottes Intentionen mit den Menschen in der Zeit lebendig zu halten. Im Hinblick auf das Leben der Kirche und der Gemeinde wird damit die Pastoraltheologie zu einer „Theologie dieses Lebens".[30] Klostermanns Grundideen lassen sich als eine „kritische Hermeneutik" des christlichen Handelns bezeichnen. Insofern er bemüht ist, das Handeln der

Gemeinde in Beziehung zu der sie umgebenden Welt zu sehen, entspricht sein Grundansatz „Gemeinde als Prinzip des kirchlichen Lebens" seinem Verständnis von Pastoraltheologie, die eine Theologie des Lebens der Gemeinde im Hier und Heute mit der Dynamik in die Zukunft ist.[31]

3.2.3.2.4 Dienst an der Menschheit durch die Vereinigung mit Gott

Eine theologische Theorie der Pastoral steht immer vor der Frage: Führen das christliche Handeln und die seelsorgliche Praxis Gottes Absichten weiter und verändern sie Situationen dahingehend, daß Gottes Heil in Christus im Tun der Menschen konkret nachvollziehbar realisiert wird? Insofern gehört die im vierten Kapitel beschriebene theologische „Zentralidee" Johann Michael *Sailers*: „Gott in Christus – Heil für die Welt" im Zusammenhang der Beziehung: Gott–Mensch und Mensch–Gott zur theologischen Reflexion über die Heilssendung der Christen für die Welt.

Der Auftrag der *Pastoral* besteht aus dieser Perspektive darin, Gottes Heilswirken für das menschliche Leben fortzuführen. Durch seine erlösende Hingabe „bis zum Tod am Kreuz" (Phil 2,8) offenbarte Jesus Christus den Menschen die Liebe des Vaters und damit das wahre Leben. Indem die Kirche von diesem Leben kündet, es im Gottesdienst feiert und Menschen zum liebenden Tun ermutigt, erweist sich ihre Sendung als Dienst an der Menschheit.[32] Die Aufgabe der *Pastoraltheologie* als Wissenschaft sieht Sailer darin, dieses Leben zu „bilden" und zu reflektieren.[33] Im Sinne Sailers ist Pastoraltheologie nicht bloß eine Berufstheorie der Priester, sondern eine Theologie des christlichen und kirchlichen Lebens.

3.2.3.3 *An der christlichen Lebenspraxis orientierte pastoraltheologische Theorien*

Die Verwirklichung der pastoralen Aufgaben in den Formen der Glaubensweitergabe, der Feier der Liturgie, der Seelsorge und der Diakonie geschieht in Verbindung mit Tendenzen und Bestrebungen der jeweiligen Zeit. Daraus ergeben sich Anfragen an die Praxis der Kirche und des einzelnen Christen. So stellt sich z. B. die Frage, ob tatsächlich Themen aufgegriffen werden, die von der Situation her von Bedeutung sind. Die gesellschaftskritische Dimension des Glaubens soll sich im politischen Bewußtsein der Christen wiederfinden. Es gilt, das in Jesus Christus gekommene Heil Gottes im Schnittpunkt von gesellschaftlichen Systemen und der alltäglichen Lebenswelt gelebte Wirklichkeit werden zu lassen.

3.2.3.3.1 Das ungeteilte Leben als Ausgangs- und Zielpunkt

Wie bereits ausgeführt, sieht Linus *Bopp* im „ungeteilten Leben" den Ausgangs- und Zielpunkt jeder Seelsorge. Angesichts der deutlichen Sehnsucht nach einem vertieften Leben und der vielfältigen Angebote zur Lebensbewältigung innerhalb und außerhalb des christlichen Glaubens ist der Ansatz von Bopp besonders aktuell:

Seelsorge ist stets situationsbezogen und offen für Lebensthemen und -fragen zu verwirklichen.

Gründe für die weltweite Verbreitung religiöser Aufbrüche und Bewegungen liegen in den Wünschen und Bedürfnissen, auf die diese Aufbruchsbewegungen Antworten geben. Diese Sehnsüchte und Bedürfnisse liegen sowohl auf der *kognitiven Ebene* als auch auf der *emotionalen Ebene* und auf der Ebene des konkreten *Handelns*. Das „ganzheitliche" Konzept von Seelsorge beinhaltet im Sinne Bopps die Sorge um den Ausgleich zwischen der kognitiven und emotionalen „Verarbeitung" der menschlichen Probleme. Für das ziel- und zeitgerechte Handeln der Seelsorgerinnen und Seelsorger spielt vor allem die Ebene der Beziehung und Kommunikation eine wichtige Rolle.

Für Pastoral und Seelsorge ist es zunehmend wichtig, aus dem Evangelium überzeugende Deutungsangebote der Existenz und des Lebens bereitzuhalten. Dabei kommt es darauf an, die Erfahrungen des einzelnen und der Gemeinschaft in den größeren Lebenszusammenhang der Geschichte Gottes mit den Menschen hineinzustellen. Gottes Ja zum Menschen und zur Welt verschränken Leben und Glauben derart lebensstiftend, daß Pastoral und Seelsorge daran gemessen werden müssen, inwieweit sie zum „wirklichen Leben" verhelfen. Dieses ist das Fundament, „auf dem sich das Gottesreich erhebt".[34]

3.2.3.3.2 Lebenswissen und Lebensstil aus dem Evangelium

Bei der Verwirklichung seines Lebens folgt der einzelne bewußt oder unbewußt einem bestimmten Lebensentwurf. Es ist ein Kennzeichen unserer Zeit, daß sich Menschen mit einer Vielzahl – einander teilweise widersprechender – Angebote zur Lebensbewältigung auseinandersetzen müssen.

Paul M. *Zulehner* kommt bei der Frage, welche Rolle die Religion im Leben der Durchschnittsmenschen spielt, zu der Feststellung, daß der heutige Mensch an „Lebensheiligtümern" interessiert ist, die mit den uralten religiösen Wünschen der Menschheit in Verbindung stehen: den Wünschen nach Individualität, Macht und Freiheit, Beheimatung und Besitz. In unserer Gesellschaft finden sich diese Lebensheiligtümer am ehesten noch in den sog. „kleinen Lebenswelten", die durch die Grundäußerungen einer expliziten Religion vor allem in Form des Rituals gefestigt und gesichert werden. Das jedoch reduziert Religion zu einem wirksamen „heiligen Schild".[35] An solchen Stellen wird deutlich, welche Tendenzen eine Pastoral, die dem Menschen auf der Suche nach dem „wahren Leben" hilft, begünstigt.

Diesem Ansatz entsprechend ist die Begleitung von Lebensgeschichten *die* Aufgabe von Seelsorge und Pastoral. Die notwendige Orientierung für die Lebensgestaltung aus dem Evangelium verlangt nach geeigneten Maßstäben, die helfen, die vorausgehenden oder zugrundeliegenden Zielsetzungen jeder Lebenspraxis zu prüfen. Zulehner sieht eine Entsprechung zwischen Grundsehnsüchten des Menschen und biblischen Schlüsselworten wie „Frieden", „Befreiung", „Hoffnung", „Leben", „Heilen" und „Auferweckung".[36] Aus dem Wunsch nach Ansehen, Besitz und Macht entstehen Widersprüche zu den lebensfördernden Impulsen des Evangeliums. Es gibt eine bleibende Differenz zwischen dem Auftrag Jesu und dem alltäglichen Handeln der Christen, für deren christliche und kirchliche Praxis im Wort und Wirken Jesu maßgebende „Kriterien" vorgegeben sind. Nach Zulehner ist es Aufgabe einer pastoralen „Kriteriologie“, die Entsprechungen und Widersprüche der christlichen und kirchlichen Lebenspraxis des einzelnen und der kirchlichen Gemeinschaft zu den Impulsen des Evangeliums festzustellen und aufzudecken. Da sich der Lebensstil des einzelnen und der Kirche jeweils unter bestimmten Zeitumständen und an einem bestimmten Ort verwirklicht, ist es notwendig, nicht nur nach den soziokulturellen Bedingungen und Einflüssen, sondern – im Sinne der Absichten Gottes – nach den „Zeichen der Zeit“ zu fragen, um im richtigen Augenblick das Rechte tun zu können. Solches ist nach Zulehner das Anliegen einer pastoralen „Kairologie“. „Sie unterstellt, daß Gott der Herr der Geschichte ist und daß es keine Situation gibt, in der Gott nicht handelnd gegenwärtig ist. Eben und erst dies macht aber die vermeintlich weltliche Situation zu einem theologischen Ort, zu einem ‚Kairos‘.“[37]

Dafür bietet die Entwicklung eines am Evangelium ausgerichteten „Lebenswissens“ Orientierung, an die sich der einzelne in der Vielzahl miteinander konkurrierender Lebenswissen halten kann.[38] Die „Begleitung von Lebensgeschichten“ wird vor allem in einer „mystagogischen Seelsorge“ konkretisiert.[39] Als Konkretion einer evangelisierenden Pastoral fordert Zulehner, daß „der Text des Lebens und der gläubigen Überlieferung ineinander verwoben gelesen und daraus Folgerungen für das Handeln der Christen und die Gestalt der Kirche abgeleitet“ werden.[40] Die von Zulehner vertretene „lebensfördernde Pastoral“ entspricht der angemahnten „Lebenskultur nach dem Evangelium“. Diese kann die für unsere Lebenswelt(en) heilende und befreiende Nähe Gottes vergegenwärtigen helfen.[41]

3.2.3.3.3 Pastorale Diakonie als Weiterführung der dienenden Liebe Gottes

Im Sinne seiner ekklesiologischen Reflexion geschieht für Ottmar *Fuchs* in den Grundvollzügen von Caritas und Diakonie Begegnung mit dem Herrn in der Gestalt der Armen, Leidenden und am Rand Stehenden.[42] Nach Rolf *Zerfaß* wird dieser Vorgang „in den Kirchen der Dritten Welt als die Evangelisierung der Kirche durch die Armen“ bezeichnet.[43] Ein zentrales Anliegen von Fuchs ist der wechselseitige Bezug zwischen organisierter Diakonie und der authentischen Bezeugung und Verkündigung des Glaubens, wofür die Gottesvorstellung der Exodustradition den biblischen Hintergrund bildet. Hier ist Gott derjenige, der entschieden auf der Seite der Menschen steht, ihnen seine Treue niemals entzieht und in der jeweiligen Bedrängungs- und Befreiungsgeschichte von Menschen als verläßlicher Wegbegleiter erfahren wird.[44]

In Jesu Wort und Handeln erweist sich dieser Gott als ein real helfender Gott, der als der Heilende und Versöhnende verkündet werden soll. Indem Jesus Kranke heilt, Aussätzige rein werden läßt und sich der Armen annimmt, interpretiert seine Lebenspraxis zugleich seine Botschaft. Ebenso gilt, wo Jesu Liebe gelebt wird, wird seine Botschaft glaubwürdig weitergegeben. Wer sich von den Fragen und von der Not der Menschen betroffen machen läßt, wird das Evangelium immer wieder neu so zu entdecken und zu erzählen versuchen, wie es der dienenden Gesinnung Jesu entspricht. Dabei wird die gemeinschaftliche Realisierung der Diakonie zum integralen Bestandteil des authentischen Zeugnisses der Nachfolgegemeinschaft Jesu.

Die Verwirklichung der Diakonie hat nach Fuchs vier grundlegende Perspektiven:

– Die Betroffenen müssen das Notwendige tun (*praktisches* Anliegen);

– Barmherzigkeit und Gerechtigkeit gehören unbedingt zusammen (*grundlegender* Aspekt);

– die Erfahrung bestätigt, daß derjenige, der hilft, zugleich auch empfängt (*anthropologischer Gesichtspunkt*);

– Gottes Diakonie am Menschen ruft den gegenseitigen Heilsdienst am Menschen hervor (*theologische* Dimension).[45]

Aus der „Glaubens- und Tatzugehörigkeit" zum Reich Gottes ergibt sich unter Bezugnahme auf das II. Vatikanum das entsprechende Kirchenbild. Dieses schließt die gesellschaftliche Verantwortung der Kirche ein und übersteigt in den „neuen ‚konziliaren Prozessen' ... quer durch die Konfessionen" herkömmliche Sozialformen von Kirche.[46] Aus der diakonischen Praxis erwächst der Glaubensdialog unter allen Beteiligten: den Trägern, den Mitarbeiterinnen und Mitarbeitern und den „Klienten". Sie alle sind Kirche und „brauchen einander, um den Ruf Gottes aus der gegenwärtigen ... Situation heraus zu vernehmen und ihm zu folgen".[47] Für Zerfaß ist die Kirche „jener von Gott eröffnete Freiraum, wo Gesunde und Kranke, behinderte und nichtbehinderte Menschen miteinander leben und voneinander lernen dürfen".[48]

3.2.3.3.4 Schöpferische Wahrnehmung als Grundlage des pastoralen Handelns

In der gegenwärtigen Übergangssituation, die von manchen als „Krise" im eigentlichen Wortsinn gedeutet wird, spielt die unvoreingenommene *Wahrnehmung* der pastoralen Wirklichkeit eine wichtige Rolle. Die Voraussetzung jeder Wahrnehmung ist das realistische Anschauen und Annehmen der konkreten Gegebenheiten. Dazu gehört die Bereitschaft, die in der jeweiligen Situation liegenden Herausforderungen aufzugreifen – auch im Sinne des in der Zeit vorgegebenen „Kairos".

Bereits Ferdinand *Klostermann* sah darin eine zentrale Aufgabe der Pastoral, sich dem Anspruch des jeweiligen *Kairos* als einer „gottgegebenen Möglichkeit" zu stellen. In seinen Wiener Vorlesungen und zahlreichen Vorträgen vertrat er die Grundidee der Notwendigkeit einer „Kairologie".

Nach Walter *Fürst* rechnet die Pastoraltheologie immer mehr damit, „daß das Spezifikum christlich-kirchlichen Handelns nicht etwas neben dem soziologisch und psychologisch Faßbaren ist", sondern aus einer bestimmten „Kon-Figuration" zusammenwirkender Handlungselemente besteht, die Ausdruck der „christlichen Lebenshoffnung" sind.[49] Fürst bestimmt die Aufgabe der Praktischen Theologie bzw. der Pastoral dahingehend, daß sie die für ein Handeln im Geist Jesu Christi erforderliche Unterscheidungsfähigkeit zu entfalten bzw. einzuüben sowie die entsprechende Entscheidungskompetenz auszubilden hat. Der Autor plädiert für die intensive Beachtung der ästhetischen Dimension der Pastoraltheologie im Sinne einer pastoralen „Wahrnehmungslehre", die dazu beiträgt, die konkrete Gestalt des pastoralen Tuns besser erfassen und reflektieren zu können.[50] Für ein pastoral kompetentes Handeln und Verhalten fordert Fürst ein „dialogisches Miteinander von theologisch-wissenschaftlicher und pastoral-praktischer Kompetenz als kommunikativ-christliche Fähigkeit".[51] Eine solche „glaubensästhetische Kompetenz"[52] kann zur „lebenspraktischen Einheit von Praxis und Lehre, Erfahrung und Reflexion" verhelfen, die ursprünglich in der „christlichen Weisheit" zu finden war.[53] Daraus folgernd versteht Fürst unter „theologischer Kompetenz" die „praktisch-theologische Urteilskraft", die die bereits genannten pastoral-praktischen und theologisch-wissenschaftlichen Fragestellungen miteinander verknüpft.[54] Diese praktisch-theologische Urteilskraft verhilft der Seelsorgerin und dem Seelsorger dazu, Lebens- und Glaubenserfahrungen zur Sprache zu bringen und in der Anerkennung des andern die bei ihm schon immer vorhandenen Kompetenzen zu entdecken und zu unterstützen.[55]

Ähnliche Gedanken finden sich in R. *Bohrens* „theologischer Ästhetik". Zur Bildung und Erneuerung der Gemeinde aus dem Geist des Evangeliums trägt nach ihm vor allem die *schöpferische Kraft* bei, die das Wirken Gottes im Leben der Gemeinde und des einzelnen sichtbar werden läßt.[56] Zur richtigen Wahrnehmung des Seelsorgers gehört für Bohren ein bewußtes Lernen im „Umgang mit Menschen", im „Umgang mit seiner eigenen Zeit" und im „Umgang mit Gott".[57]

> „In der Seelsorge geht es um eine neue Art des Sehens. Es geht darum, den Menschen so zu sehen, wie die ‚Welt' – und das ist auch die Welt meiner Sinnesorgane – ihn nicht sehen kann: nämlich als einen Menschen, für den Christus lebt, als einen Menschen, der in Christus ein neues Leben hat. Das konkret Sichtbare mit dem Sehen des Auferstandenen zu verquicken, den Auferstandenen vor und hinter dem sichtbaren Menschen zu ‚sehen', das ist Seelsorge. In ihr geht es um ein Sehen im Doppelsinn, um ein Beobachten des Sichtbaren und ein Sehen im Vorschein des Kommenden. Das primäre Problem der Seelsorge als Akt des Sehens ist der Glaube des Seelsorgers. In der Begegnung mit seinen Mitmenschen glauben, das ist das Schwerste in der Seelsorge: In der Gegenwart eines Zeitgenossen Jesus als Zeitgenossen festhalten."[58]

3.2.3.3.5 Vergleichende Pastoral-Theologie als Lern-Hilfe

Für das Lernen des Seelsorgers hat Adolf *Exeler* mit seinem Programm einer vergleichenden Pastoral und Pastoraltheologie einen m. E. noch zu wenig beachteten Weg aufgezeigt.[59] Exeler weist darauf hin, daß für die Bewältigung schwieriger pastoraler Probleme ein Vergleich gelungener Lösungsversuche hilfreich sein kann. Für die Ebene der Pastoral sind das Ernstnehmen der verschiedenen Lebensräume, das Wahrnehmen der unmittelbar praktischen Impulse, vor allem aber die dialogische Grundhaltung entscheidende Voraussetzungen. *Vergleich* bedeutet in diesem Zusammenhang nicht *Wertung*, sondern fruchtbaren *Austausch*.

Für die Ebene der Pastoraltheologie fordert *Exeler* eine „bewußte ‚Ökologie der Theologie'". Die verschiedenen Typen von Theologie sollen als gleichberechtigte Partner miteinander ins Gespräch kommen. Im Vergleich zu der hierzulande noch immer vorherrschenden Universitätstheologie kann die in den jungen Kirchen entwickelte Art, Theologie zu treiben, helfen, den „Ursinn" von Theologie besser zu verwirklichen, daß Menschen aufgrund geistlicher Erfahrungen ihr Leben aus dem Glauben zu reflektieren und zu artikulieren versuchen.

Während in der akademisch betriebenen Universitätstheologie theologische Wissenschaftler die eigentlichen Subjekte der Theologie sind (die „Laien" sind eher nur passive Empfänger ihnen vermittelter theologischer Erkenntnisse), sollen sich nach Exeler die Theologen in jene Lebensräume begeben, in denen Menschen ihre Fragen und Zweifel äußern und das, was ihr Leben ausmacht, aussprechen.

Die vergleichende Pastoraltheologie will dazu anregen, im Gespräch mit den einzelnen Ortskirchen der verschiedenen Kontinente die befreiende Kraft des Glaubens für das Leben neu zu entdecken.

3.2.3.4 *Pastoraltheologie als eher sozialwissenschaftlich orientierte Theorie*

Innerhalb der praktisch-theologischen Diskussion um das Selbstverständnis des eigenen Wissenschaftskonzepts gibt es bei aller Unterschiedlichkeit der Positionen einen nahezu einheitlich akzeptierten Konsens: Praktische Theologie ist Handlungswissenschaft. Hinter den wissenschaftstheoretischen Überlegungen zur Begründung des Faches steht das Bemühen, einerseits die Besonderheit der *praktischen* Theologie gegenüber den *historischen* und *systematischen* Disziplinen abzugrenzen, andererseits aktuelle Problemstellungen in ihren umfassenden kirchlichen und gesellschaftlichen Zusammenhängen zu analysieren, um Handlungsimpulse für das christliche und kirchliche Handeln zu gewinnen.

3.2.3.4.1 Probleme der handlungswissenschaftlichen Theoriebildung

Aufgabe der praktisch-theologischen Theoriebildung ist ein kritischer Vergleich zwischen der mit empirischen Methoden erhobenen und analysierten gegenwärtigen und der anzustrebenden zukünftigen Praxis.

Im Schaubild wird versucht, diese Zusammenhänge darzustellen. Die in den Segmenten der beiden Kreise (gegenwärtige und zukünftige Praxis der Gemeinde) symbolisch abgebildeten Handlungsfelder (u. a. Glaubensweitergabe, Arbeit in Gremien und Ausschüssen, missionarische Aktivitäten, Familienpastoral, Krankenseelsorge, Gottesdienst) stehen stellvertretend für alle Praxisfelder in der Gemeinde. Rolf *Zerfaß* führt zu einer solchen Art der pastoraltheologischen bzw. praktisch-theologischen Theoriebildung u. a. aus:

„Empirische Situationserhebungen können und wollen, besonders wenn sie von den Kirchen in Auftrag gegeben werden, dazu beitragen, daß eine adäquatere, situationsgerechtere Antwort … auf die Bedürfnisse möglich wird, die sich in der Störung des überlieferten Handlungsgefüges anmelden. Sie können dies aber nicht aus sich selbst, denn das erhobene Datenmaterial … liefert als solches noch keine Handlungsanweisungen, sondern muß zunächst mit dem geltenden Überlieferungsanspruch konfrontiert werden …,

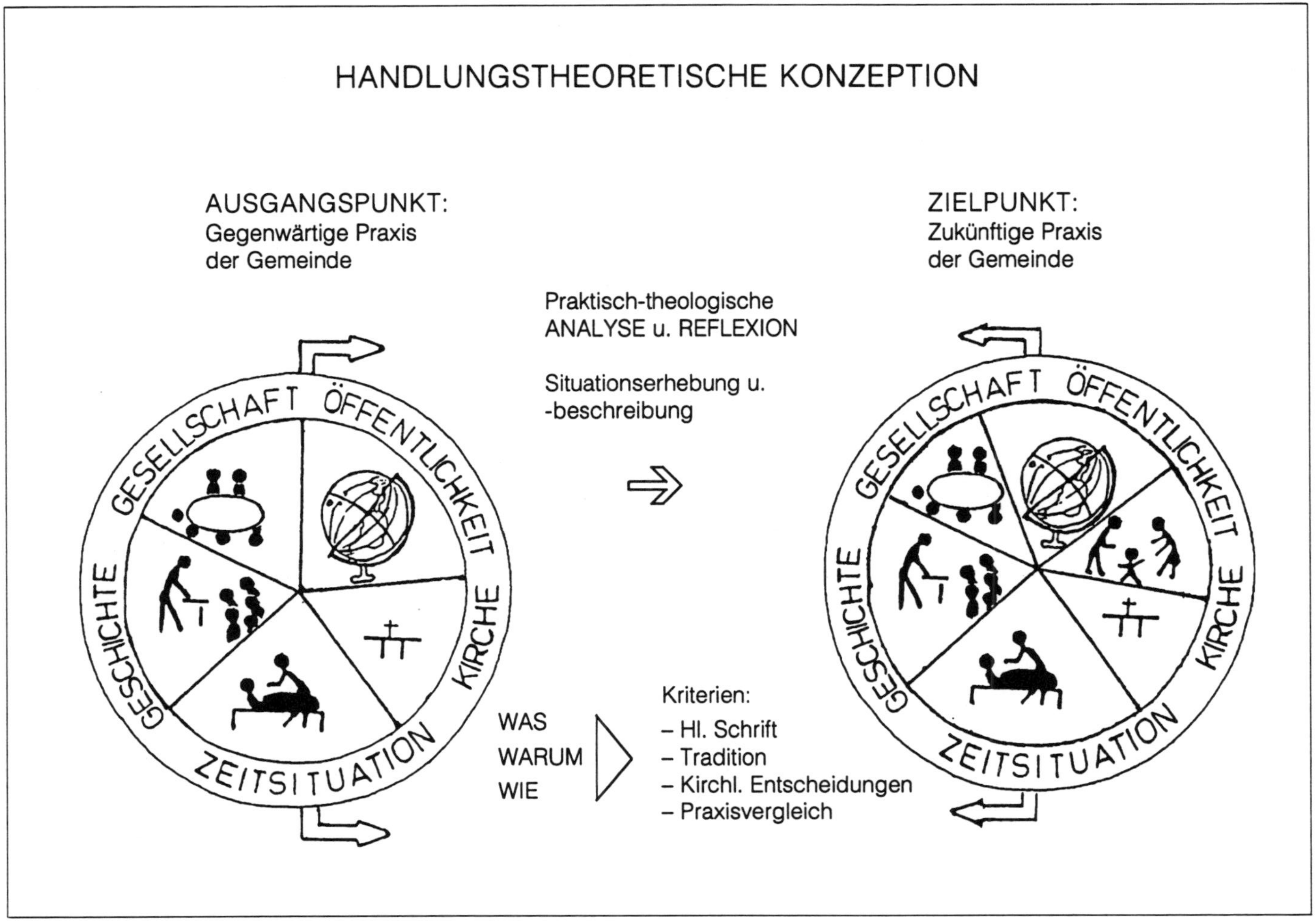
HANDLUNGSTHEORETISCHE KONZEPTION
AUSGANGSPUNKT:
Gegenwärtige Praxis
der Gemeinde
GESELLSCHAFT
ÖFFENTLICHKEIT
KIRCHE
ZEITSITUATION
GESCHICHTE
Praktisch-theologische
ANALYSE u. REFLEXION
Situationserhebung u.
-beschreibung
WAS
WARUM
WIE
Kriterien:
– Hl. Schrift
– Tradition
– Kirchl. Entscheidungen
– Praxisvergleich
ZIELPUNKT:
Zukünftige Praxis
der Gemeinde
GESELLSCHAFT
ÖFFENTLICHKEIT
KIRCHE
ZEITSITUATION
GESCHICHTE

wenn die gesuchten Handlungsmodelle nicht einfach dem Druck der Fakten folgen, sondern aus dem Impuls christlicher Überlieferung kritisch und konstruktiv auf das gegenwärtige Handlungsfeld Einfluß nehmen wollen. Wenn freilich diese wechselseitige Anfrage der Daten an die Überlieferung und der Überlieferung an das Datenmaterial nicht in abstraktem Räsonnement stecken bleiben soll, muß innerhalb des in dieser Weise bewußt gewordenen Spannungsfeldes zwischen Überlieferungsanspruch (Sollbestand) und Gegenwartsanalyse (Istbefund) nach Konvergenzen gefragt, muß ein gemeinsamer Boden ermittelt werden, von dem her sich die neuen Handlungsimpulse … sowohl theologisch wie humanwissenschaftlich verantworten lassen. Dies ist die Aufgabe praktisch-theologischer Theoriebildung … Sie versucht, die Voraussetzungen kenntlich zu machen, auf denen die neu zu formulierenden Handlungsimpulse basieren, und damit den Bereich anzugeben, innerhalb dessen sie Geltung beanspruchen." [60]

Ausgangspunkt einer praktisch-theologischen Theoriebildung, die für alltägliche Lebenssituationen angemessene und überprüfbare Handlungskriterien finden hilft, ist die konkrete Praxis. Ein solches Modell der Theorie-Praxis-Vermittlung beruht neben der empirisch gesicherten, theologisch reflektierten Wahrnehmung der Wirklichkeit und der Rückfrage nach der christlichen Überlieferung auf dem Prozeß interdisziplinären Arbeitens. Oft scheinen sozialwissenschaftliche Methoden lediglich „Hilfsmittel" für die Erfassung der Situation zu sein. Ihr Theoriehintergrund und ihre mehr oder weniger deutlichen Implikationen, die in Konkurrenz zu den Ansprüchen der christlichen Tradition treten können, werden in der Regel ausgeklammert. Damit wird deutlich, daß wesentliche Grundprobleme der Interdisziplinarität offen und ungelöst sind.

Im Prozeß der Vermittlung von Theorie und Praxis sind die *bewußten* Handlungsintentionen und die *impliziten* Handlungsabsichten (im Sinne von impliziten „Theorien"), die mit den ausdrücklichen Handlungsentwürfen nicht unbedingt deckungsgleich sein müssen, zu berücksichtigen und deutlich zu machen.

So sehr sich einzelne handlungswissenschaftliche Ansätze und Konzepte der Pastoraltheologie bzw. der Praktischen Theologie in ihren Details unterscheiden, finden sich nach Norbert *Mette* folgende Gemeinsamkeiten:[61]

1. Übereinstimmung im *Ansatz bei der Wirklichkeit:* Ausgangspunkt ist die eigene Erfahrung und die Analyse der Praxis. Normative Vorgaben werden abgelehnt.

2. Übereinstimmung in der *Anwendung empirischer Methoden:*
Der Erfahrungsbezug allein genügt nicht. Zur Durchführung der wissenschaftlichen Analyse werden sozialwissenschaftliche Forschungsmethoden herangezogen.

3. Übereinstimmung in der *interdisziplinären Zusammenarbeit:*
Bei der wissenschaftlichen Analyse und Interpretation müssen interdisziplinäre Wissenschaftsergebnisse zugrunde gelegt werden.

4. Übereinstimmung in der *Orientierung für das zukünftige Handeln:*
Über die Analyse und Deutung der Praxis hinaus werden Gesichtspunkte für das Handeln ins Auge gefaßt.

Die Praktische Theologie ist nach Mette dann „adäquat konzipiert", wenn sie Erfahrungen eines völlig Neuen zuläßt und erschließt und insgesamt zu einer „kommunikativen Praxis anstiftet", in der erfahrbar wird, was für Christen wichtig ist, wenn sie die „Wirklichkeit Gottes" bezeugen.[62] Damit weist Mette auf die fundamentaltheologischen Überlegungen von Helmut *Peukert* hin, der für eine Grundlegung der Praktischen Theologie als einer „expliziten theologischen Theorie kommunikativen Handelns" plädiert.[63] Zum Verständnis dieses Konzepts ist es hilfreich, einerseits auf die im handlungstheoretischen Ansatz enthaltenen *Ebenen* der Erfassung und Beschreibung, andererseits auf die Interpretation und die handlungsleitenden Zielperspektiven zu achten, die das handlungswissenschaftliche Vorgehen insgesamt kennzeichnen. Die Grundlage für die in der Praktischen Theologie angestellten Überlegungen bildet der theologische Begriff des „kommunikativen Handelns" im Sinne der Überlegungen von Jürgen *Habermas*.[64] Wenn im pastoralen Tun psychologische, soziologische, ökonomische und andere Faktoren eine wichtige Rolle spielen, dann werden diese in einem interdisziplinären Austausch untersucht. Mette wendet sich gegen das inzwischen als Sackgasse erkannte reine „Bedienungsmodell", nach dem sich die Theologie lediglich der Erkenntnisse anderer Wissenschaften bedienen kann. Mit Hermann *Steinkamp* bestimmt er das Verhältnis der Theologie zu den Humanwissenschaften mit dem Paradigma der „konvergierenden Grundoptionen".[65]

Obwohl in der wissenschaftstheoretischen Grundlegung der Praktischen Theologie momentan handlungswissenschaftliche Ansätze dominieren, signalisiert *Bohren* die Gefahr, daß die Praktische Theologie durch die handlungstheoretische Konzeption zu einseitig auf das *Handeln* fixiert und damit der Blick auf das, was Menschen zu tun haben, verengt wird. Die Praktische Theologie, sagt Bohren, lehre vielmehr die *Wahrnehmung*. In erster Linie gehe es um das, was Gott schon immer geschenkt hat, und nicht um das, was wir zu leisten haben. Angesichts des von Gott zuvor Geschenkten können der einzelne Christ und die Gemeinde um so zuversichtlicher zum Sichtbarwerden der „Schönheit Gottes" beitragen.[66] Im Sinne der Reflexion *Pannenberg*s erfolgt das Handeln der Christen und der Kirche auf dem Hintergrund des die christliche Lebenswelt tragenden Sinnhorizontes.[67] Für Eilert *Herms* verdankt sich die elementare Auslegung der Wirklichkeit jenem „alles menschliche Handeln übergreifenden fundamentalen Geschehen, an dem der Mensch nur rezeptiv" Anteil hat.[68] Alle Einwände gegen die handlungstheoretischen Ansätze betonen daher die *Vorrangigkeit* des Handelns Gottes vor dem menschlichen Handeln.

3.2.3.4.2 Ansätze einer empirisch funktionalen Handlungstheorie

Mit dem Heranziehen empirisch-funktionaler Gesichtspunkte für das Verständnis der wissenschaftstheoretischen Grundlegung der Praktischen Theologie trägt Karl-Wilhelm *Dahm* dazu bei, die Praxisferne der theologischen Theoriebildung zu überwinden. Er will deutlich machen, „daß die Kirche nicht zureichend erfaßt ist, wenn man sie als Größe eigener Art isoliert von anderen Lebensbereichen (etwa der

Wirtschaft, der Erziehung, der Wohlfahrt) betrachtet".[69] Das Handeln der Kirche läßt sich mit zwei „Funktionen" umschreiben:

– „Darstellung und Vermittlung von grundlegenden Deutungs- und Wertsystemen" und
– „helfende Begleitung in Krisensituationen und an Knotenpunkten des Lebens".[70]

Karl-Fritz *Daiber* sieht die Praktische Theologie als kritische Begleiterin der kirchlichen und religiösen Praxis der Gegenwart, wodurch sie „nicht nur eine wissenschaftliche, sondern zugleich auch eine gesellschaftliche und kirchliche Funktion" wahrnimmt. Diese Aufgabe ist eine kritische und konstruktive.

> „Versteht man Praktische Theologie als Handlungswissenschaft, so geht es ihr wesentlich darum, bestehende Praxis zu überprüfen und unter den gegenwärtigen Bedingungen so zu erneuern, daß diese das zugesagte Heil exemplarisch zu verdeutlichen vermag. Praktische Theologie in diesem Sinne als Handlungswissenschaft zu verstehen, ist heute deshalb notwendig, weil der rasche Wandel des sozialen Lebens gerade auch die kirchliche Praxis vor immer neue Situationen stellt. Gefundene Problemlösungen verlieren schnell ihre Funktion und müssen durch neue ersetzt werden. Dies besagt nicht, daß Traditionen bedeutungslos sind, sie gelten nur nicht selbstverständlich, sie müssen sich als Heil ermöglichend bewähren."[71]

Damit vermittelt die praktisch-theologische Reflexion Handlungsstrategien für den Umgang mit der Wirklichkeit. „Theoretische Einsichten bleiben belanglos, wenn sie nicht in praktikable Arbeitsformen umgesetzt werden können."[72]

3.2.3.4.3 Das Konzept der kritischen Theorie

Gert *Otto* gibt die sektorale Gliederung der Praktischen Theologie in Handlungsfelder bzw. Arbeitsgebiete zugunsten einer perspektivischen Gliederung auf: Praktische Theologie als kritische Theorie religiös vermittelter Praxis in Kirche und Gesellschaft beachtet ihren Ort im Spannungsfeld von Geschichte, Gesellschaft, Kirche und Religion und versucht für ihre Konkretisierungen den Denkhorizont und die Problemperspektiven des sozialwissenschaftlichen Potentials einzubringen, näherhin durchgängige Perspektiven wie „Kommunikation", „Ideologiekritik", „Didaktik", „Hermeneutik" u. a.[73]

Hinter diesem Ansatz, der u. a. von Gert *Otto* und Norbert *Greinacher* im Anschluß an die kritische Theorie der Frankfurter Schule vertreten wird, steht das Anliegen, die bisher weitgehende Gleichsetzung des christlichen mit dem kirchlichen Handeln aufzubrechen. Für das Subjektsein des einzelnen im Glauben und die pastorale Verantwortung der Gemeinden ergibt sich die Notwendigkeit, ihre Praxis gegen eine „unchristliche Anpassung" abzusichern. Der Glaube bietet einerseits Perspektiven, kritische Anhaltspunkte und bestimmte Normen für unser Handeln, auf der anderen Seite sollen der einzelne und die Gemeinschaft die augenblickliche gesellschaftliche Situation kritisch analysieren, um Fragen, Antworten, Situation und Botschaft, menschliche Existenz und göttliche Selbstoffenbarung miteinander in Verbindung bringen zu können.[74]

REFLEXIONSPERSPEKTIVEN
von Gert Otto

1. Perspektive: HERMENEUTIK
→ *Dimensionen des Verstehens*

2. Perspektive: RHETORIK
→ *Dimensionen überzeugenden Redens*

3. Perspektive: DIDAKTIK
→ *Dimensionen des Lernens und Lehrens*

4. Perspektive: RECHT
→ *Dimensionen des Handelns*

5. Perspektive: IDEOLOGIEKRITIK
→ *Dimensionen kritischer Analyse*

6. Perspektive: KOMMUNIKATION
→ *Dimensionen der Verständigung*

7. Perspektive: SYMBOLIK
→ *Dimensionen des Ausdrucks*

Greinacher sieht für die Gegenwart in „der Sache Jesu" und deren Weitergabe ein wichtiges Konzentrationsprinzip der Pastoral.[75] Nach Greinacher erfolgt die praktisch-theologische Theoriebildung in einem Beziehungsgefüge, dessen Orientierungspunkte neben der Sache Jesu und ihrer Tradierungsgeschichte die kirchliche Praxis sowie die gegenwärtige gesellschaftliche Situation bilden.[76] Damit erfüllt das kirchliche und pastorale Handeln wichtige Aufgaben im gesamtgesellschaftlichen Kontext. Dies führt wiederum dazu, daß sich die Praktische Theologie nicht bloß mit der explizit kirchlichen und der allgemein christlichen, sondern darüber hinaus mit jeder Form religiös motivierter Praxis zu beschäftigen hat.[77]

3.2.3.4.4 Zur Würdigung des handlungswissenschaftlichen Ansatzes

Eine zentrale Aufgabe der Praktischen Theologie ist eine hermeneutische: Es geht um die Interpretation der christlichen Tradition im Kontext der gegenwärtigen Situation, um die Interpretation der in der Praxis mitenthaltenen „Theorien" und um ihre kritische Würdigung. Die Interpretation der Vergangenheit, die in Überlieferungen mitenthalten ist, spielt dabei oft eine ergänzende, gelegentlich eine korrigierende Rolle gegenüber einseitigen Interpretationen der Gegenwart. Ebenso werden Deutungen der Vergangenheit durch Deutungen der Gegenwart in Frage gestellt.[78]

3.3 ZUR STELLUNG DER PASTORALTHEOLOGIE IM GANZEN DER THEOLOGIE

Im Zusammenhang der in diesem Kapitel – nicht zuletzt unter wissenschaftsgeschichtlichen Gesichtspunkten – dargestellten Entwürfe einer pastoraltheologischen (bzw. praktisch-theologischen) Theoriebildung stellt sich die Frage nach dem Gesamtverständnis der Theologie, das einer solchen Konzeption von Pastoraltheologie entspricht. Dabei ist wichtig, daß die wissenschaftliche Reflexion in allen Bereichen der Theologie die biblische Tradition und die Praxis der Kirche in Geschichte und Gegenwart befragt. Ebenfalls geht es in allen Disziplinen um Konsequenzen für das heutige Handeln der Christen. Insofern sind die historische, die systematische und die Praktische Theologie eins in der Konkretion der Heilssendung Jesu und damit auch der Kirche für das Leben der Christen in den Gemeinden und besonders auch in der Öffentlichkeit der Gesellschaft. Dazu abschließend fünf Gesichtspunkte:

1. Das ständige Kommen Gottes in unsere Welt und Zeit bricht die jeweilige geschichtliche Situation auf, so daß jedes menschliche Handeln offen wird für Gottes Wirken. Gottes Geist ist der ermöglichende Lebensgrund der Kirche. Sie führt die Heilssendung Jesu und damit die Heilsinitiative Gottes heute weiter. Aus der in der Geschichte einmal geschehenen Inkarnation, die nun bleibend jede Gegenwart bestimmt, ergibt sich das „kairologische Element" der Pastoral(-Theologie): Es geht darum, in der jeweiligen Situation, zum jeweiligen Zeitpunkt das Rechte zu tun.

2. Gottes Wirken in unserer Lebenswirklichkeit ist stets im Horizont der Erlösungs- und Befreiungstat Gottes durch Jesus zu verstehen und stets neu zu verwirklichen. Im Zusammenhang mit unserer Lebensverwirklichung soll Gottes liebendes Handeln offenbar werden. Darauf machen vor allem die ästhetischen Ansätze innerhalb der Pastoraltheologie aufmerksam.

3. Eine Pastoral(-Theologie), die davon ausgeht, daß sich in der menschlichen Lebensgeschichte Heil ereignet, rechnet damit, daß es keine Lebenswirklichkeit neben oder ohne Gott gibt. Gottes Geist, sein Handeln, ist der Lebensgrund. Deshalb gehört die Offenheit für das Wirken des Geistes in den Horizont pastoraltheologischer Theorie und Praxis.

4. Damit steht die Pastoraltheologie vor der Frage, ob und wie es eine Vermittlung zwischen der für alle Theologie wesentlichen Kategorie des Handelns Gottes und der Reflexion menschlichen Handelns geben kann. Wie kann das Wirken Gottes in ein System wissenschaftlicher Theoriebildung einbezogen werden, das von der Praxis her auf planbares und zu kontrollierendes Handeln ausgerichtet ist? Pannenberg warnt in diesem Zusammenhang davor, daß die Einheit der Theologie zerbricht: „Wie kann sie gewährleistet werden, wenn sich ein Teil von ihr als ‚Sinntheorie', der andere Teil als ‚Handlungstheorie' konstituiert?"[79] Beides gehört zusammen: Das Eingehen auf die Lebenswirklichkeit bedarf in der konkreten Zeitsituation der Offenheit auf diesen Sinnhorizont, der Offenheit für die Wahrnehmung des Wirkens Gottes.

5. Wenn die in diesem Buch entfaltete „Pastoraltheologie im Lebenszusammenhang“ das christlich-kirchliche Handeln reflektiert und dabei Orientierung, Beratung und Begleitung anbietet, bezieht sie den Standpunkt des theologischen Grundsatzes, daß sich Gottes Handeln nie in einer empirisch nachprüfbaren Weise in eine Theorie integrieren läßt. Gottes Handeln kann nur im gelebten Glauben und in einer absoluten Offenheit für den so und nicht anders handelnden Gott als Geschenk empfangen werden.

Die Kategorie des Empfangens, der Gnade, wird somit zu einer wichtigen Kategorie für eine pastorale Spiritualität.

4. Die Lebenswirklichkeit im Licht des Evangeliums

4.1 EIN ZUKUNFTSWEISENDES PROGRAMM

Mit der Evangelisierung als Weg in die Zukunft wählt die Kirche ein Programm, das durch Jesus Christus zu einem Weg ins Leben wird. In den folgenden Überlegungen geht es darum, dem zentralen Begriff „Evangelisieren" und seiner Umsetzung auf die Spur zu kommen. Damit sollen Grundlinien der pastoralen Initiative analysiert werden, die Papst *Paul VI.* im Apostolischen Schreiben „Evangelii nuntiandi" (abgekürzt EN) angesichts der Herausforderungen der Zeit an die Kirche formulierte.[1] Auf dieses Dokument wird häufig im Wortlaut Bezug genommen. Die darin entfaltete Konzeption der Evangelisierung beinhaltet nach Paul VI. Kernpunkte eines Pastoralprogramms am „Vorabend des dritten Jahrtausends des Christentums".[2] Einige Bistümer im deutschsprachigen Raum geben diesem Programm unter dem Gesichtspunkt „miteinander Kirche sein für die Welt von heute" derzeit konkrete Gestalt.[3]

4.1.1 Evangelisierung, Re-Evangelisierung oder Neuevangelisierung?

Mit dem Prinzip einer „Neu-Evangelisierung" werden in jüngster Zeit gesamtkirchlich große Erwartungen verbunden, ohne allerdings dabei genau anzugeben, was darunter verstanden wird und wie eine solche Neu- oder Re-Evangelisierung vor sich gehen soll. Zweifellos üben schon diese Ausdrücke eine gewisse Faszination aus. Ob sich allerdings die in die dahinter stehende Grundidee gesetzten Hoffnungen erfüllen, ob sie Auswege aus der Krise der Glaubensweitergabe weisen kann, wird sich erst bei der weiteren Realisierung von Schritten in einem entsprechenden Gesamtkonzept von Evangelisierung herausstellen. Nach Meinung vieler ist der Prozeß der Entchristlichung Europas in einem Maß fortgeschritten, der eine „Neuevangelisierung" im Sinne einer geistigen Orientierung erforderlich macht.

Gelegentlich verbindet sich mit dem Aufruf zur Re-Evangelisierung jedoch nicht die Zielvorstellung, in der notwendig gewordenen „zweiten Evangelisierung" die unerhörte Neuheit des christlichen Glaubens zum Leuchten zu bringen (Bischof Karl *Lehmann*), sondern im Sinne der

Fest- und Fortschreibung des tradierten Glaubens durch vermehrte Verkündigungsbemühungen einen Beitrag zu einem geschlossenen christlichen Europa leisten zu können.

4.1.2 Zur Geschichte des Evangelisierungsbegriffs

Der Ausdruck „Evangelisierung", der das biblische Wort „euangelizein" (= die Frohbotschaft verkünden) aufnimmt, hat keine lange Geschichte. In den Dokumenten des II. Vatikanischen Konzils (bes. der Kirchenkonstitution „Lumen gentium" und der Pastoralkonstitution „Gaudium et spes") wird das Thema der „Evangelisation" mehrfach angesprochen. Im Dekret über das Laienapostolat ist vom Apostolat der Evangelisierung und der Heiligung die Rede. Insgesamt kommt der Begriff etwa vierzigmal vor.

Eine wichtige Etappe in der Begriffsgeschichte bildet die römische Bischofssynode im Jahr 1974. Sie hatte sich ausdrücklich das Thema „Evangelisierung" gestellt. Im Mittelpunkt der Überlegungen stand der Gedanke der „Inkulturation". Primär geht es darum, die Botschaft des Evangeliums in die jeweiligen Kulturen der Völker zu verwurzeln, so daß sie von innen verwandelt und erneuert werden können.

Für die Entwicklung des Begriffs wurde in der Folge die Generalkonferenz der lateinamerikanischen Bischöfe in Puebla 1979 bedeutsam. Die Bischöfe konnten auf wertvolle Erfahrungen mit Basisgemeinschaften zurückgreifen und wesentliche Perspektiven für die Verlebendigung des kirchlichen Lebens aufzeigen. Evangelisierung wurde als „eine befreiende Evangelisierung" gesehen, die sich einerseits nicht auf den religiösen Bereich beschränkt und andererseits nicht auf politische Befreiungsprogramme reduziert werden kann. Die vierte Generalversammlung der lateinamerikanischen Bischöfe in Santo Domingo 1992 lenkte den Blick erneut auf Probleme dieses Kontinents, besonders auf Schwierigkeiten mit dem Prozeß der Inkulturation des Glaubens in die einheimischen Kulturen.[4]

4.1.3 Theologische Perspektiven des Evangelisierungskonzepts

4.1.3.1 Die Gottesfrage als zentrales Thema

In letzter Zeit stellt sich die Frage, wo Gott in unserer Welt noch vorkommt, immer dringlicher. Der Gott der Schöpfung, der Gott der Erlösung, Befreiung und des Friedens? Gewiß hallt akustisch der Klang seines Namens in unseren Kirchen auch weiter. Aber wo sonst? Vielleicht gibt es für den Gottesglauben – nach Auschwitz und ... – keine größere Herausforderung als die Versuchung der Glaubenden, sich ohne das Bewußtsein ihrer Verantwortung für die Evangelisierung aufgrund der eigenen Gotteserfahrung *passiv* in den geschützten Raum der Kirche zurückzuziehen.

In der modernen Welt ist der Sinn für Gott fast geschwunden. Deshalb muß zunächst der *Gottesbegriff* wieder gewonnen werden. Manche noch so tiefgründig und richtig zu interpretierenden Versuche der Rede vom „Gottesgerücht" und vom „Gottesgedächtnis" muten in diesem Zusammenhang wie ein unfreiwillig unternommener praktischer Vollzug jener „Gottesferne" an, die für unser Leben bezeichnend ist. Die Wiedergewinnung eines verantworteten Redens von Gott gehört zu den wichtigsten Grundfragen und -herausforderungen der Theologie und der Verkündigung.

Es gibt geistige Strömungen, die versuchen, sozusagen „posttheistisch" im Sinne eines bloßen Jesuanismus unter Verschweigen der *Gottesfrage* auszukommen. *Nietzsche* hatte recht, daß ohne die Gottesidee das ganze Christentum ins Nichts gerät. Um so ernster müssen Theologie und Verkündigung die Distanz nehmen, die das moderne Bewußtsein vom tradierten Glauben an Gott trennt. Heute ist nicht der militante Atheismus das Problem, sondern der Verzicht auf den umfassenden Anspruch der Wirklichkeit Gottes.

Gottes Liebe, sein vitales Interesse am Menschen und an der Welt, kann sich nur dort entfalten, wo Menschen dem Wirken Gottes Raum geben. Das bedeutet, daß die „Gottbedürftigkeit" der Menschen erfaßt und zur Sprache gebracht wird.

4.1.3.2 Das Evangelium von Jesus Christus

Die Evangelisierung beginnt mit der Bereitschaft, sich dem Anruf der Frohbotschaft zu öffnen. Das erste und wichtigste Anliegen der Evangelisierung besteht darin: für „das Evangelium von Jesus Christus, dem Sohn Gottes" (Mk 1,1), die Mitte, an der sich alles auszurichten hat, offen zu sein. Im Anschluß an Hieronymus sagt die Konzilskonstitution über die göttliche Offenbarung: „Die Schrift nicht kennen, heißt Christus nicht kennen" (Nr. 25).

Christus ist als *das* Wort Gottes (der Logos vom Vater) in unsere Geschichte eingetreten. Das Evangelium ist die wirkmächtige und befreiende Botschaft Gottes. „Evangelium" und das dazugehörige Tätigkeitswort „evangelisieren" dürfen deshalb nicht zu bloßen Chiffren werden – etwa gar für gewisse Forderungen und Wünsche einzelner oder bestimmter Gruppen.

Ausgangspunkt und Grundlage der Evangelisierung sind demnach *christologischer* Art: Jesus Christus ist der Maßstab für die Lebensentwürfe der Menschen, auch in ihren sozialen Bezügen. Umkehr- und Bekehrungsprozesse der Evangelisierung erfordern ein entschiedenes Sicheinlassen des Menschen auf das bedingungslose Ja Gottes zum Menschen. Nach Karl *Rahner* ist zu zeigen, daß „der, den wir Gott nennen, als unendliches Angebot, als schweigende Liebe, als absolute Zukunft immer schon da ist, ja sogar immer schon angenommen ist, wo ein Mensch in der Treue zu seinem Gewissen die Kerkermauern seines Egoismus durchbrochen hat."[5]

Die in allen vier Evangelien überlieferte Tradition zeigt, daß die Reich-Gottes-Botschaft in der Verkündigung und im Zentrum des Lebens Jesu stand. Eine evangelisierende Pastoral soll nach Bischof Joachim *Wanke* „etwas von der großen Utopie des Gottesreiches erkennen lassen". Unsere Zeit hat „für diesen Grundimpuls der christlichen Verkündigung ein besonderes Ohr ... Der christliche Glaube an den Gott, dessen Advent am Ende aller unserer Wege steht, ist ... die einzige Kraft in dieser Welt, die unseren Lebensoptimismus vor illusionären Selbsttäuschungen bewahren kann, aber auch vor anderen schlimmen Verkürzungen, etwa der Illusion, als ob der erhöhte Konsum uns rettet oder die in Exzeß getriebene Freiheit des einzelnen. Unser auf das Eschaton ausgerichteter Glaube kann uns aber auch vor der Resignation bewahren, in die so viel Gutmeinende heute verfallen."[6]

4.1.3.3 Ein vom Heiligen Geist gewirkter Vorgang

Nach Papst *Paul VI.* ist der Heilige Geist „der Erstbeweger der Evangelisierung: er ist es, der jeden antreibt, das Evangelium zu verkünden, und er ist es auch, der die Heilsbotschaft in den Tiefen des Bewußtseins annehmen und verstehen läßt" (EN Nr. 75). Demnach ist die Evangelisierung ein geistgewirktes Geschehen, das von der Bereitschaft lebt, daß sich Christen dem Wirken des Geistes Gottes aussetzen. Von ihm stammen der Mut und die Kraft, überzeugend aus dem Glauben zu leben.

4.1.3.4 Sendung und Identität der Kirche

Ein Kernsatz von Evangelii nuntiandi lautet: „Evangelisieren ist ... die Gnade und die eigentliche Berufung der Kirche, ihre tiefste Identität" (EN Nr. 14). Nur in dem Maß, in dem die Kirche evangelisiert, gewinnt sie ihre Identität nach innen und außen. Eine solche Besinnung auf die wesentliche Aufgabe erfordert ein Umdenken im Verständnis von Kirche und Gemeinde. Sie sind nicht selbst das Heil; sie sind nie Selbstzweck.

Eine Tragik momentaner innerkirchlicher Entwicklungen liegt darin, daß das Bemühen um eine Vertiefung des Wesens der Kirche und des richtigen Verhältnisses zur Welt eine derartige Konzentration auf die Kirche erzielen, daß die Kirche, indem sie sich selbst so stark herausstellt, den Zugang zum Geheimnis Gottes, dessen sakramentales Zeichen sie ist (vgl. unten S. 105 u. 164) mehr erschwert als eröffnet. Wenn die Kirche jedoch die Sorge um ihre eigene Identität für wichtiger hält als ihre Sendung, liegt im gegenwärtigen Umgang der Kirche mit der Welt und sich selbst mehr Anpassung an die Moderne als es der Kirche selbst lieb sein darf. Gesellschaftliche Gruppen behaupten in der Gesellschaft ihre Identität durch *Abgrenzung*. Die Kirche ist dagegen ganz und gar durch ihre *Sendung* konstituiert. Deshalb darf sie nie in der Sorge um sich selbst aufgehen. Ein zu intensives Kreisen um sich selbst führt zu einer Art ekklesialer „Selbstverfallenheit".

Es gilt ein Zweifaches:

– *Man kann vom heilschaffenden Wort Gottes nicht reden, ohne die Kirche als konkret verantwortliche Trägerin dieser Botschaft im Auge zu behalten.*

– *Kirche gibt es nur unter dem Auftrag und in dieser Sendung, das Evangelium zu verkünden. Man kann von der Kirche nicht reden, ohne sie als Zeugin und Botin des Evangeliums für alle Welt darzustellen.*

4.1.3.5 Menschheit und Welt als Horizont

Das Evangelium vom heilschaffenden Gott betrifft den Menschen und seine Welt. Aus dem ganzheitlichen Charakter der Evangelisierung ergibt sich die Einheit von Heils- und Weltdienst. „Evangelisieren besagt, die Frohbotschaft Jesu Christi in alle Bereiche der Menschheit zu tragen, um so die Menschheit von innen her zu erneuern" (EN Nr. 14).

In Evangelii nuntiandi formuliert *Paul VI.* u. a.: „Die Verkündigung des Evangeliums an die Menschen unserer Zeit, die von Hoffnung erfüllt, aber gleichzeitig oft von Furcht und Angst niedergedrückt sind, ist ohne Zweifel ein Dienst, der nicht nur der Gemeinschaft der Christen, sondern der ganzen Menschheit erwiesen wird" (Nr. 1). Dabei ist zu bedenken: „Es gibt ... keine neue Menschheit, wenn es nicht zuerst neue Menschen gibt durch die Erneuerung der Taufe und ein Leben nach dem Evangelium. Das Ziel der Evangelisierung ist also die innere Umwandlung." Sie bezieht sich zugleich auf „das persönliche und kollektive Bewußtsein der Menschen, die Tätigkeit, in der sie sich engagieren, ihr konkretes Leben und jeweiliges Milieu" (EN Nr. 18).

Wie sich Glaubende auf Probleme der Zeit als Herausforderungen ihres Christseins einlassen, zeigt beispielgebend der Pastoraltheologe Johann Michael *Sailer* (1751–1832). Er bejahte die Zeit und die „Zeitenwende", in die sein Wirken fiel, wie kaum ein anderer Theologe als große „Lehrmeisterin".[7]

Johann Michael Sailer (1751 in Aresing bei Schrobenhausen als Sohn einer Schuhmacherfamilie geboren) trat nach seiner Gymnasialzeit in München ins Noviziat der Jesuiten ein, studierte in Ingolstadt Philosophie und Theologie und erhielt 1775 die Priesterweihe. 1780 wurde er in Ingolstadt als zweiter Professor der Dogmatik angestellt, bereits ein Jahr später jedoch wegen umstrittener Lehren wieder aus dem Lehramt entlassen. Sailers Absetzung führte zu einer vierjährigen Brachzeit, in der er sich vom rationalen theologischen Lehrsystem befreite und dem geistigen Einfluß des Freundeskreises um Matthias Claudius, Lavater und Winkelhofer öffnete. „Aus dem Theologen des Kopfes" wurde so „der Theologe des Herzens", aus einem Theologen, der sich an der herkömmlichen scholastischen Theologie orientierte, ein für die Bewegungen der Gegenwart aufgeschlossener Theologe. 1784 wurde Sailer als Professor für Pastoraltheologie und Ethik nach Dillingen berufen, 1794 unter dem Verdacht der übertriebenen Aufklärung als Opfer von Intrigen erneut des Amtes enthoben. Diese zweite Brachzeit bot Sailer Gelegenheit zur Arbeit an spirituellen Schriften. 1799 wurde er in Ingolstadt und ein Jahr später an der neugegründeten bayerischen Landesuniversität in Landshut Professor für Pastoral- und Moraltheologie. Er befreite das Theologiestudium aus den Fesseln des verkrusteten Scholastizismus und richtete es in lebendiger Auseinandersetzung mit den Geistesströmungen seiner Zeit an den biblischen Ursprüngen aus. 1822 wurde Sailer zum Weihbischof und Bischofskoadjutor in Regensburg ernannt. 1829 übernahm er als Bischof die Leitung der Diözese bis zu seinem Tod am 20. Mai 1832.[8]

Aus seiner Zentralidee: Gott will das Heil der Welt (vgl. oben S. 69); „der Vater sandte seinen Sohn ... in ihm hat er uns alles geschenkt (Röm 8,32)"[9], folgert Sailer: Seelsorge ist „Heilsdienst" an der ganzen Menschheit, an der Welt. Grundlage dafür ist Gottes Heilshandeln. Ausgangs- und Orientierungspunkt ist das „eine Wort von Gott in Christus, dem Heil der Welt", das sich in allen Situationen des Lebens als „geleitend" und „überführend" erweist.[10] Die Kirche als „Zeichen des Heils" soll Erfahrungen mit Heil ermöglichen. „Licht" muß man sehen, „Salz" muß man schmecken können. In der Kirche, in Gemeinden soll es Lebensräume geben, in denen Glaubende und Suchende sich über Erfahrungen mit Gottes heilendem, versöhnendem, befreiendem Handeln austauschen können.[11]

4.1.4 Herausforderungen durch Kontexte

In unserer Welt zeichnen sich vielfältige Veränderungsprozesse ab, die auf den Prozeß der Evangelisierung zurückwirken. Das folgende Schaubild verdeutlicht mit den vier „Eckpunkten" (*Geschichte – Gesellschaft, Öffentlichkeit – einzelne, Gruppen – Kirche, Gemeinde*) wichtige Koordinaten zur Bestimmung der unterschiedlichen *Kontexte*, in denen sich Christen und Gemeinden mühen, dem Anspruch des Evangeliums gerecht zu werden.

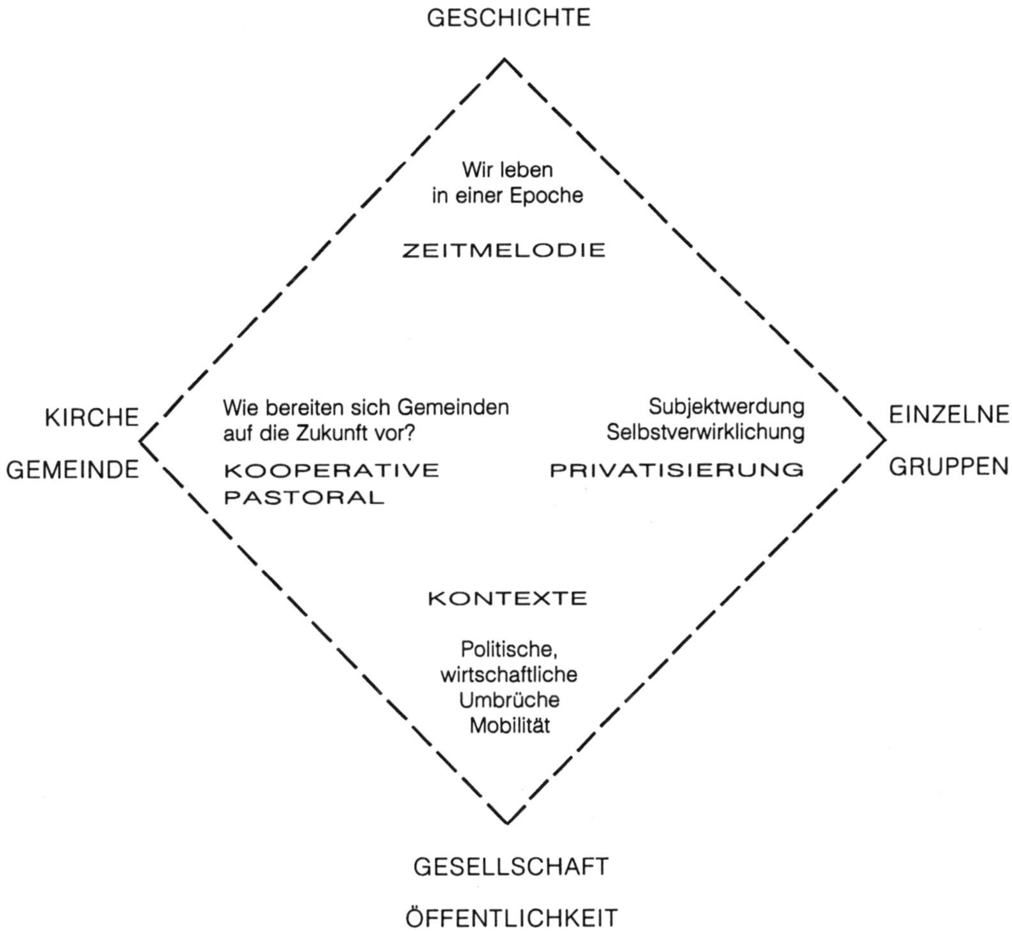

4.1.4.1 Die „Zeitmelodie"

Innerhalb einer bestimmten Epoche läßt sich das in einer längeren oder kürzeren Zeitspanne vorherrschende Lebensgefühl mit den Fragen verknüpfen: Welche Elemente kennzeichnen das Weltbild? Welche Sehnsüchte haben Menschen? Was wollen sie erleben? Von welchen Grundstimmungen werden sie geprägt? Welche Fragen, Meinungen und Trends stehen im Vordergrund? Gibt es verborgene Themen: heimliche Ängste und Hoffnungen? Welche Probleme spielen in der öffentlichen Meinung, in der Presse, im Fernsehen – auch in beliebten Serien – eine Rolle? Menschen sind „Kinder ihrer Zeit", sie summen jeweils die *Zeitmelodie* mit.

Freilich läßt sich die Oberflächenstruktur einer Epoche mit ihren zeitgeschichtlichen Tiefendimensionen nicht in den sich täglich ändernden Schlagzeilen der Massenpresse entdecken. (Die Verkaufsware *Nachricht* ist ein wenig verläßlicher Zeitzeuge.) Für die Topographie einer Zeit bieten nicht einmal Buchmessen mit ihrer Flut von aktuellen Titeln geeignete Beobachtungsplätze. Es bedarf der Auseinandersetzung mit den Bestrebungen und Tendenzen, die in unterschiedlichen Weltbildern, in Stichworten wie „Zeitalter der neuen Aufklärung", „säkularisierte Welt", „Zeitalter der Postmoderne", „nachchristentümliche Gesellschaft", „Zeitalter der globalen Telekommunikation", „Ende des Fortschritts" enthalten sind. Hier wird deutlich, um welches Weltbild es in einer bestimmten Zeit geht.

4.1.4.2 *Eine multikulturelle Gesellschaft*

Auf der Suche nach verbindlichen Orientierungen muß die Kirche ihre in Christus gründende Identität in der Begegnung mit den Völkern und Kulturen immer wieder neu entdecken. Die theologische Basis dafür ist die Menschwerdung des Logos in die verschiedenen Kulturen hinein. Durch das Wirken des Geistes wird die *Inkarnation als Inkulturation* zu einem fortwährenden Geschehen, das aufs engste mit der Evangelisierung verbunden ist.

„Inkulturation" und „Dialog" sind entscheidende Leitbegriffe eines neuen Wirklichkeitsbezugs des Evangeliums zur Welt. Die Vielgestaltigkeit der Kulturen der Menschheit erhält dabei größeres Gewicht. Sie verschafft dem Evangelium bei den Menschen einen neuen Zugang. Die Inkulturation erfordert, daß die Pastoral die Methoden der Evangelisierung überdenkt und dabei nicht nur eine neue Hermeneutik für die Auslegung des Evangeliums entwickelt, sondern intensiver auf eine einladende und überzeugende Sprache der Verkündigung bedacht ist.

In Nr. 4 von Evangelii nuntiandi stellt Paul VI. die Frage: „Was ist in unseren Tagen aus dieser verborgenen Kraftquelle der Frohbotschaft geworden ...? Ist die Kirche ... fähiger geworden, das Evangelium zu verkünden und es überzeugend, im Geiste der Freiheit und wirksam in das Herz des Menschen einzusenken?"

4.1.4.3 *Politische und wirtschaftliche Umbrüche*

Viele haben damit gerechnet, daß *politische Umwälzungen* – z. B. in Osteuropa –, die alte Grenzen, Fronten und Mauern beseitigt haben, zu positiven Entwicklungen führen könnten. Längerfristige Ereignisse in der Welt sprechen jedoch eine andere Sprache. Das Auseinanderbrechen nationaler Einheiten führt dazu, daß die Welt nach wie vor unter vielerlei Formen von Ungerechtigkeit, Ausbeutung und Ungleichheit leidet. Gefahren einer nuklearen und ökologischen Zerstörung bedrohen die Menschheit noch immer und fordern dringend eine neue Mentalität für die Erhaltung des Lebens auf unserer Erde.

Eine evangelisierende Pastoral geht von der Zeitgenossenschaft mit denen aus, die unter ungerechten Strukturen leiden. Ängste, die die Menschen in sozialer und politischer Hinsicht bedrängen, sind nur durch „Solidarität" und „Wechselseitigkeit" zu überwinden. Insofern beinhalten diese Grundsätze der christlichen Soziallehre eine entscheidende Antwort auf die sich zuspitzenden Probleme.

Fragen, auf die es momentan noch keine Antworten gibt: Arbeitslosigkeit und die zukünftige Verteilung von Arbeit, die sich nach wie vor steigernde Spirale der Gewalt, die Schwierigkeiten der Friedenssicherung, der weiter bestehende Nord-Süd-Konflikt, Fragen des Bemühens um eine umfassende Gerechtigkeit, Probleme des ökologischen Bewußtseins angesichts der Umweltzerstörung dürfen im Prozeß der Evangelisierung nicht ausgeblendet werden. Seit dem Konziliaren Prozeß stoßen die Stichworte „Gerechtigkeit, Friede, Bewahrung der Schöpfung" auch in den Gemeinden zunehmend auf Resonanz.

4.1.4.4 Mariginalisierte Kulturen und Gruppen

Jesus hat niemanden von seiner Liebe ausgeschlossen. Er nahm sich besonders derer an, für die sonst keiner sorgte: Menschen am Rand, Schwache und Deklassierte, die in jeder Hinsicht „Armen". Lange Zeit hindurch wurden Systeme, die zahllose Menschen an den Rand gedrängt haben, auch von Christen unterstützt.

Die Länder der sogenannten „Dritten Welt" befinden sich im Aufbruch; sie fordern eine neue Beziehung zwischen den Nationen. Die Bedeutung alter Kulturen und Völker wird wiederentdeckt. Dennoch werden bestimmte Gruppen aus ethnischen, sprachlichen, wirtschaftlichen, sozialen, religiösen und politischen Gründen nach wie vor an den Rand gedrängt.

Als Zeugen des Lebens und der Botschaft Jesu sind die Christen aufgerufen, die Sendung Jesu zur Erlösung und Befreiung fortzuführen. Der Ruf Jesu: „Komm in die Mitte" (Mk 3,3), gilt auch jenen, die bisher eher am Rand stehen. Den Forderungen des Evangeliums entspricht eine Gemeinschaft, in der Gerechtigkeit und Freiheit für *alle* erlebbar werden.

4.1.4.5 Religiöser Pluralismus

Der Lebensraum, in dem christliche Gemeinden existieren, ist die Welt. In ihr werden Fühlen, Denken und Handeln der Menschen zunehmend nicht nur von den klassischen Religionen bestimmt, sondern religiöse Grunderfahrungen finden ihren Niederschlag und Ausdruck auch in neuen religiösen Bewegungen.

In den Gemeinden leben zusätzlich auch andere religiöse Gruppen. Diese entdecken teilweise ihre Traditionen neu und lassen sie wiederaufleben. Im Gespräch der Religionen gilt es, anstelle *apologetischer* Argumente *dialogische* Zugänge zu entwickeln. Trotz aller Gesprächsoffenheit und Toleranz dürfen die Christen jedoch die Botschaft des Evangeliums nicht in Frage stellen. Toleranz darf nicht mit *Gleichgültigkeit* verwechselt werden. Weiterhin gilt es Tendenzen zu kritisieren, die eindeutig menschliche Werte verletzen.

In einigen Fällen mag das nicht einfach sein, besonders im Dialog mit dem *Islam*. Die gemeinsame Basis sind der Glaube an den einen Gott und die Hoffnung, daß es gelingt, eine Gesellschaft aufzubauen, in der Menschen verschiedener Religionen im Frieden miteinander leben können. Die Christen sollen Ferment einer gerechten Welt sein.

4.1.4.6 *Der neue Fundamentalismus*

In Gesprächen stoßen Seelsorger im Alltag bei den Menschen auf Leistungsdruck, Orientierungslosigkeit, eine zunehmende Individualisierung und Privatisierung bis in das religiöse Verhalten hinein, Ängste vor der Zukunft, Fremdenhaß, Ausländerfeindlichkeit und Heimatlosigkeit. Menschen suchen Autoritäten, die verbindliche Antworten anbieten, wie die Entwicklung weitergeht und Wege dahin verlaufen. Um so verständlicher wird, daß sich in verschiedenen Spielarten eines auf Integration bedachten Fundamentalismus Kräfte regen, die diese menschlich verstehbaren Ängste aufgreifen. Fundamentalistische Gruppen bereiten den Boden für vereinfachende Lösungsangebote.

Im Gegensatz zum eher prozeßorientierten Weg des Christwerdens und -seins handelt es sich bei religiös-ethischen Grundforderungen fundamentalistischer Gruppierungen um recht einfache, plausible und praktikable Maximen, oft mit einer gewaltsamen und radikalen Weise der Verbreitung verbunden. Dabei werden vereinfachende Feindbilder weitergegeben. Gegen Versuche, eine weltweite Verantwortungs- und Solidargemeinschaft zu bilden, gibt es Intoleranz und eine große Hörigkeit gegenüber Autoritäten und Institutionen.

Die größte Herausforderung fundamentalistischer Strömungen besteht darin, daß jeder neugewonnene Anhänger ein potentieller „Missionar" ist. Die einzelnen handeln aus einem großen „Elitedenken" und bringen auf diese Weise die Ideen der Bewegung voran.

Um den besonderen Herausforderungen fundamentalistischer Gruppen gewachsen zu sein, brauchen Christen eine Glaubensbildung, die sie befähigt, den Kern ihrer Botschaft richtig zu leben und angemessen bezeugen zu können. Es ist wichtig, Informationen und Erfahrungen dabei auszutauschen.

4.1.4.7 *Die veränderte Rolle der Frau*

Inzwischen gibt es vielfache Anstrengungen, die Bemühungen von Frauen zu unterstützen, sämtliche Formen ihrer Unterdrückung und Ausbeutung zu überwinden. Ihr Anspruch auf *Gleichberechtigung* mit den Männern hat in vielen Bereichen des Lebens zugenommen. Auch im Raum der Kirche ist das Bewußtsein von der *Gleichwertigkeit* der Frau gewachsen. In der Vergangenheit hatten Frauen, gemessen an ihrem Engagement in den Gemeinden, eher wenige Möglichkeiten einer verantworteten Mitsprache. Noch immer fällt es der Kirche schwer, entscheidende Positionen mit Leitungsaufgaben Frauen anzuvertrauen. Frauen müssen öfter ansetzen, um ihre Ideen und Argumente an den „Mann" zu bringen. Männer gehen in der Regel hilflos mit typisch fraulichen Gedanken um, nicht zuletzt im Hinblick auf spezifische Formen einer fraulichen Spiritualität und Gestaltungskraft im liturgischen Bereich. Im Apostolischen Schreiben „Christifideles laici: Über die Berufung und Sendung der Laien in Kirche und Welt" betont Papst *Johannes Paul II.* den unverzichtbaren Beitrag der Frau zum Aufbau der Kirche und zur Entwicklung der Gesellschaft.[12] Sie sollen die Möglichkeit erhalten, verantwortliche und führende Positionen in der Kirche zu übernehmen.

4.1.4.8 Der ökumenische Kontext

So sehr der ökumenische Dialog momentan zu wünschen übrig läßt, arbeiten die verschiedenen christlichen Kirchen und kirchlichen Gemeinschaften zum Zeugnis des Evangeliums und im Dienst an der Welt in vielen Bereichen zusammen. Eine evangelisierende Pastoral müht sich, Gemeinden aufzubauen, die sich im Geist christlicher Liebe für die Realisierung der Ökumene im Raum und nach den Möglichkeiten der Gemeinde einsetzen. Ökumene braucht Mut und Entschlossenheit. Sie kann jedoch nicht im Alleingang vorangetrieben werden.

4.2 PRIORITÄTEN EINER EVANGELISIERENDEN PASTORAL

4.2.1 Evangelisierung als Konzentrationsprinzip

Vielfach wurde und wird unter „Evangelisierung" lediglich die ausdrückliche Verkündigung im Sinne von Predigt, Katechese, Glaubensgespräch und die Spendung der Sakramente als besonders feierliche Form der Verkündigung verstanden. Jedoch entspricht „keine partielle und fragmentarische Definition ... der reichen, vielschichtigen und dynamischen Wirklichkeit, die die Evangelisierung darstellt; es besteht immer die Gefahr, sie zu verarmen und sogar zu verstümmeln. Es ist unmöglich, sie zu erfassen, wenn man sich nicht darum bemüht, alle ihre wesentlichen Elemente in die Betrachtung mit einzubeziehen" (EN Nr. 17).

Evangelisierung meint die Durchdringung aller Bereiche der Menschheit durch die Frohe Botschaft vom Reich Gottes. Der eine Brennpunkt des Evangelisierungsprozesses ist das Evangelium, der andere sind die Lebensfragen der Menschen. Die Evangelisierung stellt eine kritische Anfrage an die pastorale Praxis dar; sie „leitet" und „begleitet" das konkrete Handeln ständig.

4.2.1.1 Der Lebensbezug

Die Grundkonzeption dieses Buches steht im Gesamtzusammenhang von Nr. 29 in Evangelii nuntiandi. Danach erfaßt die Evangelisierung „das ganze Leben". Paul VI. schreibt: Die Evangelisierung wäre „nicht vollkommen, würde sie nicht dem Umstand Rechnung tragen, daß Evangelium und konkretes Leben ... einander ständig beeinflussen" (ebd.). Die Evangelisierung ist ein „ganzheitlicher Prozeß". Durch die Kraft des Evangeliums sollen „die Urteilskriterien, die bestimmenden Werte, die Interessenpunkte, die Denkgewohnheiten, die Quellen der Inspiration und die Lebensmodelle der Menschheit, die zum Wort Gottes und zum Heilsplan im Gegensatz stehen, umgewandelt werden" (EN Nr. 19).

„Es gilt – und zwar nicht nur dekorativ wie durch einen oberflächlichen Anstrich, sondern mit vitaler Kraft in der Tiefe und bis zu ihren Wurzeln – die Kultur und die Kulturen des Menschen im vollen und umfassenden Sinn ... zu evangelisieren" (EN Nr. 20). Papst Paul VI. stellt nachdrücklich fest: „Der Bruch zwischen Evangelium und Kultur ist ohne Zweifel das Drama unserer Zeitepoche, wie es auch das anderer Epochen gewesen ist" (ebd.).

Evangelisierung geschieht nicht nur verbal oder gar sakramental, sondern vor allem im konkreten Handeln, im persönlichen und politischen Lebensraum der Christen, in der Gemeinde und in der Welt.

4.2.1.2 Der missionarische Auftrag

Die Kirche verwirklicht sich in der doppelten Bewegung von Communio und Missio (von Sammlung und Sendung). Sie ist gesandt, den Menschen das Evangelium zu *bezeugen* und wird versammelt, um das von Gott geschenkte Heil zu *feiern*. Im geschwisterlichen einander *Dienen* begreift sie ihre Sendung noch tiefer. Darin liegt keine Verkennung oder Abwertung anderer Wege zu Gott. Der Sendungsauftrag Jesu: „Geht hinaus in die ganze Welt und verkündet das Evangelium allen Geschöpfen" (Mk 16,15), stellt die Evangelisierung in die Dimension der Universalität (vgl. EN Nr. 49). In diesem Zusammenhang ist in Evangelii nuntiandi die Rede von der Verkündigung der Frohbotschaft an die unübersehbare Zahl der Menschen, die nichtchristlichen Religionen angehören, aber auch an die Nichtglaubenden und Nichtpraktizierenden.

Kirche ist entweder in ihrem innersten Wesen missionarisch oder sie ist nicht Kirche. Je mehr sie ihre Sendung erfüllt, desto mehr ist sie für die anderen da.

Wenn im Zusammenhang der Evangelisierung von *Mission* gesprochen wird, tauchen Fragen auf, die Anfragen an die Glaubwürdigkeit und Überzeugungskraft der Christen beinhalten. Ist die Kirche zum Dialog mit den unterschiedlichen religiösen Sinnangeboten bereit, die es außerhalb der Kirche gibt? Es ist keineswegs sichergestellt, daß unsere Gemeinden jene *missionarische* Praxis entwickeln, die sich von einer Bewahrungs- und Überlebensstrategie unterscheidet. In dieser Hinsicht gibt es viele geheime Wunschvorstellungen.

Eine nüchterne Einschätzung der Situation in den Gemeinden vermittelt den Eindruck, daß diese – nicht zuletzt aufgrund der inneren Einstellung vieler Verantwortlicher – eher mit sich selbst beschäftigt sind. Für ein missionarisches Denken und Handeln bleibt wenig Raum.

Wenn Christen in der Gemeinde ein Herz haben für die Not anderer, in Konfliktsituationen ein befreiendes und erlösendes Wort finden, unter Streitenden Frieden stiften, setzen sie nicht nur Signale für menschliche Kommunikation und Nähe, sondern sind *Botschafter* für das gelingende Leben, das die christlichen Gemeinschaften und Gemeinden durch ihre Art zu leben, bezeugen.

4.2.1.3 Subjekt der Evangelisierung

Dem ganzheitlichen Anliegen der Evangelisierung entsprechend ist das ganze Volk Gottes gemeinsam Träger der Verkündigung der Frohen Botschaft. Alle sind einzeln und gemeinsam die „gültigen" und „gesandten" Zeugen und Verkünder des Glaubens in der Welt (vgl. dazu bes. die Kirchenkonstitution Lumen gentium Nr. 35). Die Charismen aller sollen als breite Basis der Evangelisierung zum Tragen kommen.

Im Laiendekret des II. Vatikanischen Konzils finden sich die für die folgende Entwicklung der Kirche fundamentalen Aussagen: „Es besteht in der Kirche eine Verschiedenheit des Dienstes, aber eine Einheit der Sendung. Den Aposteln und ihren Nachfolgern wurde von Christus das Amt übertragen, in seinem Namen und in seiner Vollmacht zu lehren, zu heiligen und zu leiten. Die Laien hingegen, die auch am priesterlichen, prophetischen und königlichen Amt Christi teilhaben, verwirklichen in Kirche und Welt ihren eigenen Anteil an der Sendung des ganzen Volkes Gottes. Durch ihr Bemühen um die Evangelisierung und Heiligung der Menschen und um die Durchdringung und Vervollkommnung der zeitlichen Ordnung mit dem Geist des Evangeliums üben sie tatsächlich ein Apostolat aus" (Nr. 2).

4.2.1.3.1 Gemeinden als Zentren der Evangelisierung

In Evangelii nuntiandi und erneut im Apostolischen Schreiben „Catechesi tradendae" von Papst *Johannes Paul II.* stehen die Gemeinden im Zentrum von Überlegungen, die zu einer Erneuerung der Pastoral führen sollen. Aus der Erfahrung „Der Herr ist in unserer Mitte" kann die Gemeinde zur Heimat für viele werden, „zu einem wohnlichen und einladenden Haus auch für jene, die suchen oder ohne Orientierung sind".[13] Dabei spielen die Gesichtspunkte einer „Vernetzung" der Lebensorte innerhalb der Gemeinde eine große Rolle: Gemeinschaften, Gruppen und Gruppierungen in einer Gemeinde bilden ein geeignetes Forum für Gesprächskontakte. Im unmittelbaren Lebenszusammenhang können und sollen existentielle Erfahrungen und bedeutsame Lebensfragen besprochen werden.

4.2.1.3.2 Gruppierungen, Verbände und geistliche Bewegungen

Es ist nicht ohne weiteres möglich, in unseren Verhältnissen die Aktivitäten von Basisgemeinden und -gemeinschaften zu kopieren. Was in anderen Teilen der Weltkirche Basisgemeinden zu tun versuchen, realisieren in unserem Kulturraum schon seit geraumer Zeit die Verbände bzw. sie sollten es erneut tun. Sie können Maßstäbe aus dem Evangelium in Konferenzen, Beratungen und Entscheidungsgremien in Staat, Gesellschaft und Wirtschaft hineintragen.[14] In den Gemeinden braucht es mehr Mut zu kleinen Gemeinschaften und Gesprächskreisen. Nur auf eine solche Weise kann die Kirche als Gemeinschaft der Glaubenden, die sich aufgrund von Taufe und Firmung zur „Mitverantwortung und Mitarbeit" berufen wissen, ihrer Aufgabe gerecht werden, die Gestaltungskraft des Glaubens in die immer komplexer und differenzierter werdende gesellschaftliche Wirklichkeit hineinzutragen.

In Lösungsvorschlägen für eine „kooperative Pastoral" (vgl. unten S. 132f.) werden im Hinblick auf die traditionellen kirchlichen Strukturen Alternativen gesucht (zumindest im örtlichen Nahbereich). Gefördert wird die Suche nach Gemeinschaften, die durch mehr Geschwisterlichkeit gekennzeichnet sind, mehr den Menschen entsprechen, besser auf die Lebenssituationen der Menschen zugeschnitten sind. Verlangt werden basisgemeinschaftliche Strukturen: sorgende Gemeinschaften des lebendigen Glaubens, der Liebe (Wärme, Annahme,

Verständnis, Versöhnung) und der Hoffnung. Feiernde und betende Gemeinschaften wirken durch ihr Zeugnis missionarisch.

4.2.1.4 Ein methodischer Dreischritt

Prioritäten einer evangelisierenden Pastoral setzen das Fundament einer realistischen Wahrnehmung der Situation voraus. Auf der Basis einer soliden *Diagnose* der Ausgangslage können klare Zielsetzungen, einzelne Schritte der *Reflexion* und damit der *Aktion* festgelegt werden. Es geht um die Fragen:

- Wo stehen wir?
- Welche Hintergründe gilt es zu bedenken?
- Was können wir angesichts der Situation tun?

Eine evangelisierende Pastoral läßt sich von Impulsen der Pastoralkonstitution „Gaudium et spes" des II. Vatikanums inspirieren. In diesem Dokument folgt der Darstellung der Fakten eine Interpretation der Situation. Daraus ergeben sich konkrete Aufgaben. Somit legt sich für den Gang einer pastoralen Standortbestimmung der Dreischritt „Sehen – Urteilen – Handeln" nahe, der auf Joseph *Cardijn* zurückgeht.[15]

Die Hochschätzung Cardijns durch mehrere Päpste, die weltweite Beachtung seiner pastoralpädagogischen Impulse und schließlich die Ernennung zum Kardinal sprechen für die Annahme, daß die pastoralen Grundsätze der KAJ auch auf weltkirchlicher Ebene reiche Früchte getragen haben. Durch Cardijn kam der Dreischritt Sehen – Urteilen – Handeln nicht nur in die „Lebensschule" der KAJ, sondern zugleich in die Pastoral der Kirche.

Im Zusammenhang der Gewichtung der einzelnen Schritte geht es auch um eine „Spiritualität" des Sehens und Wahrnehmens: Sind wir bereit, die entsprechenden Entwicklungen und Gegebenheiten nicht nur *wahrzunehmen*, sondern auch *wahrhaben* zu wollen? Die Forderung einer „Pastoral der Wahrnehmung" lautet:

- Sehen, was ist, und
- offen dafür sein, nicht nur das Sichtbare wahrzunehmen.

Beim Schritt *Beurteilung* geht es auch um die Frage: Wer kann eine Entwicklung und Aktivität mittragen? Die für die Pastoral Verantwortlichen sollen sich fragen: Mache ich meine Intention genügend deutlich? Lasse ich andere mittun? Rege ich andere an, mich nachzuahmen? In der momentanen Seelsorge und Pastoral kommt dieser zweite Schritt des *Urteilens* oft zu kurz.

Gelegentlich kann es bei der Verwirklichung des Dreischritts sinnvoll und geboten sein, mit dem *Handeln* anzufangen. (Die Pädagogik kennt den Grundsatz des „Lernens durch das Tun".)

4.2.2 Zielkriterien

4.2.2.1 Schwerpunkte im Evangelisierungsprozeß

Für die Konkretion der Evangelisierung gilt es, auf seelsorglich-pastorale *Prioritäten* zu achten, die das Anliegen der evangelisierenden Pastoral stichwortartig zusammenfassen:

– Mit der Verheißung Jesu an seine Jünger, sie seien „Licht der Welt" (vgl. Mt 5,14), trägt er ihnen und damit seiner Kirche auf, den Menschen zu helfen, ihr eigenes Verhalten und Tun im Licht des Evangeliums sehen zu lernen.

– Die Verkündigung des unwiderruflichen Ja Gottes, der Liebe ist und Leben will, zu Menschheit und Welt, läßt den Auftrag der Kirche als Sendung in die Welt deutlich werden.

– Grundbedingung für die Verwirklichung der Heilssendung ist, daß sich die Kirche und die Christen vom Geheimnis Gottes in der solidarischen Zuwendung zu den Menschen ergreifen lassen.

– Eine evangelisierende Pastoral muß sich den universellen Herausforderungen der Zeit stellen. Damit überwindet sie zugleich die einseitige Festlegung des pastoralen Handelns auf den kirchlichen „Innenraum".

– Voraussetzung für das Engagement beim Aufbau einer gemeinsamen Welt in Gerechtigkeit, Frieden und Freiheit, in der die Integrität der Schöpfung gewährleistet ist, ist die Befolgung des Umkehr-Rufes Jesu – auch im Sinne der persönlichen Bekehrung. Die Gegenwart fordert von der Kirche konkrete Schritte der Umkehr.

4.2.2.2 *Evangelisierung als dialogischer Prozeß*

Der durch die Evangelisierung angestoßene Prozeß soll zu einem *Dialog* führen, der Ausdruck des geschwisterlichen Miteinanders in der Kirche ist. Alle sollen lernen, aufeinander zu hören, die Anliegen der anderen ernst zu nehmen und über allen Verschiedenheiten von Ansichten und Meinungen die grundlegende Einheit nicht aus dem Blick zu verlieren.

Papst *Paul VI.* fordert in seiner Antrittsenzyklika „Ecclesiam suam" (1964) den Dialog als eine der Haltungen, welche die Kirche in dieser Stunde der Weltgeschichte einnehmen muß. Dem inneren Antrieb der Liebe, die danach strebt, sich zur äußeren Gabe der Liebe zu machen, gibt Paul VI. den Namen „Dialog". Der Dialog läßt auch in den Meinungen der anderen Wahrheitselemente entdecken. Leider hört man von diesem kostbaren Dokument kirchlicher Lehrverkündigung gegenwärtig wenig oder nichts. Da und dort wird der Dialog, weil man im Vollbesitz der Wahrheit ist, geradezu als unkirchlich zurückgewiesen.

Karl *Rahner* hat schon 1965 auf das Problem hingewiesen, daß Weltanschauungen, von denen jede einen universalen Anspruch erhebt (Christentum und atheistischer Humanismus), zum ersten Mal in der Geschichte gleichwertig in einer Kultur auftreten. Der Dialog ist deshalb die einzig mögliche Form der Koexistenz. Er ist bei aller Universalität des Anspruchs – Christus als alleiniges Heil der Welt – möglich, weil die Realisierung des Evangeliums ein unvollendeter Prozeß ist, der die Möglichkeiten der Realisierung stets noch einholen soll. Die Glaubenden nehmen dabei in Besitz, was sie unausgelotet schon hatten. Dies ist ein Weg, auf dem der Geist der Wahrheit in die ganze Wahrheit einführt (vgl. Joh 16,13).[16]

Christen führen den Dialog, vielfach – weil unerfahren – zu naiv. Das hat nach Bischof Karl *Lehmann* verschiedene Gründe:

– Zum einen sind wir selbst zu wenig im Evangelium als der Wahrheit unseres Lebens verwurzelt. Wer sich im Dialog einem starken Partner aussetzt, muß ausreichend in der Lage sein, nicht nur Fragen standzuhalten, sondern aus der Kraft der eigenen Überzeugung Antworten anbieten zu können, die Andersdenkende intellektuell überzeugen. Dazu gehört die Fähigkeit der „Unterscheidung der Geister". Aus einer naiv verstandenen „Öffnung" kann ungewollt „Anpassung" werden. Im Dialog braucht man einen verläßlichen eigenen Standpunkt, der Gewißheit schafft und es zugleich ermöglicht, sich vorbehaltlos auf den anderen einzulassen.

– Der notwendige Dialog wird in der Öffentlichkeit leicht verzerrt, besonders wenn es sich um bestehende Konflikte handelt. Man spricht weniger *miteinander*, sondern von Anfang an meist nur *gegeneinander* – und zwar häufig nur über die „Medien".

– Nicht selten verweigern Christen den Dialog, weil bestimmte Feindbilder ihn unfruchtbar erscheinen lassen. Man respektiert zu wenig die Eigenständigkeit des Gesprächspartners und bricht den Dialog ab.[17]

Die Alternative darf nicht im Rückzug ins Getto bestehen, um die eigene Identität zu sichern, auch nicht in einer schleichenden Anpassung.

4.2.2.3 Die diakonische Dimension der Evangelisierung

Jesus Christus ist mitten unter seinen Jüngern als einer, der dient (vgl. Mt 10,45). Es ist ein Kennzeichen der gelebten Diakonie, daß sie im Sinne der grenzüberschreitenden Liebe Jesu *allen* Leidenden und Benachteiligten zu helfen sucht. Das bedeutet für das Handeln der Kirche, daß sie nur Kirche ist, wenn sie für andere da ist, wenn sie den Hilfsbedürftigen und zugleich den Helfern hilft. Die Mitarbeiterinnen und Mitarbeiter, die diakonische Arbeit leisten, brauchen immer wieder Ermutigung und Rückendeckung.

Im sozialen Bereich soll die Evangelisierung besonders an Orten wirksam werden, wo Menschen in Not sind. Eine in den Ernstfällen der Not wirksame Evangelisierung kommt ohne die gemeindliche Basis der Kirche nicht aus. Erst durch sie können die sozialen Tatsachen angemessen wahrgenommen, in Verbindung mit dem Evangelium beurteilt und in solidarischen Handlungen angegangen werden.

4.2.3 Eine elementare Christianisierung

Es gibt keine Glaubensvermittlung an die nachfolgenden Generationen, wenn es nicht zuvor eine echte Bekehrung derer gibt, die den Glauben weitergeben sollen. Die Formung der persönlichen Gesinnung durch den Geist Christi im Sinne einer „inneren Christianisierung" ist unabdingbar notwendig. Jesus Christus setzt seine Umkehrpredigt im Inneren des Menschen an: „Das Reich Gottes ist in euch" (Lk 17,21). Das ist der ursprüngliche Ansatz: von innen nach außen. Alle Großen in der Geschichte des Glaubens haben sich daran orientiert. Johann Baptist *Hirscher* (vgl. unten S. 186) hat auf die Frage: „Wie soll das Christentum in der Gegenwart unter uns lebendig werden?" geantwortet: „Wir müssen von innen heraus bauen, alle äußeren Umwandlungen und Verbesserungen werden uns ohne das nicht helfen."[18]

Ziel der Evangelisierung muß sein: die eigenen Überzeugungen, Haltungen, Motivationen der Lebensart Christi anzugleichen. Beim Bemühen um die Vertiefung und Erneuerung des Glaubens gibt es keine reinen Verkünder und Hörer, Geber und Empfänger, sondern nur ein gemeinsames Engagement, die gegenseitige Unterstützung auf dem Weg zu diesem Ziel. Es geht um eine Erneuerung aus den ursprünglichen Quellen, um ein „radikales", d. h. an die Wurzel gehendes Christsein.[19] Basis und Grundlage der Weitergabe des Glaubens ist die eigene Selbsterneuerung im Glauben.

„Als Gemeinschaft gelebter und gepredigter Hoffnung, als Gemeinschaft brüderlicher Liebe muß die Kirche unablässig selbst vernehmen, was sie glauben muß, welches die Gründe ihrer Hoffnung sind und was das neue Gebot der Liebe ist. Als Volk Gottes, das mitten in dieser Welt lebt und oft durch deren Idole versucht wird, muß die Kirche immer wieder die Verkündigung der Großtaten Gottes hören, die sie zum Herrn bekehrt haben, von neuem von ihm gerufen und geeint werden, wenn sie ihre Lebendigkeit, ihren Schwung und ihre Stärke bewahren will, um das Evangelium zu verkünden" (EN Nr. 15).

In diesem Zusammenhang stellt Bischof *Kasper* die Frage: „Was nutzen uns auf die Dauer all die Institutionen und all die großartigen sozialen und karitativen Werke, die wir aufgebaut haben, wenn sie nicht getragen und gespeist werden vom Geist lebendigen Glaubens? Sie werden nur so lange Bestand haben, als dieser Glaube in den Herzen der Menschen Bestand hat."[20]

4.3 STUFEN DES GLAUBENS

Wenn *Paul VI.* von Stufen des Glaubens spricht, geht es ihm nicht um methodische Gesichtspunkte. Ein solcher „Stufenweg" des Glaubens wirkt sich auf die pastorale Arbeit befruchtend aus. Das Zeugnis des Evangeliums darf schon dort erkannt werden, wo noch kein Wort der Verkündigung gesprochen wurde. Für die pastorale Spiritualität ist es wichtig, im Alltag Gottes Zuwendung an jeden besser sehen und verstehen zu lernen. Sonst gerät manches, was in der pastoralen Arbeit von unverzichtbarer Bedeutung ist, in der Vielzahl der Verpflichtungen im Alltagsbetrieb aus dem Blick.

4.3.1 Gelebtes Zeugnis

In Nr. 21 von Evangelii nuntiandi wird auf die grundlegende und vorrangige Bedeutung des gelebten Zeugnisses im Alltag hingewiesen, auf die Solidarität in den Anstrengungen aller für alles, was edel und gut ist. „In der Tat, ein solches Zeugnis ist bereits stille, aber sehr kraftvolle und wirksame Verkündigung der Frohbotschaft. Es handelt sich hier um eine Anfangsstufe des Evangeliums" (ebd.).

Wir sind in Gefahr, oft den zweiten Schritt vor dem ersten zu machen. Es kommt darauf an, im Umfeld, in dem wir leben, sehend und hörend da zu sein, mit den Menschen ihr Leben zu teilen, sie anzunehmen, uns auf sie einzulassen, uns für sie zu interessieren, um ihnen jene Solidarität zu erweisen, die Jesus Christus in seiner Menschwerdung der Welt zuteil werden ließ.

Ohne die Notwendigkeit der ausdrücklichen Verkündigung in Abrede zu stellen, betont Paul VI.: „Die Verkündigung muß vor allem durch ein Zeugnis erfolgen. Das geschieht z. B., wenn ein einzelner Christ oder eine Gruppe von Christen inmitten der menschlichen Gemeinschaft, in der sie leben, ihre Verständnis- und Annahmebereitschaft, ihre Lebens- und Schicksalsgemeinschaft mit den anderen, ihre Solidarität in den Anstrengungen aller für alles, was edel und gut ist, zum Ausdruck bringen." Ein solches „Zeugnis, das Zugegensein, Anteilnahme und Solidarität besagt", ist ein „wesentliches Element, im allgemeinen das erste, in der Evangelisierung" (EN Nr. 21). Evangelii nuntiandi kommt wiederholt auf die Bedeutung des „Zeugnisses des Lebens" zu sprechen: „Still oder in lautstarken Ausbrüchen, immer aber voller Eindringlichkeit, fragt man uns: Glaubt ihr wirklich an das, was ihr verkündet? Lebt ihr, was ihr glaubt? Predigt ihr wirklich, was ihr lebt?" (EN Nr. 76) Es geht um die Einheit von Verkündigung und Leben, von *Wort* und *Tat*.

4.3.2 Ausdrückliche Verkündigung

Das „Zeugnis ohne Worte" drängt von sich aus zur Verdeutlichung, die nur durch das Evangelium möglich ist. Wir sind dazu berufen, „Rechenschaft über unsere Hoffnung zu geben" (1 Petr 3,15). „Es gibt keine wirkliche Evangelisierung, wenn nicht der Name, die Lehre, das Leben, die Verheißungen, das Reich, das Geheimnis von Jesus von Nazaret, des Sohnes Gottes, verkündet werden" (EN Nr. 22). Als ausdrückliche Verkündigung ist die Evangelisierung in der Lage, die tieferen Dimensionen des Menschseins zu eröffnen und damit die tiefsten Sehnsüchte im Menschen aufzudecken.

4.3.3 Zustimmung des Herzens

Die Verkündigung des Wortes Gottes zielt darauf ab, angenommen zu werden, es geht um „die Zustimmung des Herzens" (EN Nr. 23). Diese Zustimmung zielt auf das gesamte „Lebensprogramm", die Orientierung „eines nunmehr verwandelten Lebens" (ebd.).

4.3.4 Anschluß an die Gemeinschaft

Die Evangelisierung hat schon immer die Einbeziehung in eine Gemeinschaft zum Ziel. Erst in der Gemeinschaft kommen Menschen zur vollen Entfaltung ihres Wesens. „So treten also jene, deren Leben umgewandelt ist, in eine Gemeinschaft ein, die selbst ein Zeichen der Umwandlung, ein Zeichen des neuen Lebens ist: es ist die Kirche, das sichtbare Sakrament des Heiles" (EN Nr. 23).

4.3.5 Feier der Sakramente

Dieser Weg verdichtet sich folgerichtig in der sakramentalen Dimension, in der Feier der sakramentalen Zeichen. „In der Dynamik der Evangelisierung bringt derjenige, der das Evangelium als das errettende Wort annimmt, diesen Schritt gewöhnlich in ... sakramentalen Gesten zum Ausdruck" (EN Nr. 23). Menschliches Leben ist nicht wahrhaft menschlich, wenn es nicht zugleich auch gefeiert wird. Symbole, in denen sich das Leben darstellt, enthalten Antworten auf die Fragen, die sich mit der Existenz jedes Menschen stellen.

4.3.6 Anstöße zum Apostolat

„Schließlich wird derjenige, der evangelisiert worden ist, auch seinerseits wieder evangelisieren. Dies ist der Wahrheitstest, die Probe der Echtheit der Evangelisierung: Es ist undenkbar, daß ein Mensch das Wort Gottes annimmt und in das Reich eintritt, ohne auch von sich aus Zeugnis zu geben und dieses Wort zu verkündigen" (EN Nr. 24).

Es läßt sich auch umgekehrt argumentieren: Wer nicht in seiner Umwelt, in seinem Aufgabenbereich, auf welche Weise auch immer, anfängt, das Wort Gottes weiterzusagen, hat dieses Wort noch nicht in jener Tiefe ankommen lassen, in der es ihn von innen umwandelt und zum Zeugnis befähigt.

4.4 PROPHETISCHE DIMENSIONEN EINER EVANGELISIERENDEN PASTORAL

Die Aufgabe einer evangelisierenden Pastoral besteht darin, Gott, der die Menschen zur Liebe „anstiftet" und damit im Miteinander echte Solidarität begründet, als Quelle und Zeichen von Hoffnung und Heil zu verkünden.

Gott, der sich im Alten Bund als Erlöser und Befreier erwiesen hat, schenkte seinem Volk auf dem Weg durch die Weisung der Propheten authentische Interpretationen des wesentlichen Gotteswillens. Die Propheten deuten die Bundescharta Gottes im Sinne der Gleichsetzung von Gottesliebe und Nächstenliebe. Gott wird in den Armen und Schwachen geliebt. Der Dienst am notleidenden und gebeugten Mitmenschen ist auch die Richtschnur für die evangelisierende Grundhaltung.

Das Entscheidende ist nicht das, was Christen sagen und denken, sondern was sie tun: Gemeinschaft, Glaube, Liebe, Freude, Hoffnung lassen sich nicht anargumentieren, sondern nur erfahren.

Es ist vor allem Aufgabe der Kirche, denen prophetisch ihre Stimme zur Verfügung zu stellen, die keine Stimme (mehr) haben: den Armen und Kleinen, den Schwachen und Unterdrückten. Die Kirche darf nicht aufhören, als Anwältin des von Gott geschenkten Heiles dort ihre Stimme zu erheben, wo sie nicht schweigen kann und darf. Es gilt aufzudecken, was verborgen ist und verschwiegen wird, aber auch anzukündigen, was allen Menschen verheißen ist. Auf diese Weise lebt der prophetische Geist in vielen alltäglichen Erfahrungen, die im Licht des Evangeliums zu Glaubenserfahrungen werden.

5. Leben aus der Fülle: Communio als Denk- und Lebensweise

5.1 BEZIEHUNG UND EINHEIT IN GOTT

Seit dem II. Vatikanum spielt der Communiobegriff in der theologischen, bes. der ekklesiologischen Diskussion eine wichtige Rolle. Der Begriff ist theologisch nicht ganz unproblematisch, vor allem wenn (ungeklärte) Bestimmungselemente eines sozialwissenschaftlich geprägten Kommunikationsbegriffs den Gedanken der trinitarischen Communio durch entsprechende Assoziationen überdecken und damit auch den „Stellenwert" der Kirche in der Heilsökonomie Gottes verdunkeln.

Theologischer Ausgangspunkt des Communiobegriffs ist die innertrinitarische Communio und der Anteil, den der dreieinige Gott den Menschen an seiner Gemeinschaft gibt; auch im Sinne der Bedingungen für das Communiodenken und -leben der Kirche. Gemeinschaft im Glauben, die „Wir-Struktur" des Glaubens, gründet letztlich in der Liebe des dreifaltigen Gottes. Er hat sich in Jesus Christus als der geoffenbart, der den Menschen zur Teilnahme an seinem Leben beruft, weil er selbst lebendiges Zueinander ist: vom Vater zum Sohn, vom Sohn zum Vater und von beiden zum Heiligen Geist. Das Geheimnis der Dreieinigkeit erschließt den Glaubenden: *das Fundament des göttlichen Lebens ist Gemeinschaft, „Communio"*. Indem Gott selbst Austausch pflegt, ist er der dreipersönliche Gott, als den ihn der Glaube bekennt. Das Dogma von der Dreifaltigkeit sagt daher nicht, was, sondern wer Gott ist: Ein Gott, der sich selbst austauschend Gemeinschaft ist.[1] Das kennzeichnet das Wesen Gottes als Liebe, so daß er als Vater, Sohn und Geist Leben in überströmender Fülle ist.

5.1.1 Der Gott und Vater Jesu Christi

Gottes Vaterschaft ist vor allem durch die Beziehung zu seinem Sohn Jesus Christus zu bestimmen. Wer den trinitarischen Gott als Vater bekennt, muß auf das Leben und die Botschaft Jesu Christi hören und schauen. Gott wird im Leben Jesu offenbar. „Wer mich gesehen hat, hat den Vater gesehen", antwortet Jesus Philippus (Joh 14,9). Gottes Wesen als Liebe wird im Wirken des Sohnes erkannt, der mit seiner Existenz Zeugnis gibt, wovon und wofür er lebt. „Meine Speise ist es, den Willen dessen zu tun, der mich gesandt hat, und sein Werk zu Ende zu führen"

(Joh 4,34). Die Liebe des Sohnes verdeutlicht uns das Geheimnis der unendlichen Liebe Gottes. Wer den trinitarischen Gott als väterlichen (und mütterlichen) Gott verstehen will, muß alle Vorstellungen einer patriarchalischen Vaterreligion hinter sich lassen. Gottes Vatername ist ein „trinitarischer Begriff".[2] Wer Gemeinschaft mit dem Sohn hat, erkennt, daß der Vater Jesu Christi auch sein Vater ist, und kann ermessen, was Gottes Vaterschaft (und Mutterschaft) bedeutet. Um des Sohnes willen ist Gott unser Vater.

In der Bundestheologie des Alten Testamentes heben vor allem prophetische Texte Gottes Zuneigung zu seinem als sein „Eigentum" erwählten Volk hervor (Ex 19,5). Zu denen, die einst ein „Nicht-mein-Volk" waren, spricht Gott, „mein Volk bist du" (Hos 2,25). Nach Deuterojesaja übertrifft Gottes Vaterliebe die der zärtlichsten Mutter (vgl. Jes 49,14f.; 66,13). Das Deuteronomium beruft sich besonders auf die Befreiungstat, mit der Gott Israel aus der ägyptischen Knechtschaft herausgeführt hat, wenn es das Verhältnis Gottes zu Israel mit Ausdrücken beschreibt, die eine so intime Beziehung und Verbindung bezeichnen, wie sie Verwandte zueinander haben. Der Ausdruck „Volk Gottes" ist nach Josef *Schreiner* „aller Wahrscheinlichkeit nach von ‚Verwandter' (am) zu verstehen". Er bezeichnet Israel als „Verwandtschaft" (Sippe) Jahwes und drückt damit die besondere Liebe Gottes zu seinem Volk aus.[3]

In der Kirchenkonstitution heißt es: „Der ewige Vater ... hat auch beschlossen, die Menschen zur Teilhabe an dem göttlichen Leben zu erheben ... Alle Erwählten aber hat der Vater ... ‚vorherbestimmt, gleichförmig zu werden dem Bild seines Sohnes, auf daß dieser der Erstgeborene sei unter vielen Brüdern' (Röm 8,29). Die aber an Christus glauben, beschloß er, in der heiligen Kirche zusammenzurufen" (Lumen gentium Nr. 2).

Wenn des weiteren die Kirche, die „in Christus gleichsam das Sakrament, d. h. Zeichen und Werkzeug für die innigste Vereinigung mit Gott wie für die Einheit der ganzen Menschheit" ist (Lumen gentium Nr. 1), das ihr zugedachte Werk *der Einigung mit Gott und den Menschen* weiterführt, dann ist sie vor allem „Kirche des Vaters". Diese Gedanken knüpfen jedenfalls an die theologische Verbindung zwischen dem altbundlichen Gottesvolk und der Kirche an.

5.1.2 Begegnung mit dem göttlichen Du

Die zentralen christologischen Aussagen des Zweiten Vatikanischen Konzils nehmen Bezug auf das Geheimnis des dreifaltigen Gottes. Jesus Christus, „das fleischgewordene Wort" (Offenbarungskonstitution Nr. 4), ist „vom Vater gesandt, ‚den Armen die frohe Botschaft zu bringen, zu heilen, die bedrückten Herzens sind' (Lk 4,18), ‚zu suchen und zu retten, was verloren war' (Lk 19,10)" (Kirchenkonstitution Nr. 8). Jesus Christus ist „in die Welt gesandt worden als wahrer Mittler Gottes und der Menschen" (Missionsdekret Nr. 3).

Sich zum Geheimnis des dreifaltigen Gottes zu bekennen, bedeutet deshalb, dazu zu stehen, daß sich Gott in Jesus Christus als ein Gott für die Menschen geoffenbart hat. Der Philipperbrief verweist zur Begründung für die Teilnahme des

Menschen am Leben des dreifaltigen Gottes auf das Beispiel Gottes in Jesus Christus: „Seid untereinander so gesinnt, wie es dem Leben in Christus Jesus entspricht: Er war Gott gleich, hielt aber nicht daran fest, wie Gott zu sein, sondern er entäußerte sich und wurde wie ein Sklave und den Menschen gleich" (2,5–7). Indem Gott in seinem Sohn den Menschen „gleich geworden" ist, hat er sie zur innigen Lebensgemeinschaft mit Gott bestimmt. Das Fundament für die Teilhabe des Menschen am göttlichen Leben hat Christus in der einheitsstiftenden Erlösungstat am Kreuz gelegt. Im zweiten Kapitel des Epheserbriefes wird im Hinblick auf die Einheit von Juden und Heiden in Christus betont: „Er ist unser Friede. Er vereinigte die beiden Teile und riß durch sein Sterben die trennende Wand der Feindschaft nieder … Er stiftete Frieden und versöhnte die beiden durch das Kreuz mit Gott in einem einzigen Leib" (2,14–16). In einer Art „Kurzformel" faßt Paulus im fünften Kapitel des zweiten Korintherbriefes den einheitsstiftenden Auftrag der Kirche zusammen, die in der Kraft des Heiligen Geistes die Sendung Jesu Christi weiterführt: „Gott war es, der in Christus die Welt mit sich versöhnt hat, indem er den Menschen ihre Verfehlungen nicht anrechnete und uns das Wort von der Versöhnung (zur Verkündigung) anvertraut. Wir sind also Gesandte an Christi Statt, und Gott ist es, der durch uns mahnt. Wir bitten an Christi Statt: Laßt euch mit Gott versöhnen!" (2 Kor 5,19–20)

Nach diesen Leitgedanken, die vor allem in der Kirchenkonstitution des II. Vatikanischen Konzils ihren Niederschlag gefunden haben, ist die Lebensform der Christen vorgeprägt durch die Anteilnahme am Geheimnis der Menschwerdung Jesu Christi. Sie veranlaßt die Glaubenden dazu, das Gleichförmigwerden Gottes mit den Menschen zum eigenen Lebensprogramm zu machen. So ist die Kirche als *Heilszeichen* für die Liebe des sich verschenkenden Gottes ebenso „Kirche des Sohnes".

5.1.3 Der Heilige Geist – unser Leben

„Die Liebe Gottes ist ausgegossen in unsere Herzen durch den Heiligen Geist, der uns gegeben ist" (Röm 5,5). Die Mitteilung des Heiligen Geistes gewährt uns Gemeinschaft mit dem dreifaltigen Gott. Diese Lebensgemeinschaft ist nicht etwas rein Geistig-Emotionales. Im fünften Kapitel des Galaterbriefes heißt es: „Wenn wir aus dem Geist leben, dann wollen wir dem Geist auch folgen" (5,25). Das von der Geisterfahrung der Urkirche geprägte Bewußtsein: Jetzt sammelt Gott sein wahres Volk, jetzt gießt er die Gabe seines Geistes über das endzeitliche Israel aus, kann heute der Kirche helfen, sich der Gegenwart des Geistes in ihrer Mitte neu und tiefer bewußt zu werden.

Bei der Schilderung der Pfingstereignisse zitiert Petrus nach dem Bericht der Apostelgeschichte den Propheten Joel: „In den letzten Tagen wird es geschehen, so spricht Gott: Ich werde von meinem Geist ausgießen über alles Fleisch. Eure Söhne und eure Töchter werden Propheten sein, eure jungen Männer werden Visionen haben, und eure Alten werden Träume haben. Auch über meine Knechte und

Mägde werde ich von meinem Geist ausgießen in jenen Tagen, und sie werden Propheten sein ..." (Apg 2,17f.).

Jesus Christus sandte nach seiner Auferweckung und Himmelfahrt den Heiligen Geist als Beistand für die Jünger. Dieser schlägt die Brücke zwischen dem „Christusereignis" von damals in unsere Zeit. Insofern ist es Aufgabe der Kirche, sich offen zu erweisen für die jeweils größere Wirklichkeit des Heiligen Geistes. Nicht von ungefähr lautet die Reihenfolge der Formulierungen: Heiliger Geist – Kirche in den zentralen Glaubenssätzen des Apostolischen Glaubensbekenntnisses: „Ich glaube an den Heiligen Geist"; „die heilige katholische Kirche". Die Kirche soll sich immer wieder auf die vielfältigen Herausforderungen des Heiligen Geistes einlassen. Er ist Anreger und einigendes Band der Communio der Kirche. Nach Yves *Congar*, dem einflußreichen theologischen Berater des II. Vatikanischen Konzils, regt der Heilige Geist, der der Kirche als Lebensprinzip geschenkt ist, diese unablässig zum „schöpferisch Neuen" und zu Reforminitiativen an.[4] In pfingstlichen Hymnen und Liedern rufen wir den Heiligen Geist als den „Schöpfer Geist" („Creator Spiritus") an. Er verheißt der Welt und der Kirche, daß Gottes schöpferische Kraft auch jetzt, in unserer Zeit, am Werk ist. Deshalb dürfen Kirche und Gemeinde immer neu auf ihn vertrauen.

Auf der anderen Seite müssen sie sich stets dem unvermuteten „Wehen", auch der „Kritik" des Heiligen Geistes aussetzen. Für den Verfasser des ersten Petrusbriefes beginnt das göttliche Gericht „beim Haus Gottes", bei der Kirche (4,17). Dieses Gericht hilft im Hören und Eingehen auf den Heiligen Geist zu unterscheiden, was von ihm kommt und was bloß menschlichem Geist entspringt. Es gibt heute manche selbsternannte Propheten. Im Stimmengewirr unserer Tage ist es notwendig, „die Geister zu unterscheiden" (1 Kor 12,10).

> „Im Glauben daran, daß es vom Geist des Herrn geführt wird, der den Erdkreis erfüllt, bemüht sich das Volk Gottes, in den Ereignissen, Bedürfnissen und Wünschen, die es zusammen mit den übrigen Menschen unserer Zeit teilt, zu unterscheiden, was darin wahre Zeichen der Gegenwart oder der Absicht Gottes sind" (Pastoralkonstitution Gaudium et spes Nr. 11).

Eine Kirche, die auf die Gegenwart des Heiligen Geistes baut, wird erkennen, wozu sie aufgerufen ist und was heute not tut. Denn der Heilige Geist ist für die Kirche stets die Quelle ihrer schöpferischen Kraft.

Der Heilige Geist ist der Kirche als das Band der Einheit geschenkt (vgl. u. a. Eph 4,3). Diese Eigenschaft des Geistes hängt zutiefst mit dem zusammen, was er im Geheimnis Gottes wirkt: Er entfaltet zwischen Vater und Sohn seine einende, lebenschaffende Kraft. Damit besagt Communio aus und mit dem Heiligen Geist Austausch und Beziehung in Einheit. Freilich ist damit nicht reine Einförmigkeit gemeint. Die Verschiedenheit und Vielfalt in der Kirche, die nach dem Zeugnis des Neuen Testamentes immer schon zum Erscheinungsbild der Kirche gehört, ist grundgelegt im Wirken des Heiligen Geistes. Er ist das Prinzip der Einheit der in der Kirche wirksamen Vielfalt.

Der Heilige Geist spendet seine Gaben („Charismen") allen Gliedern des Leibes Christi. Dabei sind unter den Charismen nicht unbedingt außerordentliche Gaben zu verstehen wie das Zungenreden, die Heilungen und die prophetische Rede (vgl. 1 Kor 12,28). Schon bei Paulus bedeuten die Charismen Talente, die Gott zum Nutzen für die anderen (1 Kor 12,7) schenkt. So hat jeder seine Gabe, die er zum Aufbau des Leibes Christi einsetzen soll: ob es sich um den Einsatz für Gerechtigkeit und Frieden handelt, um eine Tätigkeit in der Caritas und Diakonie der Gemeinde, um die Leitung einer Gruppe oder um die Mitarbeit in einem Gesprächs- oder Bibelkreis. Immer läßt der Geist Jesu Christi die verschiedenen Gaben zusammenwirken zum Aufbau der Communio der Kirche. Denn der Heilige Geist ist der Spender der Charismen. So ist Kirche als „Tempel des Heiligen Geistes" (1 Kor 3,16), als Communio derer, die sich vom „Geist leiten lassen" (Röm 8,14), „Kirche des Heiligen Geistes". Im ersten Thessalonicherbrief warnt Paulus jedoch auch vor dem selbstverschuldeten Verlust des Geistes: „Löscht den Geist nicht aus" (5,19).

5.2 EINLADENDE HEILSGEMEINSCHAFT

5.2.1 Christsein in Begegnung

Kirche- und Christsein ist in der Teilhabe an der Liebe des Vaters zum Sohn, der Hingabe Christi an den Vater und den darin wirkenden Heiligen Geist begründet. Daraus wächst das Geheimnis der Kirche. Die „Einladung" zur Heilsgemeinschaft mit dem dreifaltigen Gott ist der Leitgedanke einer Communio-Ekklesiologie. Mit der Zentralidee des Zweiten Vatikanischen Konzils „Kirche als Communio" ist auf dem Hintergrund der Trinitätstheologie vor allem das wesentliche Beziehungsein der Kirche angesprochen. Kirche- und Christsein ist mehr als ein sozialer und lebensfördernder Dienst, mehr als eine Interessenvertretung der Glaubenden in der Welt. Kirche ist die im Heiligen Geist durch Christus ermöglichte Teilhabe an dem von Gott geschenkten Leben. Ziel der Kirche ist es, in ihrer Lebenspraxis die Sendung Jesu Christi in die Welt und für die Welt zu konkretisieren.

> „Die Kirche wird kraft ihrer Sendung, die ganze Welt mit der Botschaft des Evangeliums zu erleuchten und alle Menschen aller Nationen, Rassen und Kulturen in einem Geist zu vereinigen, zum Zeichen jener Brüderlichkeit, die einen aufrichtigen Dialog ermöglicht und gedeihen läßt" (Gaudium et spes Nr. 92; vgl. auch Nr. 1).

Dabei geht es zunächst um die Beziehung des einzelnen Glaubenden zu Gott. Durch Jesus trifft ihn Gottes Ruf; er wird hineingenommen in das lebensrettende Erlösungsgeheimnis.

Paulus schreibt über die mit Jesus Christus gegebene Erfahrung der Einmaligkeit der Person im Galaterbrief: „Soweit ich … jetzt noch in dieser Welt lebe, lebe ich im Glauben an den Sohn Gottes, der mich geliebt und sich für mich hingegeben hat" (2,20). Personalität bedeutet Communio zwischen dem einzelnen und dem für ihn daseienden Christus.[5]

Das Neue Testament kennt keine Jesusnachfolge „im allgemeinen". Alle sind zwar mit seiner Botschaft gemeint und dadurch eingefordert. Es gibt aber so viele

Möglichkeiten zur Christusnachfolge, wie es Menschen gibt, die sich darauf einlassen (vgl. Mt 16,24 parr.).

Durch das In-Christus-Sein ergibt sich andererseits Nachfolge und Jüngerschaft als Einheit. In dieser Spannung zwischen dem einzelnen und der Gemeinschaft, wie sie auch in der Gemeinde (als „Gemeinschaft von Gemeinschaften") zum Ausdruck kommt, verwirklicht sich das umfassende Heilsangebot Gottes in Jesus an die Menschen. Damit gewinnt das Wesen der Kirche als Teilhabe und Beziehung jene soziale Dimension, die zur komplexen Wirklichkeit der Kirche gehört.

5.2.2 Das universale Gottesvolk

Die wichtigste Aufgabe der Kirche ist es, „Instrument und Werkzeug" (d. h. Sakrament) des Heils zu sein (vgl. Kirchenkonstitution Nr. 1). Immer deutlicher wird erkannt, daß es bei der Evangelisierung nicht um eine Verbesserung des methodischen Vorgehens bei der Weitergabe des Glaubens geht, sondern um einen Prozeß, in dem sich diese Weitergabe des Glaubens im Volk Gottes ereignet. Die verwandelnde Kraft der Botschaft vom Reich Gottes soll alle Lebensbereiche der Gemeinschaft und des einzelnen durchdringen. Der Grundeinstellung: Kirche ist „Werkzeug" des Gottesheiles, entspricht eine missionarische Kirche, die auf das Wort hört und es im Leben bezeugt.

„Durch die Taufe Christus einverleibt, zum Volk Gottes gemacht und des priesterlichen, prophetischen und königlichen Amtes Christi auf ihre Weise teilhaftig", sind alle Christgläubigen berufen, „die Sendung des ganzen christlichen Volkes in der Kirche und in der Welt auszuüben" (Lumen gentium Nr. 31). Das Schlußdokument der Versammlung des lateinamerikanischen Episkopats in Puebla deutet die Aussage der Kirchenkonstitution folgendermaßen: „Die Kirche ist ... ein universales Volk, das die übrigen Völker durchdringt, um ihnen zu helfen, sich zu verbrüdern und zu einer großen Gemeinschaft zusammenzuwachsen". Die Kirche ist als „universales Volk dazu bestimmt, ‚das Licht der Völker' zu sein (Jes 49,6; Lk 2,32). Sein Kennzeichen ist nicht irgendeine Rasse oder eine Sprache noch irgendeine menschliche Besonderheit. Es wird aus Gott geboren durch den Glauben an Jesus Christus. Deswegen tritt es nicht in einen Widerstreit mit irgendeinem anderen Volk ein, es kann in allen Gestalt annehmen, um in die Geschichte der Völker das Reich Gottes einzubringen".[6]

Dieses messianische Volk wird von Jesus Christus zusammengerufen. Er selbst durchdringt es mit seinem Leben. Er heiligt es als *der* Priester. Durch die Begegnung mit ihm wird der Mensch in die Kirche eingegliedert. Insofern ist eine solche Sichtweise der Kirche als universales, d. h. „offenes" Volk Gottes ein geglückter Entwurf der Existenz menschlichen Lebens in Christus. Man kann sich „vom Standpunkt der eigenen Lebensgeschichte" mit einer solchen Theologie identifizieren, sie ist „die Freude und Hoffnung der ganzen Welt".[7]

5.2.3 Einheit und Vielfalt in der Communio

In der Kirche als Communio soll es eine echte *Vielfalt* in *Einheit* geben, um die Fülle des in Gott verborgenen Lebens zum Ausdruck zu bringen. Diese göttliche „Lebendigkeit" ist das Gegenteil eines starren Einerlei; sie ist Vielfalt in Einheit. Insofern spiegelt z. B. die Vielfalt der geistlichen Aufbrüche in der Weltkirche diese Fülle wider. Ein doktrinäres Einheitlichkeitsdenken und eine falsche Gleichmacherei verfehlen die Bezeugung der göttlichen Einheit in Fülle. Eine verantwortete innerkirchliche Pluralität ist – gerade in der Diasporasituation der Kirche – von zeichenhafter Bedeutung.

Mit der *Pluralität* hängt die heute geforderte Offenheit in der Kirche für alle Formen und Wege der Kooperation zusammen. Im Bereich des Handelns soll sich die Gemeinschaft der Christen angesichts der großen Menschheitsprobleme um das Wirken im Geist der „Communio Ecclesiarum" bemühen. Das II. Vatikanische Konzil verwendet in bezug auf die Ökumene die Kategorie der „unvollkommenen Communio", die vor allem von Papst Paul VI. wiederholt aufgegriffen wurde.[8] In der Kirchenkonstitution heißt es dazu, daß der Heilige Geist „in Gaben und Gnaden auch in ihnen (den getrennten Kirchen) mit seiner heiligenden Kraft wirksam ist" (Nr. 15).

Die Teilhabe an der Communio des Heilsgutes und an der Communio der „Heiligen" – im Sinne des neutestamentlichen Sprachgebrauchs sind die Gemeindemitglieder gemeint (vgl. z. B. Röm 1,7; 1 Kor 1,2 u. ö.) – schließt das Bemühen um die Einheit ein. Im vierten Kapitel des Epheserbriefs heißt es dazu: „Bemüht euch, die Einheit des Geistes zu wahren … Ein Leib und ein Geist, wie euch durch eure Berufung auch eine gemeinsame Hoffnung gegeben ist; ein Herr, ein Glaube, eine Taufe, ein Gott und Vater aller, der über allem und durch alles und in allem ist" (4,3–6).

5.3 TEILHABE AM HEILIGEN

In seinen Ausführungen über die „Communio als Prinzip pastoraler Theologie und pastoraler Praxis" weist Walter *Fürst* darauf hin, daß die Formel von der „Gemeinschaft der Heiligen" (der Communio sanctorum) im Sinne des zugrundeliegenden neutestamentlichen Befundes und Sprachgebrauchs als „Anteilhabe am Heiligen, d. h. als Teilhabe am Evangelium, am Glauben, am Heiligen Geist, am eucharistischen und ekklesiologischen Leib Christi" aufgefaßt werden müsse.[9] Bischof *Hemmerle* sagt in seinen Gedanken zur Communio-Ekklesiologie von der Lebensweise der Kirche, sie habe ihren tiefsten Grund im „Versöhntsein", das den Glaubenden vom Leben des dreieinigen Gottes her zuteil wird.[10] Deshalb ist die Communio der Kirche Zeichen dieses von Gott geschenkten Lebens für die Welt und in der Welt.

5.3.1 Geistliche und tätige Teilnahme

Um die anzustrebende Einheit von Gestalt und Gehalt der Communio realisieren zu können, bedarf es einer umfassenden Teilnahme an allen Lebensvollzügen der Kirche. Alle Glaubenden bilden zusammen das „gemeinsame" Subjekt der Kirche. Die Christen dürfen sich nicht mit der Rolle eines reinen „Objekts" der Leitung „von oben" zufriedengeben.

Der im Konzil begonnene Weg der „kommunizierenden" Kirche kann am besten das Evangelium Jesu Christi vom Reich Gottes mit der geschichtlichen und gesellschaftlichen Situation unserer Gegenwart vermitteln. In diesem Programm besteht das für unsere Epoche verbindliche, theologisch-pastorale Grundanliegen des Zweiten Vatikanischen Konzils. Wo sich Gemeinde um die Umsetzung dieses Programms müht, bleibt die Frage, die Roger *Schutz* in seinem „Ersten Brief an das Volk Gottes" (1974) an die Kirche stellt, nicht bloß eine unerfüllbare rhetorische Frage, sondern wird zum Ausdruck der Hoffnung – oft genug „gegen alle Hoffnungslosigkeit": Kirche, du „wirst ... das ‚Volk der Seligpreisungen' werden, ohne andere Sicherheit als Christus: ein armes Volk, das kontemplativ lebt und Frieden schafft, das Träger der Freude und eines befreienden Festes für die Menschen ist, auch auf die Gefahr hin, daß du verfolgt wirst um der Gerechtigkeit willen?"[11]

Von daher werden z. B. auch das Leiden und die Kritik vieler Christen an eklatanten Mißständen innerhalb der Kirche selbstverständlich; steht doch das entscheidende Glaubwürdigkeitskriterium des konziliaren Neuansatzes auf dem Spiel.

5.3.2 Der Menschwerdung folgen

Grundlage für diese Blickrichtung ist die *Inkarnation* Gottes in Jesus Christus. Sie geschieht mitten in die Alltagswelt hinein und meidet alles Mirakelhafte und Spektakuläre.[12] Wege zu einer existentiell vertieften Communio-Spiritualität führen – der Menschwerdung folgend – durch die Türen alltäglicher Begegnungen und Erfahrungen im ganz „gewöhnlichen" Leben. Der Alltagsbezug einer solchen Spiritualität vermag unsere Gottesbeziehung immer wieder zu „erden"; macht Wege zu Gott im Alltag zugänglich oder verstellt solche Wege.

Eine lebensfördernde Spiritualität nimmt die Wirklichkeit und darin unsere Beziehungen zu Gott und zu den Menschen so wahr, wie sie sind. Es handelt sich also nicht um zusätzliche Forderungen und Verpflichtungen derjenigen, die sowieso schon unter massiven Belastungen leiden und an die Grenzen ihrer Belastbarkeit stoßen, sondern eher um eine umfassende Perspektive, die zur Bewältigung des Alltags im geistlichen Beruf verhelfen kann. Deshalb gehört in den Horizont einer solchen Communio-Spiritualität vor allem das Ja zum eigenen Leben und damit zur eigenen Geschichte auf die Zukunft hin.

5.3.3 Die stellvertretende Berufung des Christen

Damit steht die Kirche in der Nachfolge dessen, der von sich sagt, er sei gekommen, „um zu dienen und sein Leben hinzugeben als Lösegeld für viele" (Mk 10,45). In der Berufung des Christen zur Gemeinschaft mit Gott durch Jesus Christus im Heiligen Geist ist gleichzeitig die Berufung zur Stellvertretung und die Sendung aus ihr heraus ausgesagt. Die Erwählung des einen geschieht zum Heil der anderen. Sie ist nie ein besonderes Vorrecht der von Gott Berufenen, sondern Sendung zum Dienst aller. Dieses Grundgesetz der christlichen Stellvertretung, das letztlich im Leben und Wirken Jesu sein Ur-Bild hat, kommt am deutlichsten in den *pro-existentiellen* Deute-Worten beim Abendmahl zum Ausdruck: „Mein Leib für euch ... der neue Bund in meinem Blut" (1 Kor 11,24f.).

Jesus lebte und starb nicht für sich selbst. Sein Leben und Sterben beinhaltet die Berufung und Sendung zu einer neuen Lebensweise, die in der Berufung von Gott her gründet: „Ihr seid alle durch den Glauben Söhne Gottes in Christus Jesus. Denn ihr alle, die ihr auf Christus getauft seid, habt Christus (als Gewand) angelegt. Es gibt nicht mehr Juden und Griechen, nicht Sklaven und Freie, nicht Mann und Frau; denn ihr alle seid ‚einer' in Christus Jesus" (Gal 3,26–28). Die Christen sind dazu gesandt, durch ihre Lebensweise der Welt und der Menschheit zum Heil zu verhelfen. Die Taufe auf den Christusweg besiegelt die Ausrichtung des Lebens, die stets auch Stellvertretung beinhaltet: Hingabe und Einsatz im Geist der Solidarität mit allen Menschen.

Weil die Kirche „wirkkräftiges Sakrament" („Zeichen") für die Liebe des dreifaltigen Gottes ist, muß sie unter dem Gesichtspunkt der Stellvertretung missionarisch sein. Die Überwindung des unfruchtbaren Kreisens um kirchen- und gemeindeinterne Probleme, der Verzicht auf Selbstbemitleidung ist eine Forderung jener Spiritualität, die sich dem Auftrag der Heilssendung verpflichtet weiß. Diese ist Bestandteil „in der vom Geist vorwärtsgetriebenen Geschichte der Selbstmitteilung Gottes, in der das einmalige Christusereignis Wurzel fassen und Frucht tragen will" in der gesamten Menschheit, in den verschiedenen Kulturen und den menschlichen Lebensräumen.[13]

Spätestens aufgrund solcher Zusammenhänge wird deutlich, was hier unter „Grundlagen für ein Leben aus der Communio-Spiritualität" verstanden wird. Es geht nicht darum, für das Profil des Christ- und Kircheseins eine entsprechend „fromme" Überhöhung zu finden, sondern das Fundament aufzuzeigen, auf dem eine Communio-Praxis aufruht, lebendig wird und sich entfaltet.

5.4 COMMUNIO UND KOMMUNIKATION

5.4.1 Eine geschwisterliche Gemeinschaft

Viele setzen ihre Erwartungen in eine geschwisterliche, nicht patriarchalisch bestimmte Form von Gemeinschaft, z. B. eine Gemeinschaft von Alten und Jungen. Letztere möchte ich besonders betonen. Was wäre aus unseren Gemeinden geworden, wenn nicht viele von Anfang an ihre speziellen Fähigkeiten, ihre Charismen eingebracht hätten, damit andere inspiriert und korrigiert, verstehende und verzeihende Liebe eingebracht, geschwisterliches Verhalten vorgelebt, viele unauffällige, aber lebensnotwendige Dienste wahrgenommen und somit das „Samenkorn der Communio" gepflegt und gehütet hätten?

Eindringlich erinnert Paulus die Christen in Rom: „Ihr habt nicht einen Geist empfangen, der euch zu Sklaven macht, sondern ihr habt den Geist empfangen, der euch zu Söhnen macht, den Geist, in dem wir rufen: Abba Vater! So bezeugt der Geist selber unserem Geist, daß wir Kinder Gottes sind. Sind wir aber Kinder, dann auch Erben; wir sind Erben Gottes und sind Miterben Christi, wenn wir mit ihm leiden, um mit ihm auch verherrlicht zu werden" (Röm 8,15–17). Die Gemeinde von Ephesus wird angemahnt, „die Einheit des Geistes zu wahren durch das Band des Friedens, der euch zusammenhält" (Eph 4,3). Es ist nicht menschliche Anstrengung und Leistung, sondern der „Geist", der zusammenhält: „Ein Leib, ein Geist, ein Glaube, eine gemeinsame Hoffnung" (Eph 4,4).

Gemeinschaft ist primär nicht *Theorie*, sondern *Praxis*. Geschwisterlich miteinander umgehen lernen, bedeutet konkret: einander stützen, einander in der Schwachheit ertragen, offen sein füreinander und für alle, keine(n) ausgrenzen, wenn sie/er anders ist oder redet oder sich verhält, sondern „demütig, friedfertig einander ertragen" (Eph 4,2). Eine solche Lebenskultur ist alles andere als eine bloß passive Einstellung. Sie fordert vielmehr von allen, daß sie sich – je nach ihren Kräften – immer neu aktiv und kreativ einzubringen suchen.

Unsere Gemeinden und Gemeinschaften sollen sich aus Frauen und Männern zusammensetzen, die ihre Fähigkeiten, Aufgaben und Lebenssituationen als Reichtum der Gaben des einen Geistes (vgl. 1 Kor 12,4) auffassen. Gemeinden und Gemeinschaften sollen Räume der Entfaltung der einzelnen sein im lebendigen Austausch von Gedanken und Freundschaft. Jede(r), ob jung oder alt, ob schwach oder stark, krank oder gesund, reich oder arm, muß einen Platz haben in einer Gemeinschaft, in der er sich entfalten kann.

Die Pflege der geschwisterlichen Einheit bildet ein Grundproblem im Leben vieler Gemeinden. Die Lebensausrichtung des einzelnen verliert an Plausibilität, weil die Christen zu wenig voneinander wissen. Das Anteilhaben an der Lebensform nach verbindlichen Regeln der Gemeinschaft ist schwierig geworden. Leben gewinnt nur dann Gestalt und Sinnzusammenhang, der sowohl das Leben des einzelnen als auch das der Gemeinschaft umfaßt, wenn alle Mitglieder der Communio des Gottesvolkes einander *ohne Vorbehalt* annehmen.

Da der Austausch unter den Christen in vielen Gemeinden mehr als gestört ist, suchen einzelne Zuflucht bei Gruppen von Gleichgesinnten. Die Folgen davon sind in manchen Gemeinden festzustellen: Christen, die für andere wichtige Verbindungspersonen sein könnten – im Sinne des biblischen Bildes vom Sauerteig (Mt 13,33) –, ziehen sich in elitäre Gruppen und Gemeinschaften zurück, die sich eher von der Gemeinde abkapseln. Privatisierende bis privatistische Formen der Spiritualität stehen im Widerspruch zum Communio-Ideal: Christsein ist nicht anders denkbar als durch ein umfassendes Zueinander, als ein in Beziehung-Treten im Sinne des Mühens um die Einheit.

5.4.2 Eine mündigmachende Gemeinschaft

Eine mündigmachende Gemeinschaft stellt sich bewußt immer neu unter das Wort Gottes und versucht, darauf im Glauben, Hoffen und Lieben zu antworten. Sie will sich nicht „bevormunden" lassen; ihr Gewissen und ihre Verantwortung einem „Über-Ich" überlassen.

Mit den Worten des Epheserbriefes buchstabiert, bedeutet das konkret: „Demütig, friedfertig, geduldig einander in Liebe ertragen", immer neu bemüht sein, „die Einheit des Geistes zu wahren durch den Frieden, der uns zusammenhält" (Eph 4,2f.).

Unsere Gemeinden und Gemeinschaften sind aufgerufen, sich im Licht des Wortes Gottes und in einem Klima des Aufeinander-Hörens zu erneuern. Im Geist Gottes lernen wir in den Ereignissen zu unterscheiden, was zu dieser Erneuerung beitragen kann. Bei der Überprüfung des eigenen Lebens lernen wir einander besser verstehen. Das setzt ein gegenseitiges Sich-Annehmen und den Willen zur Zusammenarbeit voraus. Der Wille zur Erneuerung fördert auch das Verantwortungsbewußtsein und die ungezwungene Meinungsäußerung. Spannungen, die notwendig zum Leben gehören, können dazu beitragen, einander besser kennenzulernen und mehr zusammenzuarbeiten.

Viele wünschen sich eine „dialogische" Gemeinschaft, in der nicht von „oben" nach „unten" dirigiert wird, sondern in der glaubende und von Gott gerufene Menschen miteinander – in der gemeinsam getragenen Verantwortung für das Ganze – nach Lösungen suchen.

In den Gemeinden haben mit Aufgaben der Leitung betraute Mitarbeiterinnen und Mitarbeiter inzwischen „gelernt", daß das Amt, der Dienst, zu dem sie bestellt sind, sie zwar in gewisser Weise (in der Aufgabe und Funktion: im Dienst – und nicht im Rang!) heraushebt, aber doch so, daß dieser Dienst dialogisch und nicht monologisch wahrgenommen wird – im Sinne des Paulus-Wortes: „Wir sind nicht die Herren Eures Glaubens, sondern die Diener Eurer Freude" (2 Kor 1,24).

Eine „dialogische Gemeinschaft" ist keine bloß *konsumierende*, die sich alles von einigen wenigen „servieren" läßt, um anschließend Zensuren darüber zu erteilen oder sich resignierend in eine „Lästerecke" zurückzuziehen. Im Dialog sein bedeutet vielmehr, im ständigen Gespräch miteinander erfahren, daß Antwort (gegebenenfalls auch Widerspruch) zurückkommt. Das geschieht gewiß schon da und dort, aber vielleicht stehen wir erst am Anfang damit.

5.4.3 Eine charismatisch-missionarische Gemeinschaft

Die gesteigerte Differenzierung und Spezialisierung führt zu einer ungeheuren Desintegration und Individualisierung der Lebensläufe und -geschichten. In dieser Situation treffen wir in Gemeinden und Gemeinschaften auf unterschiedliche Ausgangspositionen der Bewußtseinslagen. Gemeinden und Gemeinschaften brauchen vor allem ein geistliches Mut-Fassen. Es gilt, den Gott Jesu Christi neu zu entdecken, in der Freiheit der Kinder Gottes zu leben (vgl. Gal 5,13) und miteinander in der Liebe Christi umzugehen, sonst verlieren unsere Gemeinden und Gemeinschaften ihre missionarische Ausstrahlung. Das bedeutet aber für unsere Gemeinschaften vor allem, daß sie bereit sind, die „Zeichen der Zeit" zu erkennen.

5.4.4 Dimensionen und Ebenen einer kommunikativen Praxis

Zwar gehört jene Phase einer pastoralen Planung wohl der Vergangenheit an, in der manche aus einer gewissen Euphorie heraus von *Pastoralplänen* die Lösung sämtlicher Schwierigkeiten erwarteten. Es hat im Gegenteil den Anschein, daß derzeit kaum Offenheit und Bereitschaft bestehen, pastorale Konzepte und Entwürfe zur Kenntnis zu nehmen. Offensichtlich haben Praktiker wenig Hoffnung, daß solche Planungen hilfreich sind.

Engpässe in der Frage der fehlenden Priester und die damit verbundene Frage, wie Pastoral in den Gemeinden weitergehen soll, stellen sich immer deutlicher als eine Lebensfrage der Kirche und ihrer Zukunft. Die herkömmliche Struktur territorialer Pfarreien ist dadurch, daß Pfarrer mehrere Pfarreien übernehmen müssen, total überfordert und deshalb kaum oder nicht mehr in der Lage, die anfallenden Aufgaben zu bewältigen. Wenn die pastorale Not in einem derartigen Ausmaß wächst, stellt sich die Frage nach einer kommunikativen und vor allem kooperativen Pastoral in größeren Räumen, die – und darin ist auch ein positiver Aspekt für die zukünftige Entwicklung zu sehen – den Lebensgewohnheiten der Menschen entsprechen, da sich auch deren Leben durch die gesteigerte Mobilität und die umfassende mediale Information in größeren *Verkehrs- und Lebensräumen* abspielt. Von den vorgegebenen pastoralen Lebensräumen her kommen dabei vor allem die Kooperation der Pfarreien auf Dekanatsebene und der regionalen Ebene für eine kommunikative Praxis in Frage (vgl. unten S. 132–136).

5.4.4.1 Die Region – eine wichtige pastorale Ebene

In der momentanen pastoralen Situation spielen die Überschneidung und das Ineinander neuer größerer sozialer Räume eine entscheidende Rolle. Vor allem im Einzugsgebiet der Großstädte – aber auch im Umfeld von Mittel- und Kleinstädten – gibt es differenzierte Bevölkerungsbewegungen. Das konsequente Denken in größeren Räumen ist heute eine unabdingbare Voraussetzung für die Seelsorge. Seelsorge und Pastoral müssen mehr als in früheren Zeiten im Sinne einer *regionalen* und *lokalen* Arbeitsteilung geplant und durchgeführt werden.

Um in der Auseinandersetzung mit den Problemen der heutigen Welt die Maßstäbe des Evangeliums in eine breitere öffentliche Diskussion einbringen zu können, ist die *Region* ein geeigneter Ansatzpunkt.

Umfassende Kooperationen auf der Ebene der Region bzw. des Dekanats werden zu einer (Über-)Lebensfrage der Pastoral.[14]

5.4.4.2 *Das Dekanat als Handlungsraum für eine gemeinsame Pastoral*

Wenn Glauben und „Leben aus der Fülle“ das kommunikative Handeln der Christen bestimmen, ist die Voraussetzung für das Gemeinsam-Kirche-Sein eine „Handlungsgemeinschaft“ der Glaubenden. Hier muß sich die Rede von der Kirche als Kommunikationsgemeinschaft der Glaubenden im Verhältnis der einzelnen Christen untereinander und zur größeren Gemeinschaft der Kirche hin verwirklichen.

Der Leitgedanke des Zweiten Vatikanischen Konzils von der Einheit des Presbyteriums einer Diözese mit dem Bischof setzt ebenso Gemeinschaft auf Ebenen voraus, die echte Formen der Lebensgemeinschaft zulassen.[15] Aus dieser Sicht kann das Dekanat zum Schnittpunkt der Berührungslinien zwischen der Verwirklichung der Pastoral in den einzelnen Ortsgemeinden und dem Bischof werden, dem die Sorge für die Einheit und das Zusammenwirken der einzelnen Dienste anvertraut ist.

Auf diese Weise kann das Dekanat als pastorale Ebene ein Raum der Kooperation in einem größeren „Lebensraum“ sein und damit der Konkretisierung einer gemeinsamen Pastoral dienen.

6. Gemeinde – Lebensraum des Glaubens

6.1 KIRCHE IN DEN GEMEINDEN

Da die Einheit der Kirche nach dem II. Vatikanischen Konzil „in" und „aus" Ortskirchen besteht (Kirchenkonstitution Lumen gentium Nr. 23), nehmen auch die Pfarrgemeinden an dieser „Einheit in Vielfalt" teil. Wir sollten deshalb stets auch von der größeren Gemeinschaft der „Kirche" sprechen und nicht nur von „Gemeinden".

Sobald in Diskussionen das Thema „Pfarrgemeinde" bzw. „Gemeinde" aufgeworfen wird, stellt sich heraus, daß der *Gemeindebegriff* längst nicht so eindeutig ist, wie es zunächst scheint. Dafür gibt es viele Gründe. Jeder denkt wohl selbstverständlich an die christliche Glaubensgemeinde bzw. an die an einem bestimmten *Ort* anzutreffende *Gemeinde.* Pastoraltheologische Untersuchungen – einschließlich solcher aus jüngster Zeit – verweisen darauf, wie schwer es ist, die dynamische und vielschichtige Wirklichkeit Gemeinde auf einen Nenner zu bringen. Es muß eine Auswahl getroffen werden, so daß die einzelnen Elemente der Begriffsklärung helfen, die vielschichtige Wirklichkeit neu zu entdecken und aufzugreifen.

6.1.1 Geschichte des Begriffs „Gemeinde"

Im *Neuen Testament* sind verschiedenste Formen von Gemeinde zu finden. Bei Paulus bedeutet „Ekklesia" (= Kirche) häufig die Ortskirche, die Ortsgemeinde, in der jeweils die Kirche Gottes präsent ist. Im Römerbrief (16,5), im 1. Korintherbrief (16,19) und an vielen anderen Stellen spricht Paulus von „Ekklesiai" und meint damit „Hausgemeinden". Sie spielen besonders in der Apostelgeschichte eine Rolle. Schließlich bezeichnet Paulus auch die zur Feier des Herrenmahles versammelte Gemeinde als „Ekklesia".

Neben dem neutestamentlichen „Ekklesia"-Begriff gibt es im *frühchristlichen Schrifttum* auch den griechischen Ausdruck „Paroikia". Bezeichnet werden mit „Paroikioi" diejenigen, die „daneben wohnen", „Anrainer" sind. Neben den Bischofskirchen in den Städten gibt es im dünner besiedelten Umfeld dem Begriff und der Sache nach in der „Parochie" (= „Pfarrei") die Ursprünge einer Territorialstruktur für die Seelsorge.

Im *frühen Mittelalter* entwickelte sich das „Pfarrsystem" in einer engen Verflechtung von gesellschaftlichen und kirchlichen Strukturen weiter. Vom 8. und

9. Jahrhundert an wurden Pfarreien in wachsender Zahl als „Eigenkirchen" ausgestattet und verwaltet. Die Kirchengüter dienten als einträgliche Einnahmequelle der Patronatsherren. In diesem Zusammenhang entwickelte sich die Trennung zwischen der *Seelsorge,* die der Pfründeninhaber (ein Kloster oder eine weltliche Herrschaft) durch besoldete Hilfsgeistliche, sog. „Leutpriester", versehen ließ, und dem *Pfründenwesen.* Verhängnisvoll wirkte sich die Praxis des „Pfarrbanns" oder „Pfarrzwangs" aus, durch den die Gläubigen in einem festumschriebenen Gebiet ausschließlich dem für sie zuständigen Pfarrer zugewiesen wurden. Sie konnten ihrer Verpflichtung zum Sonntagsgottesdienst und zum Sakramentenempfang nur in der Pfarrkirche nachkommen. In den sich besonders im 13. Jahrhundert zuspitzenden Auseinandersetzungen der Pfarrseelsorge mit den Bettelorden wurde ein bis heute virulentes Problem offenkundig: die Spannung zwischen der Pastoral im territorial festgeschriebenen Bereich der Pfarrei und der an den Bedürfnissen der Menschen orientierten volksnahen Seelsorge durch die Orden, die damit das Pfarrsystem durchbrachen.

Die Reformbestrebungen des *Trienter Konzils* (1545–1563) gaben *pastoralen* Erfordernissen den Vorrang. Jede Diözese wurde in ein lückenloses Netz von territorial genau umschriebenen Pfarreien eingeteilt. Jeder dieser Pfarreien wurde ein Pfarrer als zuständiger Seelsorger zugewiesen. Nach seinem Wohnort wurde jeder Christ einer Pfarrei zugeordnet. Dem Pfarrer war die „Residenzpflicht" vorgeschrieben. Die pastorale Leitvorstellung bildete das biblische Bild vom „guten Hirten", der seine Herde kennt.

Unter dem Einfluß des *aufgeklärten Absolutismus* kam es zu massiven Eingriffen des Staates in die Pfarrseelsorge. Staatskirchliche Tendenzen dekretierten den Pfarrer zum „Staatsbeamten". Die systematische Errichtung neuer Pfarreien durch Kaiser *Joseph II.* zeigte freilich auch die Aufgeschlossenheit des aufgeklärten Reformkatholizismus für eine situationsangemessene Pastoral und Seelsorge. Durch die Bevölkerungsexplosion in den Städten im 19. und 20. Jahrhundert – nicht zuletzt als Folge der rasch um sich greifenden Industrialisierung – wurde die traditionelle Pfarrstruktur, die sich in ihren Grundzügen parallel zur Pastoral im ländlichen Raum entwickelt hatte, so total in Frage gestellt, daß Fachleute das Ende des territorial umschriebenen Pfarrprinzips voraussahen.[1]

Im Bereich der *evangelischen kirchlichen Praxis* sprach man im Zusammenhang mit der lokalen bzw. territorialen Gliederung der Pastoral schon vor der Verwendung des Begriffs im katholischen Raum von „Gemeinden". (Im theologisch geprägten Sinn bürgerte sich der Ausdruck hauptsächlich vom 19. Jahrhundert an ein.) Für den Sprachgebrauch *Gemeinde* gibt es inzwischen auch gesellschaftliche und soziologische Gründe, die für die rasche Übernahme des Gemeindebegriffs in den katholischen Bereich sorgten. Dazu kommt der unvermittelt in der Kirche aufgebrochene „Demokratisierungseffekt". Mit der Betonung der Verantwortung des einzelnen für das politische und das kommunale Geschehen ist das Interesse an einer entscheidenden Mitsprache innerhalb der christlichen Gemeinde gewachsen.

Im *katholischen Raum* gibt es den Begriff „Gemeinde" mit der Selbstverständlichkeit, mit der er heute gebraucht wird, erst seit dem Zweiten Vatikanum. Im

Konzil findet sich der Ausdruck „Ortskirche" bis auf eine Ausnahme immer in Verbindung mit der Bischofskirche („ecclesia localis"). Die Kirchenkonstitution „Lumen gentium" des Zweiten Vatikanums stellt zum Thema und Anliegen der „Ortsgemeinde" fest: „Die ... Kirche Christi ist wahrhaft in allen rechtmäßigen Ortsgemeinschaften der Gläubigen anwesend, die in der Verbundenheit mit ihren Hirten im Neuen Testament auch selbst Kirchen heißen. Sie sind nämlich je an ihrem Ort, im Heiligen Geist und mit großer Zuversicht (vgl. 1 Thess 1,5), das von Gott gerufene neue Volk. In ihnen werden durch die Verkündigung der Frohbotschaft Christi die Gläubigen versammelt, in ihnen wird das Mysterium des Herrenmahls begangen ... In jedweder Altargemeinschaft erscheint unter dem ... Dienstamt des Bischofs das Symbol jener Liebe und jener ‚Einheit des mystischen Leibes, ohne die es kein Heil geben kann' (*Thomas v. A.:* Summa Theol. III, q. 73, a. 3). In diesen Gemeinden, auch wenn sie oft klein und arm sind oder in der Diaspora leben, ist Christus gegenwärtig, durch dessen Kraft die eine, heilige, katholische und apostolische Kirche geeint wird. Denn ‚nichts anderes wirkt die Teilhabe an Leib und Blut Christi, als daß wir in das übergehen, was wir empfangen' (Leo d. Gr. Serm. 63,7)" (Nr. 26).

Zu einer *Präzisierung des Gemeindebegriffs* hat vor allem die gemeinsame Synode in Würzburg einen wesentlichen Beitrag geleistet. Im Beschluß „Pastoralstrukturen" wird die „Pfarrgemeinde" eher funktional als „unterste rechtlich selbständige pastorale Einheit innerhalb des Bistums" bezeichnet. Inhaltlich heißt es: „In ihr soll die Kirche als Einheit des Gottesvolkes in überschaubarem Lebensraum am Ort sichtbar und erfahrbar werden ... Aufgabe der Pfarrgemeinde ist es, aus dem Geist des Evangeliums die Grunddienste der Kirche in Verkündigung des Wortes und im Glaubenszeugnis, im Gottesdienst und Vollzug der Sakramente sowie in der Diakonie für den einzelnen und für die Gesellschaft zu leisten."[2]

Im Beschluß „Dienste und Ämter" wird diese Umschreibung von Gemeinde näher bestimmt: „Die Gemeinde ist an einem bestimmten Ort und innerhalb eines bestimmten Personenkreises die durch Wort und Sakrament begründete, durch den Dienst des Amtes geeinte und geleitete, zur Verherrlichung Gottes und zum Dienst an den Menschen berufene Gemeinschaft derer, die in Einheit mit der Gesamtkirche an Jesus Christus glauben und das durch ihn geschenkte Heil bezeugen."[3]

Inhaltlich stellt diese Definition folgende wichtige Gesichtspunkte heraus:

– Gemeinde als Ortskirche läßt sich nur in der Einheit mit der Gesamtkirche verstehen.

– Gemeinde verwirklicht sich dort, wo Menschen an Jesus Christus und an das von ihm geschenkte Heil glauben und deshalb Glaubenszeugen sind.

– Ziel der Gemeinde ist die „Verherrlichung Gottes" und der „Dienst an den Menschen".

– Gemeinde als „Sakrament" des Leibes Christi vergegenwärtigt am jeweiligen „Ort" oder in der jeweiligen Gemeinschaft stets die ganze Kirche.

– Das Amt *dient* der „Leitung und Einigung" der Gemeinde.

Die Deutsche Bischofskonferenz hat in den Beratungen, die zu den Formulierungen der Würzburger Synode geführt haben, großen Wert darauf gelegt, daß Gemeinde nicht lediglich an die Sympathie einer sich zusammengehörig fühlenden Gruppe gebunden bleibt, sondern für alle offen ist. Die Bischöfe wollten auch den leisesten Anschein einer „Absonderung" vermeiden. Die Gefahr von Polarisierungen in den Gemeinden ist nie völlig zu überwinden und muß immer gesehen werden. Gemeinden für Progressive, Konservative, Arbeiter, Intellektuelle und andere Personengruppen würden ein entscheidendes theologisches Prinzip durchbrechen, daß nämlich Gemeinde *offen* sein muß für *alle*.
Der als Kompromiß formulierten Synodendefinition gingen heftige Auseinandersetzungen voraus. Kann eine „Personalgemeinde" auch Gemeinde sein? Wie steht es mit jenen Gemeinden, die zu einem bestimmten Zweck oder nur für bestimmte Zeit Gemeinschaft im Glauben bilden? Dazu sagt die Definition im folgenden Abschnitt: „Im allerweitesten Sinn verwirklicht sich Gemeinde Christi überall, wo zwei oder drei im Namen Jesu beisammen sind (vgl. Mt 18,20). Die wichtigste Zelle der Gemeinde sind die christlichen Ehen und Familien, die das Zweite Vatikanische Konzil ausdrücklich als Hauskirche bezeichnet (vgl. Lumen gentium Nr. 11). Dem Aufbau und dem Wachstum der lebendigen Gemeinde dienen aber auch vielerlei Gruppen, Kreise, Hausgemeinschaften, Basisgemeinschaften, geistliche Gemeinschaften am Ort sowie andere kirchliche Vereinigungen und Verbände. Sie sind von der Gemeinde im eigentlichen Sinn des Wortes zu unterscheiden. Sie helfen jedoch zur Einwurzelung und Beheimatung des einzelnen in der Gemeinde und in der Kirche. Deshalb kommt ihnen gerade heute eine wichtige Funktion zu."[4]

Zum Leben der Gemeinde gehört das Netz von Beziehungen, verwirklicht in verschiedenen Gruppen, Gemeinschaften, Vereinigungen und Verbänden.

In der systematisch-theologischen Erörterung und Lehre von der *Kirche* hat der Gemeindebegriff zur Kennzeichnung einer bestimmten Verwirklichungsform der kirchlichen Gemeinschaft eine legitime Funktion. Andererseits reicht der Begriff Gemeinde und die damit erfaßte Wirklichkeit allein nicht aus, um die reale Dimension der Glaubensgemeinschaft der Christen angemessen zu beschreiben. Deshalb werden sich die *theologische Grundidee* und die *Sozialgestalt* von Gemeinde in der Diskussion über die Praxis vermischen.

Somit weist die *geschichtliche* Entwicklung der Pastoral und Seelsorge in den „Pfarreien" bzw. „Gemeinden" darauf hin, daß die Kirche als Verwirklichungsort der Botschaft vom Gottesreich nie „ortlos" sein kann. Es gilt, die konkreten Menschen zu sehen, die jeweils an einem bestimmten Ort ihr Christsein verwirklichen.

6.1.2 Ansätze einer Gemeindetheologie

6.1.2.1 Biblisch orientierte Leitbilder

6.1.2.1.1 Christsein verwirklicht sich in Gemeinden

Im zweiten Kapitel der Apostelgeschichte formuliert Lukas in den in V. 42 genannten vier Merkmalen: „Lehre der Apostel" (1), „Gemeinschaft (Koinonia)" (2), „Brotbrechen" (3), „Gebet" (4) ein klares, unverwechselbares Profil christlichen

Gemeindelebens. Ein wesentliches Kennzeichen der von Lukas vorgestellten Gemeinde ist ihr *Beziehungsreichtum*. Die Gemeinde steht in enger Verbindung zu Gott (Gebet); sie weiß den auferweckten Kyrios in ihrer Mitte (Gemeinschaft im Brotbrechen). Neben der Beziehung zur Gesamtkirche (Lehre der Apostel) zeigt sich die Bewährung als Gemeinschaft (Koinonia) dadurch, daß die Bedürftigen von den Mitgliedern der Gemeinde versorgt werden. Die Gemeinde nimmt ihre Verantwortung gegenüber der nichtchristlichen Umwelt wahr, sie ist sich der „missionarischen Bedeutung" ihrer Glaubenspraxis bewußt.[5] Das in den Gemeinden wachsende Leben wirkt nach außen, es übt Anziehungskraft aus. Denn „recht verstandene Gläubigkeit grenzt nicht ab, sondern wirbt; sie baut keine Mauern, sondern Brücken".[6]

Schon das bloße Vorhandensein der Gemeinden und ihrer Lebensformen sind ein Zeichen, das in die Gesellschaft ausstrahlt. Freilich verlangen die in der Folgezeit der Geschichte der jungen Gemeinden in ihrem Leben anstehenden Fragen, u. a. die beim Aufbau und der Leitung der Gemeinde auftretenden Konflikte, verbindliche Regelungen. So bilden sich auf dem Boden des Neuen Testamentes bis hinein in die Pastoralbriefe, die ältesten Ordnungen für das Gemeindeleben, die bestrebt sind, das Leben der Gemeinde zu ordnen.[7]

6.1.2.1.2 Gemeinde als Vorposten des Reiches Gottes

Die beiden Fragen: Wie verhält sich Gemeinde zum Reich Gottes?, Erstickt das Reich Gottes in der Gemeinde?, müssen nach dem Befund des Neuen Testamentes das entscheidende Richtmaß für die Gemeindebildung und -erneuerung sein. Zwar läßt sich das Reich Gottes nach der Schrift nicht herbeizwingen, es wächst auch im verborgenen (vgl. Mk 4,26–29; Lk 17,20 u. a.), aber Gemeinde soll stets Verweischarakter auf das Reich Gottes haben. Dieses kommt in der Gemeinde nicht in erster Linie durch das Tun von Menschen zum Durchbruch; die Entfaltung des Gottesreiches geschieht durch Gottes wirkkräftiges Handeln. Die Apostelgeschichte zeigt in den ersten Kapiteln, wie die Gemeinschaft der Gläubigen als Konsequenz der Verkündigung des Wortes und des diakonischen Wirkens von Tag zu Tag wächst. Das Sammeln von Mitgliedern ist nicht das primäre Ziel der Gemeinde. Wo die Botschaft vom Reich Gottes verkündet wird, bildet sich auch Gemeinde.

Theologisch ist das Sprechen vom „Gemeindeaufbau" deshalb immer nur im übertragenen Sinn zu gebrauchen. Gott selbst ist es, der seine Gemeinde sammelt und aufbaut. Wo bloß auf aktivistische Weise Gemeinden „gemacht" werden, besteht die Gefahr, daß für den Augenblick beeindruckende, auf Dauer aber eher fundamentlose „Sozialgebilde" organisiert werden.[8]

6.1.2.1.3 Nachfolge als entscheidendes Motiv

Die Glaubensgemeinschaft des neutestamentlichen Gottesvolkes wird in den Evangelien – besonders von den Synoptikern und hier wiederum vor allem von Matthäus – im Jüngerkreis des irdischen Jesus im Lichte des Auferstehungsglaubens idealtypisch abgebildet. Jesus wird mit seinen Jüngern, seinen Begleitern, seinen Boten, seinen Tischgenossen beschrieben. Sie folgen Jesus nach, wohin er geht. Das Wesentliche des Jüngerkreises ist aufgrund der Gottesreichbotschaft Jesu die entschiedene *Nachfolge*. Jesus gibt denen, die ihm entschlossen nachfolgen, Anteil an seiner Sendung, an der Weitergabe seiner Gottesreichbotschaft. Die Jünger werden ausgesandt, zu tun, was der Herr selbst tut. Weil nach Gottes Heilswillen im Gottesvolk niemand vom Heil ausgeschlossen ist, sollen die Jünger wie der Herr selbst das bevorstehende Kommen des Gottesreiches verkünden (vgl. Lk 7,22) und zugleich die Zeichen dieser Gottesherrschaft wirken: Kranke heilen, Aussätzige rein machen, Tote auferwecken und Dämonen austreiben.

Für die Verwirklichung der Nachfolge ist die Lebensform Jesu maß-gebend. Armut: „Der Menschensohn hat keinen Ort, wo er sein Haupt hinlegen kann" (Mt 8,20). Verfügbarkeit: Ich bin gekommen, „den Willen dessen zu tun, der mich gesandt hat" (Joh 4,34; vgl. 5,30). Entschiedenheit: „Keiner, der die Hand an den Pflug gelegt hat und nochmals zurückblickt, taugt für das Reich Gottes" (Lk 9,62). Durch die von den Jüngern gelebten Ideale werden diese nicht nur beauftragte Zeugen und Boten, sondern unmittelbare Mitarbeiter am Reich Gottes. Ihre Sendung und Berufung zielt auf die Verwirklichung des Auftrags Jesu. Der Herr sendet seine Jünger „in alle Städte und Ortschaften, in die er selbst gehen wollte" (Lk 10,1).

Für die Verwirklichung von Gemeinde bedeutet der Gedanke der Jüngerschaft zugleich Nachfolge. Die Zugehörigkeit zur Jüngergemeinde verlangt, daß dieser Anteil am Sendungsauftrag Jesu Christi von der Gemeinde bewußt übernommen und weitergeführt wird.

6.1.2.1.4 Sammlung des Gottesvolkes als Ausgangspunkt

Das neutestamentliche Volk Gottes steht in Kontinuität zu Israel. Mit der Berufung und Einsetzung der Zwölf (vgl. Mk 3,13–19; 6,7–13) hat Jesus deutlich gemacht, daß er jene Sammlungsbewegung Gottes als „neues Israel" fortsetzt, mit der Jahwe selbst einst sein Volk gerufen und geeint hat. Deshalb ist der Ekklesia-Begriff *das* zentrale biblische und theologische Eckdatum. Im Neuen Testament spielt der Begriff als Übersetzung des hebräischen Ausdrucks „qahal" (= Versammlung) vor allem für die griechischsprachigen Juden eine immer größere Rolle. Sowohl qahal als auch ekklesia bezeichnen im ursprünglichen Wortsinn die Volksversammlung. Ohne diesen Aspekt zu verlieren, erhalten die beiden Begriffe durch die Hinzufügung von „Jahwe" bzw. „theos" / „kyrios" (Gott/Herr) eine neue Qualität zur Bezeichnung Israels als Volk Gottes, d. h. als Gottesgemeinde. Wenn in den paulinischen Briefadressen die „Versammlung des Volkes Gottes" mit „Ekklesia theou en Christo" (= „Gemeinde Gottes in Christus") auch als „Gemeinde des Herrn" verstanden wird (vgl. 1 Kor 1,2 u. 2 Thess 1,1), kommt damit zum Ausdruck, daß Jesus das neutestamentliche Gottesvolk für Gott bereitmachen will.

Mit anderen biblischen Texten zusammen (vgl. u. a. Mt 8,11f.; Lk 13,28–30) ist der Bericht vom Mahl der Fünftausend bei Markus (6,30–44) ein Beleg dafür, wie Jesus das eschatologische Volk Gottes sammelt, indem er den Menschen aus dem *Volk* Anteil gibt an seinem Tisch, am Mahl, an dem sonst nur die *Jünger* teilnehmen.[9] Das Evangelium gilt dem ganzen Volk.

Dahinter steht die neutestamentliche Grundidee, daß mit Jesus das eschatologisch endgültige Heilswirken Gottes begonnen hat. Insofern ist das Gleichnis vom Festmahl (Lk 14,15–24) ein treffendes Bild für das mit diesem Fest anbrechende Leben, an dem die Vielen teilhaben sollen.

Jesu Handeln zielt in Wort und Tat ganz auf das neue Volk Gottes, das in den Evangelien freilich immer im Zusammenhang mit der endzeitlichen Wiederherstellung der Bundesgemeinschaft Israels mit Gott gesehen wird. Wenn im Neuen Testament der Ekklesia-Begriff die ganze Gemeinschaft der an Christus Glaubenden bezeichnet, die sich im Sinne Jesu zum ganzen Volk, zu den „Leuten" gesandt weiß, ist diese Bezeichnung aufgrund der spannungsreichen Fülle im Sprachgebrauch besonders geeignet, die verschiedenen Ausprägungen der einen Kirche in den vielfältigen Weisen biblischer Gemeinde-Formen angemessen darzustellen.

Vor allem im Umfeld der Jerusalemer Gemeinde wird die eschatologische Heilsgemeinde des neubundlichen Gottesvolkes „Kirche" („Ekklesia") genannt. Nach dem paulinischen Konzept ist vor allem die *einzelne* konkrete Versammlung Kirche Gottes. (Paulus verwendet die Ekklesia-Bezeichnung fast ausschließlich für die Ortskirche, die Hausgemeinde und die gottesdienstliche Versammlung.)

Der zentrale Gedanke, daß Jesus Gemeinschaft zwischen Gott und allen Menschen schaffen will, muß bei der Verwirklichung der Gemeinde gesehen werden. In diesem Sinn sind Kirche und Gemeinde biblisch auf jeden Fall „volkskirchlich" geprägt. In diesem Zusammenhang ist es aufschlußreich, in einer Wortkonkordanz die zahlreichen Belegstellen nachzuschlagen, nach denen sich Jesus an das *Volk* wandte.

6.1.2.1.5 Geschwisterlichkeit als grundlegende Idee

Ebenfalls bei den Synoptikern – vor allem im Lukasevangelium – stellt Gemeinde von ihrer Lebensform her eine „geschwisterliche Gemeinschaft" dar. Durch ihre Lebensart und ihre Gesinnung bildet sie einen offenen Kreis von Christen, die sich als Schwestern und Brüder Jesu verstehen und seine Lebensweise teilen (u. a. Mt 5,23; 12,50; 23,8).[10] So sehr die Apostelgeschichte ein idealisiertes Bild der Gemeinde des Anfangs zeichnet – gerade die Paulusbriefe zeigen, daß die Kirche des Anfangs nicht konfliktlos war –, so sind doch die zentralen Aussagen über das Leben der Gemeinde als geschwisterliche Gemeinschaft charakteristisch dafür, wie sehr materielle und geistliche Diakonie als besonderes Merkmal der Gemeinschaft zum Aufbau der Gemeinde beitragen. Dabei wirken alle in der Gemeinde tätigen Dienste und Charismen mit; die *Liebe* bildet die „Begabung" aller (vgl. 1 Kor 13,13 b). Kern und Zentrum der Gemeinde ist das geschwisterliche Mahl. Sie „hielten miteinander Mahl in Freude und Einfalt des Herzens" (Apg 2,46 b). „Die Gemeinde der Gläubigen war ein Herz und eine Seele" (ebd. 4,32 a). Unter den Mitgliedern der Gemeinde gab es keine Notleidenden, denn „sie hatten alles gemeinsam" (4,32 b).

6.1.2.1.6 Das Ideal der Exodusgemeinde

Gemeinde als Heilsgemeinde ist immer und notwendig Gemeinde auf Hoffnung hin. Sie muß offen sein hinsichtlich der noch ausstehenden Vollendung der eschatologischen Heilsgemeinschaft. Gemeinde ist etwas Vorläufiges. Sie entspricht der Idee der alttestamentlichen Exodusgemeinde, wenn sie die Erinnerung an Jesu messianisches Wirken wachhält und gleichzeitig die verheißene eschatologische Wirklichkeit erwartet.

Das theologische Bemühen, Kirche und Gemeinde heute als Exodusgemeinde zu verstehen, bezieht seine Legitimation aus der Interpretation der biblischen Exodusgeschichte, in der die Exoduserfahrungen Israels ihren Niederschlag fanden.

Für die Übernahme des Begriffs „Exodusgemeinde" muß auch an die Vorgeschichte dieses Ausdrucks als Sammelbezeichnung für „chiliastische (= die u. a. das Kommen des tausendjährigen Reiches im voraus berechnen) Sekten" gedacht werden. Sie betonten die Notwendigkeit, aus gewohnten Strukturen auszuziehen, um die Wiederkunft Christi zu erwarten.

Mit Jesus hat der endzeitliche Exodus begonnen, so daß „Erlösung" und „Umkehr" in den von Gottes Machttat eröffneten Lebensraum führen. Der Ausdruck „Exodusgemeinde" wurde vor allem von Jürgen *Moltmann* als Kennzeichnung für die christliche Existenz durch die Verwirklichung der von Gott geschenkten Befreiung aufgegriffen.[11]

Insofern die neutestamentliche Gemeinde das Geschenk der Erlösung im Paschamysterium der Osterfeier begeht, liegt auch hier eine bedeutsame Verbindung zum Exodusmotiv.

6.1.2.1.7 Gemeinde als Kontrastgemeinde

Wenn Gemeinde als „Hoffnungsgemeinschaft" sichtbar zu machen versucht, was Gottes Heilsangebot konkret meint, kommt u. a. das biblische Bild von der „Stadt auf dem Berg" (Mt 5,14) in den Blick. Das Neue Testament kennt zwei Reihen idealtypischer Bilder: Ferment- bzw. Sauerteig-Sein und Stadt-auf-dem-Berg-Sein und damit den Gedanken der „Kontrastgemeinde bzw. -gesellschaft", der so in der biblischen Tradition selbst nicht vorkommt. Die Versuche einer radikal christlichen Lebensgestaltung in einer solchen Kontrastgemeinde entsprechen letztlich der Sendung der Gemeinde in die Welt, wo sie überzeugend für die Nachfolge Jesu Zeugnis gibt. Freilich stellt sich damit die Frage, ob eine solche Radikalität in der Nachfolge von jedermann verlangt werden kann. Darf das von Gerhard und Norbert *Lohfink* aufgestellte Postulat an die Gemeinde, durch ein *radikales Leben* in der Jesus-Nachfolge die neue Gesellschaft des Reiches Gottes zu bilden, zum allein gültigen Maßstab werden[12], oder ist es nicht sinnvoller, das Modell der Kontrastgemeinde mit der Lebensform einer missionarisch *weltoffenen* Gemeinde zu kombinieren? Durch zu strenge Ausschließlichkeitskriterien entstehen leicht pastorale „Ränder".

6.1.2.1.8 Die „kleine Herde"

Das bei Lukas als Sondergut überlieferte Logion: „Fürchte dich nicht, du kleine Herde" (12,32), steht im Zusammenhang der Jüngerunterweisung eindeutig im Kontext der eschatologischen Heilsverheißungen: „Die *kleine* Gemeinde der Jünger wird die *größte* Gabe des Vaters (das Reich) erhalten. Sie braucht sich deshalb jetzt nicht zu fürchten."[13] Hier wird das Bild von der Kirche sichtbar, die sich Sorgen macht über ihre geringe Zahl. Das Logion will aber sagen: Mitten in der Last der Gegenwart stehen die Kirche und die Gemeinde schon im Licht des kommenden Gottesreiches. So sehr sich aus der momentanen Situation vieler Gemeinden das bei Lukas verwendete Bild von der „kleinen Herde" nahelegt, muß vor einer Überstrapazierung des Bildes gewarnt werden. Die Gemeindewirklichkeit entspricht zwar in vielen Fällen dieser biblischen Vorstellung. Dabei dürfen die tröstlichen Aspekte des Lukastextes durchaus zum Zuge kommen. Andererseits muß jedoch die Gefahr gesehen werden, daß manche Gemeinden ihren jetzigen Zustand unter Hinweis auf die Lukasstelle rechtfertigen und damit zu wenig dynamisch offen sind für die missionarische Aufgabe der Gemeinde.

6.1.2.2 *Systematische Aspekte*

6.1.2.2.1 Gemeinde als Kirche am Ort

Indem die Gemeinde die „Orthaftigkeit" von Heil verwirklicht, führt sie die *Inkarnation* weiter. Wie Jesus Christus ein wirklicher Mensch war, hat er auch seine Kirche in dieser Welt verfaßt. Das Zweite Vatikanische Konzil hat diesen Gedanken in der Kirchenkonstitution aufgegriffen (vgl. Nr. 8). Inkarnatorische Pastoral besagt für die Ebene der „Ortsgemeinde", daß *hier* der Lebensstil des Reiches Gottes faßbar wird.[14] Als erlebbare Gemeinschaft von Christen, die an einem bestimmten *Ort* ihr Leben aus dem Glauben zu gestalten suchen, legt die Gemeinde davon Zeugnis ab, daß Gott der Entscheidung des einzelnen mit seiner Heilszusage vorausgeht. Die Entscheidung des Menschen, wie immer sie ausfällt, kann nur auf das Angebot Gottes hin getätigt werden. Gemeinde als Kirche am Ort bleibt das für alle zugängliche „Sakrament" des umfassenden Heils (vgl. unten S. 164). Zugleich ist sie der Schnittpunkt, an dem sich der persönliche Glaube des einzelnen und der Glaube der Kirche begegnen.

Im Zusammenhang der theologischen Perspektive der Gemeinde als „Ortsgemeinde" stellt Klaus *Nientiedt* fest: „Den Pfarrgemeinden die Fähigkeit abzusprechen, sich zu einer evangelisierenden ‚Kirche am Ort' weiterentwickeln zu können, würde die Situation allzu holzschnittartig darstellen und die institutionellen Alternativen wohl auch überschätzen. Wer Geduld mit den Gemeinden anmahnt, muß sich nicht vorhalten lassen, er gebe sich mit zuwenig zufrieden. Die Pfarrgemeinde bleibt der Ort, an dem wie an keinem anderen auch denen nachgegangen werden kann, die nicht sowieso schon dazugehören, selbst wenn genau dies faktisch zuwenig geschieht."[15] Das bedeutet freilich auch: Gemeinde Jesu Christi entsteht nicht durch die Bildung von Sympathiegemeinschaften, sondern sie ist der Garant dafür, daß Menschen aus allen sozialen und gesellschaftlichen Schichten und Gruppen an einem Ort zusammenkommen.

Wenn Hermann *Steinkamp* in seinen Überlegungen zum „Parochialprinzip als Hindernis für Gemeindebildung" auf die „Gefahr" eines „ideologischen Mißbrauchs" der theologischen Legitimation der „Ortskirche" (im Sinne der Ortsgemeinde) hinweist und dabei betont, es handle sich „dabei offenkundig um einen ideologischen Rechtfertigungsversuch einer Praxis, der mehr an Kontrolle und Machterhaltung gelegen ist als an der Weitergabe authentischen Glaubens", ist eine solche Sicht auch für Norbert *Greinacher* „zu pessimistisch". Meines Erachtens widerspricht die Realität in der Mehrzahl der Gemeinden der Behauptung Steinkamps, es gehe in der pastoralen und seelsorglichen Praxis der Gemeinden um „Kontrolle und Machterhaltung".[16]

6.1.2.2.2 Gemeinde als Sakrament des Heils und der Einheit

Ist die Kirche als ganze jenes „Heils-Zeichen", das den Menschen das umfassende Heil Gottes in menschlich erfahrbarer Weise nahebringt, so ist analog dazu die Gemeinde „Sakrament" dieses Heils. Zugleich muß die Gemeinde stets „katholisch", d. h. weltweit offen sein und darf sich nicht als Spezialgemeinde für eine segmenthafte Anzahl von Menschen verstehen. Durch die Vielzahl ihrer Verwirklichungsformen leistet die Gemeinde einen wichtigen Beitrag zur Einheit der Kirche.

6.1.2.2.3 Gemeinde als „offene" Gemeinde

Gleichgültig, um welche konkrete Ausformung von „Pfarrgemeinde" bzw. „Gemeinde" es sich handelt, in jedem Fall darf Gemeinde nie als fertige und in sich geschlossene Größe gesehen werden, sondern sie wird versuchen, in geeigneter Form Antwort zu geben auf die Herausforderungen der Zeit.

Walter *Kasper* weist darauf hin, daß zu den wesentlichen theologischen Eigenschaften der Gemeinde ihr Öffentlichkeitscharakter gehört. Auch der profane Begriff „Ekklesia" gehörte ursprünglich in den Bereich des öffentlichen Rechts. Die christliche Gemeinde hat eine öffentliche Sendung und Verantwortung und dient damit Gottes Idee von der Befreiung und Vollendung der Schöpfung (Eph 2,14).[17] Diesen Auftrag darf die Gemeinde nie im Sinne einer Interessenvertretung für ein bestimmtes Volk, eine bestimmte Klasse bzw. Schicht oder eine bestimmte Gruppe mißbrauchen. Sie muß eine für alle offene Gemeinde sein. Diese Aufgabe kann die Gemeinde am ehesten erfüllen, wenn sich in ihr Menschen quer durch alle politischen Interessensphären, Sprachgrenzen und sozialen Zugehörigkeiten zusammenfinden.

6.1.2.2.4 Gemeinde als Sammlung entschiedener Christen

Gottes Hinwendung zu den Menschen in Jesus Christus ist „total". Somit läßt die Weiterführung der Sendung Jesu keine „Teilidentifikation" zu, sondern fordert eine entschiedene und ganze Nachfolge.

In den Pfarrgemeinden stehen sich nicht selten Ansätze einer „Gemeindekirche" (im Sinne der Gemeinde als Sammlung entschiedener Christen) und Elemente der herkömmlichen „Volkskirchlichkeit" konfliktgeladen gegenüber. Oft sind es Hauptamtliche und einzelne Mitglieder der Gemeinde, denen die traditionellen Formen der Volkskirche nicht mehr genügen. Intensivgruppen, basisgemeindliche Zusammenschlüsse, Gruppen geistlicher Bewegungen mahnen zu Recht verkrustete und überholte Gemeindestrukturen an. Sie wollen nicht bloße „Erfüllungsgehilfen bürgerlicher Religiosität" sein, als habe es kein Konzil und keine Synoden gegeben.[18]

Andererseits legt schon die Praxis Jesu nahe, den „glimmenden Docht nicht auszulöschen" (Mt 12,20; vgl. Jes 42,3). Das Evangelium ist eine Dynamik, die sich nicht durch eine quantitative Skala bestimmen läßt.[19] So gesehen muß in der Gemeinde immer Raum sein für Menschen, die sich durch den Anspruch der radikalen Nachfolge momentan überfordert fühlen. Hinzu kommt, daß in der gesamten Seelsorge und Pastoral die Elemente einer volkskirchlich geprägten Religiosität als menschliche Grundkonstante zunehmend ernst genommen werden.[20]

6.1.2.2.5 Lebendiger Organismus der von Gott geschenkten Charismen

In der biblischen Tradition der Exodusgemeinde ist auch die Gemeinde des neutestamentlichen Gottesvolkes „auf dem Weg". In ihr ist Gottes Herrschaft am Werden. Indem alle Getauften aus der Idee des gemeinsamen Priestertums und dem Ernstnehmen der verschiedenen Charismen miteinander Gemeinde bilden, verwirklichen sie in ihrem Lebensraum exemplarisch Gottes grenzenlose Liebe.

Angesichts des Drängens der Zeit und ihrer Probleme lassen die von Gott der Gemeinde geschenkten Charismen kein gemächliches und endloses Abwägen von Für und Wider zu; schließlich ist der Heilige Geist der „Sturmbraus Gottes"; er ist das Feuer, das Christus auf die Erde bringen wollte.

Die Verwirklichung der der Gemeinde geschenkten Charismen bedeutet nicht brave Rückkehr zu altbewährten Formen des Christseins. Geistliches Leben ist nicht Beschwichtigung kritischer Geister. Paulus ist – auch aufgrund eigener Erfahrung – der Überzeugung, daß die Christen durch geistliche Erfahrungen befähigt werden zum kritischen Unterscheiden, zum Beurteilen dessen, was zum Aufbau der Gemeinde verhilft (vgl. 1 Kor 14,5.12.26). Durch die verschiedenen Gaben wird die Gemeinde zum Vertrauen ermutigt: Alle sind Kirche, mit dem Heiligen Geist begabt, sind selbst mit ihren Fehlern, Lücken, in ihrer Armut kostbar. Sie dürfen, ja sollen sich annehmen.

Auf der anderen Seite gilt es zu bedenken, daß es in den Gemeinden manche „Verwundungen" gibt: Polarisierungen in verschiedene Richtungen, Verletzungen durch Negativerlebnisse – etwa mit der Sakramentenpraxis (z. B. Beichte) –, Ärgernisse durch den Führungsstil der Gemeindeleitung und das wenig vorbildliche Leben von Gemeindemitgliedern. Auf dem Hintergrund der sich in der Kirche und in den Gemeinden ausbreitenden Resignation schmerzen solche Erfahrungen doppelt: Sie sind u. U. auch Hindernisse auf dem Weg zur Entfaltung der Charismen.

Jesus hat seiner Kirche und damit den Gemeinden seinen Geist bleibend verheißen (Joh 14,16). Daraus schöpft die Gemeinde Zuversicht, in ihrem Denken und Handeln der Wirklichkeit des Heiligen Geistes in ihrer Mitte zu vertrauen, trotz mancher zu Recht beklagter Mißstände.

6.1.2.3 *Zusammenfassung*

Zwar gibt es bis heute keine umfassende „Theologie der Gemeinde". Das konkrete Erscheinungsbild der Gemeinden wird u. a. durch die Spannung zwischen dem herkömmlichen Ansatz der „Volkskirche" und dem Leitbild der „Gemeindekirche" bestimmt. Dennoch bilden Gemeinden, in denen Glaube überzeugend gelebt wird, ein *bleibendes* Bezugsfeld für Seelsorge und Pastoral.

Insgesamt läßt sich feststellen:

– Wie die gesamte Kirche ist auch die Gemeinde ein „Heils-Zeichen" für die Welt.

– Im Bedingungsgefüge für das Werden und Leben der Gemeinde hat die Verkündigung der Reich-Gottes-Botschaft Vorrang.

– Damit werden Impulse gesetzt, die verhindern, daß Gemeinde zu einer rein innerweltlichen, bloß menschlichen und deshalb zukunftslosen Konstruktion wird.

– Zu hohe Anforderungen an die Gemeindebildung und -erneuerung im Sinne einer Gemeinde der Freiwilligen und Entschiedenen stehen unter Ideologieverdacht.

6.2 LEBENSVOLLZÜGE DER KIRCHE IN DER GEMEINDE

In der momentanen Übergangssituation sind viele Gemeinden in einem Wandlungs- und Umbruchsprozeß von einer eher volkskirchlichen, auf den Priester als Gemeindeleiter hin orientierten Gemeinde, zu einer *eigenverantwortlichen Gemeinde.*

Gemeindeentwicklung und Gemeindebildung werden von lebendigen Zellen – Gruppen und Gemeinschaften – getragen, die zusammen mit basisgemeindlichen Aufbrüchen heute schon u. U. so etwas wie ein „Vortrupp" der neuen Wirklichkeit von Gemeinde sind.

Zwar ist Zurückhaltung geboten, zu große Hoffnungen auf das Gemeindeprinzip als tragfähige Basis der religiösen Sozialisation zu setzen; dennoch darf, trotz der gebotenen Skepsis, in der Gemeinde den alleinigen Überlebensort von Kirche zu sehen, auch für die Zukunft davon ausgegangen werden, daß die Gemeinden am Schnittpunkt der Grundvollzüge des menschlichen und des religiösen Lebens jene „überschaubare Lebenswelt" und „handlungsfähige Lebenspraxis" gewährleisten können, die in dieser *ganzheitlichen* Form zwischen Primärgruppen und gesellschaftlichen Großgebilden ihren eigenständigen Platz behaupten.[21]

6.2.1 Ein breites Spektrum

Im Erscheinungsbild von Gemeinden ergibt sich ein buntes Spektrum. Als „Sozialgefüge", das in der heutigen Wirklichkeit existiert, bemüht sich Gemeinde, den vorhandenen gesellschaftlich-soziologischen Voraussetzungen und Bedingungen zur Verwirklichung ihres Heilsauftrags Rechnung zu tragen.

Mancherlei basisgemeindliche Aufbrüche und hoffnungsvolle Ansätze zur Gemeindeentwicklung und -bildung – nicht zuletzt auch auf evangelischer Seite – sprechen zudem für die ungebrochene Lebendigkeit der Sozialform „Gemeinde" auch für die Zukunft des Kirche- und Christseins.

In Gemeinden finden sich Christen in Gruppen und Kreisen, in lebendigen Zellen zusammen, um in den Situationen, in denen sie leben, d. h. in jedem Fall im Lebenszusammenhang, durch die Orientierung am Evangelium eine Lebens- und Glaubensgemeinschaft zu bilden. In einer solchen eher „geschwisterlichen Gemeinde" ist der Pfarrer einer unter den anderen Christen. Er versteht sein Amt als „Mitarbeit" in und an der Gemeinde.

Auch in eher traditionell strukturierten Gemeinden gibt es verschiedene Formen der Mitsprache und Mitverantwortung der Gemeindemitglieder am gemeinsamen Auftrag der Gemeinde, etwa nach dem Motto: „Wer mitmacht, erlebt Gemeinde".[22]

Freilich gibt es nach wie vor Gemeinden, bei denen sich die aktive Teilnahme der Christen auf die Mitfeier des Gottesdienstes und die Inanspruchnahme des sakramentalen „Service" beschränkt. Die „Pfarrangehörigen" verstehen sich als die vom Pfarrer versorgte Gemeinde. Dementsprechend behandelt der Pfarrer „seine" Gemeinde fast wie sein „Eigentum".

Solche Gemeinden können unter der Hand rasch zu „Verlernorten des Glaubens" werden. Sie „sind der Ort einer Erstkommunion- und Firmpraxis, bei der sich alle Beteiligten, alle Jahre wieder, eine Menge Illusionen machen; der Ort der großen Frustration vieler Jugendlicher, die sich im Glauben engagieren möchten, aber sich am Eigensinn der Pfarrer totlaufen und auch in den Gremien keinen Rückhalt finden; der Ort, wo man den Glauben braucht, um es aushalten zu können, statt daß man ihn dort entdecken könnte; der Ort eines beklemmend unpolitischen Bewußtseins und einer mitunter erschreckenden Selbstherrlichkeit (besonders gegenüber Gescheiterten, Geschiedenen, Fernstehenden oder solchen, die nicht glauben können), zwar ein Ort aufwendiger Lernprogramme (Kirchenjahr, Sakramentenkatechese), aber zugleich hartnäckiger Unbelehrbarkeit, der Verweigerung von Umkehr und ernsthaften Lernprozessen, der Ort eines beharrlichen Kreisens um sich selber, um den Kirchturm, das Pfarrfest und die wenigen Personen, die derzeit (und wie lange schon?) im Pfarrgemeinderat das Sagen haben".[23]

Ein Vorwurf, der gegen die Praxis mancher Gemeinden erhoben wird, gleichgültig um welchen „Typ" von Gemeinde es sich handelt, lautet: Die Gemeinde geht am Leben der Menschen vorbei und bevorzugt nur bestimmte „Eliten". Seelsorgerliche Kontakte und Einzelgespräche anläßlich der Pastoral an den sogenannten „Lebenswenden" machen die Gefahr bewußt, daß ein zu „elitäres" Gemeinde- oder

Pfarrkonzept, mit dem ein Pfarrer alles, und zwar alles auf einmal, erreichen möchte, das Leben der Menschen verfehlen kann. Hier gibt es viele verborgene Ängste, Befürchtungen, Trostlosigkeiten, Störungsherde mannigfacher Art, unter denen Menschen leiden; Dinge, die einzelne innerlich belasten und unter Druck setzen.

6.2.2 Bau aus lebendigen Steinen

Die Kirchenkonstitution des II. Vatikanums fügt zur Beschreibung der offenen und dynamischen Wirklichkeit von Kirche und Gemeinde eine anschauliche Bilderreihe zusammen: unter anderem „Pflanzung", „Arche Gottes", „Zelt Gottes", „Gottes Bauwerk", die einerseits für Wachstum und Fruchtbarkeit, andererseits für Bewegung und Beweglichkeit typisch sind.[24] Insofern bringt die Überschrift „aus lebendigen Steinen" (vgl. 1 Petr 2,5) den Anteil aller Gemeindemitglieder zum „Bau" der Gemeinde zum Ausdruck.

6.2.2.1 Die Erfahrung des gemeinsam gelebten Glaubens

Im Sinne des Vorbildlernens führt der Weg zum gemeinsamen Glauben über die Identifikation mit Personen und Gruppen, von denen Überzeugungskraft ausstrahlt und die durch ihren Lebensstil für die christliche Lebenspraxis werben, zum Miteinander im Glauben. Bischof *Wanke* stellt dazu fest: „Wir erleben wieder neu, daß der christliche Glaube vornehmlich ‚personengebunden' weitergegeben wird. ‚Neuer' Glaube entzündet sich an einem Zeugen des Glaubens, der ... in ... seiner Menschlichkeit und Christlichkeit überzeugend ist."[25]

Wir stoßen heute stärker auf diese urchristliche Erfahrung, die durch die Entwicklung in den Großkirchen verdeckt wurde, obwohl sie auch dort immer wirksam war. Der durch eine anziehende Persönlichkeit überzeugende Glaube eines Christen ist für unsere Zeit der einzige Einstieg in eine tragende christliche Existenz. Freilich ist das Lebenszeugnis des einzelnen Christen nicht alles. Um den Prozeß des Christwerdens und des Christseins zu fördern, bedarf es der entsprechenden Gemeinschaft(en), ob es sich um einen Freundeskreis, einen Familienkreis, eine berufsspezifische Gruppe, eine spirituelle Gruppe oder um eine Personalgemeinde handelt. Nur auf diese Weise kann der Glaube in Menschen Gestalt gewinnen, die Anteil nehmen am Leben der anderen.

6.2.2.2 Gemeindeentwicklung und -erneuerung

Der Prozeß der Erneuerung der Gemeinde bzw. der Gemeindeentwicklung setzt voraus, daß die einzelnen Christen in den Gemeinden und alle Gruppen und Gemeinschaften ihre je eigene Verantwortung erkennen und wahrnehmen. Dieser Prozeß hat viele Facetten. In den verschiedenen Situationen „vor Ort" sieht er jeweils anders aus. Konkretes Handeln und neue Handlungsmöglichkeiten lassen sich nicht bloß von Prinzipien her entwerfen. Dennoch gibt es einige elementare Voraussetzungen für die Verlebendigung und Erneuerung der Gemeinde:

– Gottes Liebe, sein Interesse an unserem Leben, kann sich nur entfalten, wo Menschen dem Wirken Gottes Raum geben. Das bedeutet, daß sie ihre Beziehung zu Gott, ihre Gott-Bedürftigkeit bewußt erfassen und zulassen. Eine wichtige Aufgabe der Gemeinde ist darum, die Frage nach Gott wachzuhalten, Gott zur Sprache zu bringen.

– Heimat finden Menschen in der Gemeinde nur, wenn sie mit allem, was sie bewegt und betroffen macht, Lebensraum und Weggefährten finden. Die Glaubwürdigkeit der Gemeinde entscheidet sich nicht zuletzt am „Umgangsstil zwischen Männern und Frauen, Kindern und Erwachsenen, Jungen und Alten, Einheimischen und Ausländern, Rechten und Linken, Schwarzen und Grünen".[26]

– Die verschiedenen Charismen in einer Gemeinde sind Geschenke Gottes an die Kirche. Dies besonders in einer Zeit, in der wir auch theologisch die Bedeutung der „actuosa participatio", der aktiven Teilnahme aller Christen an der Heilssendung der Kirche für die Welt unterstreichen.

– Die Zukunft der Kirche ist ein gemeinsamer Weg von Priestern und Laien. Die notwendige Lebens- und Glaubenskraft aus dem Evangelium wird vor allem dort frei, wo Kreativität und Eigeninitiative von Laien gefördert und nicht behindert werden. Alle sollen einander dienen „als gute Verwalter der vielfältigen Gnade Gottes, jeder mit der Gabe, die er empfangen hat" (1 Petr 4,10).

6.2.3 Grundsätzliche Weichenstellungen

Eine lückenlose, flächendeckende Versorgungspastoral ist – auch wegen der hohen Mobilität und Fluktuation in städtischen Gemeinden – nicht mehr möglich. Unter diesen Umständen und in der immer deutlicher zutage tretenden katechumenalen Grundsituation lassen sich in vielen Gemeinden die nicht mehr oder noch nicht Glaubenden kaum erreichen. Peter *Lippert* schlägt für eine zukünftige Pastoral deshalb einen doppelten Ansatz vor: die „Grunddienste, die missionarisch *ansprechen* und einladend wirken sollen, und die lebendigen Gruppen", von denen gilt: „Wer hier mitmacht, erfährt Gemeinde."[27] Ist beides gegeben, kann die Gemeinde vor allem über die kleinen Gemeinschaften und Gruppen erlebt werden. Andererseits werden in einer lebendigen Gemeinde die christlichen Grundvollzüge von Glaube und Hoffnung immer wieder zu einem Bemühen um eine Vertiefung des Glaubens und zur Feier der lebensspendenden Liebe Gottes in den Sakramenten drängen. Wenn die Gemeinde ihren Blick auf das Evangelium richtet, kann sie nicht bloß für sich selbst leben, sondern Jesu Geist ruft auf zum Engagement in der Welt und für die Welt.

6.2.3.1 Das wahre Leben aus der Heilsbotschaft

Jesus hat die Botschaft, die er verkündete, gelebt und die Menschen eingeladen, ihr Leben danach auszurichten. Grundlage und Ziel der Verkündigung Jesu, die er selbst eine „Frohe Botschaft" nennt, ist die Ansage der erlösenden und befreienden Wirklichkeit des Reiches bzw. der Herrschaft Gottes. Damit will Jesus den Menschen die Einladung zum Leben in der Gemeinschaft mit Gott selbst mitteilen. Die Sendung der Jünger zur Weitergabe dieser Botschaft setzt bei der Zusage dieses „Lebens in Überfülle" (Joh 10,10) an.

Für die Menschen und ihre Erfahrungen kann das Evangelium Leben deuten helfen, indem es Lebenserfahrungen mit Glaubenserfahrungen verbindet. Bei der Bezeugung und Weitergabe des Glaubens geht es immer um das ganze Leben, für das der Glaube lebens- und wirklichkeitsgestaltende Kraft sein soll.

Im Alltag des Christen gibt es oft ambivalente (zweideutige) Erfahrungen, die eine Entscheidung darüber, ob es sich um eine echte Gotteserfahrung bzw. religiöse Erfahrung handelt, schwer macht. Folgen manche nicht eher einer Projektion ihrer eigenen Phantasie bzw. einer religiösen Anmutung, wenn sie von ihren religiösen Vorstellungen sprechen? Angesichts dieser Feststellung wird deutlich:

Gemeinde braucht als Gottesvolk auf dem Weg die verbindliche Verkündigung und Auslegung der Botschaft, die hilft, das Leben zu gestalten und zu deuten.

6.2.3.2 Lebensstiftender Gottesdienst

Die Liturgie schließt die Aktualität und damit die Veränderungen von Zeit und Geschichte, die Entwicklung und den Wandel des Lebendigen mit ein. Denn Liturgie ist nicht frommes Ritual, isoliert von den Schicksalen der Menschen, sondern ist *Leben*: Ein Leben, hinter dem zugleich Gott und die Menschen stehen, indem sie einander begegnen. In der Liturgiefeier erhält diese Begegnung einen Namen. Wir feiern Gottes Bund mit den Menschen, in dem die Erlösung des einzelnen und des ganzen Gottesvolkes von Sünde und Tod verkündet und offenbar wird. Im Sterben und in der Auferweckung Jesu Christi wird das neue und wahre Leben gefeiert. Darum kann nur dieses Leben finden, wer „hörend und glaubend mitfeiert und tut, was die Feier aussagt".[28] Im Vollzug der Eucharistie wird das ganze Erlösungsgeschehen im wirklichen Dasein des Herrn gegenwärtig. Indem wir das eine Brot, den Leib Christi, empfangen, werden wir Leib Christi und zugleich untereinander eins. Diese Christusgemeinschaft, die in der Liturgie zum Ausdruck kommt, muß sich im Alltag konkretisieren. Viele Christen stehen in Gefahr (nach dem Motto: „Rette deine Seele"), nur sich selbst, ihr Heil, ihre privaten Beziehungen zu Gott zu suchen. Die Liturgiefeier verpflichtet zur Solidarität, zur Gemeinschaft. „Leib für euch – Blut für euch" (vgl. 1 Kor 11,24f.). Gottes Versöhnungstat in Christus eröffnet eine neue Daseinsform. Der Christ nimmt teil an der Gestalt der Liebe, er wird selbst Zeichen für das Heil und Leben der anderen. Verschenken, Teilen und Anteilnehmenlassen führen uns zum lebensstiftenden Geheimnis des Glaubens.

In der Feier der Eucharistie bekennen die Mitfeiernden, daß sie ihr Leben aus der Communio mit dem gekreuzigten, auferstandenen und erhöhten Herrn zu gestalten suchen, der die Menschen untereinander in Liebe eint. Der Vollzug der Eucharistie, die zeichenhafte Vergegenwärtigung des Lebens Christi „für uns", soll dann im Leben vollzogen werden. Ohne die Bereitschaft zur Hingabe wird die Eucharistie zum bloßen Kult und bleibt leere Hülse (vgl. 1 Kor 11,17–22). Durch die Existenzweise des Christen soll sich die „aktive Teilnahme" an der Eucharistie im Alltag bewähren. Dazu gehört die Bereitschaft zum Sich-Verschenken, zur Hingabe, zum Opfer.

Eine besonders dringende Aufgabe ist die Sensibilität für die Sprache und die Symbole der Liturgie. Die ständige Wiederholung der bekannten Formeln durch die Jahrhunderte schließt die Gefahr in sich, daß mit der formelhaften Sprache auch der Glaube formel- und klischeehaft wird. Die liturgische Sprache steht in Gefahr, zwar das *Leben* verkünden und vermitteln zu wollen; aber häufig spricht sie nicht mehr die Sprache des Lebens und hat daher die Affinität zum konkreten Leben verloren. Wo der christliche Glaube lebendig ist, wird er durch eine vitale und doch dem Geheimnis angemessene Sprache bezeugt. Sprache und Sprechen im Gottesdienst fordern so die ganze menschliche Existenz der Feiernden heraus.

6.2.3.3 Gemeinschaftliche Diakonie

Diakonie wird gerade im Zusammenhang mit Gemeinde als jene Dimension verstanden, die das gesamte Denken und Handeln der Kirche und der Christen durchziehen soll. Es geht nicht nur darum, sich um die Notleidenden zu kümmern, so sehr diese Sorge um die anderen eine Umsetzung des Glaubens in die Wirklichkeit ist. Der Geist Jesu Christi treibt die Kirche an zu einem *Handeln in seinem Sinn.* Jesu besondere Vorliebe galt den Einfachen, den Sündern, den vom Leben an den Rand Gedrängten. Sein Bemühen um Gerechtigkeit für die Unterdrückten, um Befreiung von Hunger und Krankheit galt den in vielfacher Hinsicht Armen als den unmittelbaren und ersten Adressaten seiner Botschaft vom Reich Gottes. Jesus hielt die Armen am ehesten für fähig, seine Botschaft aufzunehmen und ihr zu folgen. Insofern ist mit „gemeinschaftlich" der notwendige ständige Aufbruch aus der Trägheit des eigenen Herzens und der Trägheit der Institution mitgemeint. Zugleich ist jene Herausforderung im Blick, offen zu bleiben für Neues, für überraschende Einfälle, für die kreative Kraft des Heiligen Geistes, der in der Gemeinschaft der Glaubenden am Werk sein will. Dieses diakonische Handeln läßt sich nicht auf bestimmte Regeln, Gesetze und Normen einschränken. Eine rein fürsorgerische: medizinische, finanzielle und psychologische Hilfe können Institutionen sogar besser leisten. Das Spezifikum für die gemeinschaftliche Diakonie ist das Sich-Hineinbegeben in die persönliche Situation des Schwachen und Bedürftigen. Dazu gehört die Sorge um jene stille, verborgene Not, die von niemand wahrgenommen wird, auch die Sorge um jene, um die sich niemand kümmert oder kümmern kann.

Für Jesus war der Grund seiner Zuwendung zu den Menschen weder irgendeine Not noch Mangel, noch Leid, sondern ausschließlich die Liebe. Sie ist der Weg Gottes zum Menschen. Jesus hat den Weg der „Erniedrigung" („Kenosis") nicht gescheut (vgl. Phil 2,6–11), sondern sich um uns angenommen, damit auch wir uns des andern annehmen, wie „Christus uns angenommen hat" (Röm 15,7). In dieser liebenden Existenz der Gemeinde, die zum christlichen Lebensvollzug gehört, wird sie zum Ort der sich austauschenden Liebe.

6.3 EINE PASTORAL DES AUSTAUSCHES

6.3.1 Lebendige Circulation des Geistes

Von der „lebendigen Circulation des religiösen Interesses" in der Gemeinde und zwischen den einzelnen Gemeinden erhoffte sich Friedrich *Schleiermacher*, der Begründer der Praktischen Theologie auf evangelischer Seite (siehe oben S. 67f.), eine Erneuerung der Kirche.

Friedrich Daniel Ernst Schleiermacher (geb. am 21. November 1768 in Breslau, gest. am 12. Februar 1834 in Berlin), nach dem Herrenhuter Frömmigkeitsideal erzogen, wurde nach Abschluß seines Theologiestudiums in Halle und kurzer Lehrtätigkeit in Berlin und Landsberg a. d. Warthe 1796 Prediger an der Berliner Charité. 1804 zum a. o. Professor in Halle ernannt, nahm er 1810 eine Berufung an die Universität Berlin an. Schleiermacher arbeitete als umfassend gebildeter Gelehrter in fast allen Disziplinen der Theologie, die er insgesamt als „positive" Wissenschaft verstand, was für ihn mit der Vorgegebenheit („Positivität") der Offenbarung zusammenhing. Das Interesse der praktischen Theologie konzentriert sich nach Schleiermacher auf die Aufgaben der Kirchenleitung („Kirchenregiment") und des Kirchendienstes („Seelsorge" im engeren und eigentlichen Sinn.[29]

Schleiermachers Vorschläge zum Gemeindeaufbau konzentrierten sich auf die Sammlung kleinerer Haus- und Personalgemeinden, die sich um eine religiös inspirierte Persönlichkeit, in der Regel um einen „erweckten ‚Priester'" bildeten.[30]

Schleiermacher übte an der eher als moralische „Lehranstalt" mißbrauchten Staatskirche Kritik. Sein Ziel war eine Kirche des Volkes, die auf lebendigen Gemeinden aufruhen sollte. Deshalb gründete die Konzeption seines Vorschlags zu einer neuen Verfassung der protestantischen Kirche auf der Gemeinde.[31]

Fragt man heute nach Schleiermachers Rolle und Bedeutung für den Aufbau und die Erneuerung der Gemeinde, stößt man auf das Grundgesetz des lebendigen Austausches als Grundlage der christlichen Gemeinde. Das vorläufige Abbild der wahren Kirche ist für den Berliner Theologen die religiöse Gemeinschaft, in der es zum Gespräch über religiöse Erlebnisse und Erfahrungen kommt. Deshalb gilt seine Bevorzugung vor allem der Hausgemeinde, wobei er deren enge Grenzen zugunsten der Kirche als der größeren „Hausgenossenschaft" überschreitet.[32]

Zunehmend gewinnen „die öffentlichen Versammlungen zum gemeinsamen Bekenntnis und zur gemeinsamen Erbauung" an Gewicht.[33] Sie sorgen dafür, daß die „lebendige Circulation des Geistes" jedermann zugänglich bleibt und die Gemeinde nicht zu einem privaten Verein wird. Leitende Aufgaben in der Gemeinde gibt es nur mit Zustimmung der Gemeinde. Der Geistliche hat das zum Bewußtsein zu bringen, was in der Gemeinde lebendig ist, und für die innere Einheit und Ordnung zu sorgen. Die verschiedenen Mitglieder der Gemeinde sollten ihre unterschiedlichen Begabungen und „Kräfte" beim öffentlichen Gottesdienst, zur Erziehung der Jugend und bei der Sorge um die Bedürftigen und Leidenden einsetzen. So zeigt sich, wie die Gemeinde selbst zum tätigen Subjekt der lebendigen Circulation wird. Die Seelsorge hat in diesem Zusammenhang vorrangig zur Bestärkung der Mündigkeit der Gemeindemitglieder beizutragen. Das religiöse Bewußtsein gibt Klarheit darüber, wie einzelne und alle Glieder der Gemeinschaft sich gegenseitig helfen und zugleich freisetzen können.[34]

Von Schleiermachers Prinzip der lebendigen Circulation könnte sich auch der heutige Gemeindeaufbau inspirieren lassen. Christian *Möller* stellt im Sinne einer Bilanz fest: „Wenn in unserer Zeit so viel über Müdigkeit und Resignation in den Gemeinden geklagt wird, so wäre von Schleiermacher her zu fragen, ob das nicht in einem tiefen Mißtrauen zum Wirken des Heiligen Geistes begründet sei, wenn nur noch Defizite und Probleme im Leben der Gemeinde gesehen werden."[35] Damit der Heilige Geist in der Mitteilung seiner Gaben zur Erbauung der Gemeinde wirken kann, ist es nach Möllers Ansicht wichtig, die verschiedenen Gruppen und Kreise in einer Gemeinde so aufeinander zu beziehen, daß sie sich gegenseitig bereichern können.[36]

6.3.2 Gemeinde als Erzähl- und Weggemeinschaft

Das Neue Testament berichtet an vielen Stellen, wie sich die Kunde von Jesus dadurch ausbreitete, daß Menschen davon erzählten. Nach der Apostelgeschichte waren solche Erzählungen für den künftigen Weg des Evangeliums von entscheidender Bedeutung. Die Christen sprachen mit ihren nichtchristlichen Freunden über Jesus-Begegnungen. Das Erzählte weckte bei den Freunden neugieriges Interesse und zugleich die Frage, ob es lohnend sei, sich der jungen Gemeinde anzuschließen. So ist es bis heute: Im Glauben Suchende hören lieber auf Menschen, die leben, was ihnen am Glauben wichtig ist. Erzähltes Leben hat mehr Gewicht als abstrakte Erklärungen und Argumente. Die Begegnung mit Glaubenden, die aus der Kraft des Evangeliums zu leben versuchen, motiviert dazu, der eigenen Glaubensgeschichte und der anderer auf die Spur zu kommen. Wo Menschen einander Geborgenheit und Liebe schenken, geht ihnen eine Ahnung von Gottes Liebe auf. Ein lebendiger Glaube an Gott ist für einen Menschen, der nie Liebe erfahren hat, undenkbar. Das Erzählen vom eigenen Glauben ist wie das Ausrichten der Antenne auf Gottes Liebe.

Damit dies geschehen kann, bedarf es in der Gemeinde einer entsprechenden Atmosphäre. Von der prägenden Kraft einer Gottesbeziehung kann nur der erzählen, der selbst eine solche Beziehung lebt.[37] Dann vermag das persönliche Gespräch und das Weitererzählen von Glaubenserfahrungen in der Gruppe einen Raum zur Klärung von Fragen zu eröffnen, der dem einzelnen auch zur Bewältigung schwieriger Lebensprobleme verhilft.

Im Rahmen einer Woche der *Gemeindeerneuerung* bat der Priester in einem Gottesdienst alle, die an einem Leid, einer Krankheit, an Sorgen um einen Menschen schwer zu tragen haben, zum Ausdruck der Solidarität in diesem Leid in den Chorraum der Kirche zu kommen und einander von den eigenen Erfahrungen zu erzählen. Nach anfänglichem Zögern füllte sich der Chorraum der Kirche immer mehr. Schließlich blieb kaum noch ein Gottesdienstteilnehmer in den Bänken zurück. Im Chorraum fingen einzelne an, der Gemeinde zu erzählen, was sie belastet und welche Kraft sie aus dem Glauben schöpfen. So wurde der Gottesdienst zu einem Ort, sowohl eigenes und fremdes *Leid*, aber auch *Hoffnungen* zur Sprache zu bringen. Die Erfahrung des gemeinsamen Leids machte die Gemeinde auch zu einer Solidargemeinschaft im Glauben und Lieben.

„Miteinander ‚unterwegs'", d. h. wörtlich „synodal" sein, gehört zu den Kennzeichen der lebendigen Gemeinde. Diese Erfahrung ist für viele die Grundlage ihres neuen Mühens im Glauben. Denn das Grundprogramm einer evangelisierenden Pastoral setzt voraus, daß die Gemeinde auf dem Weg ist und bleibt, um ihrer Sendung gerecht zu werden. Zur Erneuerung, das bedeutet vor allem zur Selbst-Evangelisierung, der Gemeinde kann es nur kommen, wenn es in der Gemeinde durch erzählte Erfahrungen mit dem eigenen Glauben und das gelebte Zeugnis zu katechumenalen Wegen und Prozessen kommt. In die Wirklichkeit des Glaubens kann einer nicht bloß „über den Kopf", sondern durch einen entsprechenden Lebensstil eingeführt werden.

Der neutestamentliche Bericht von den Emmausjüngern (Lk 24,13–35) zeigt, daß es möglich ist, immer wieder neu aufzubrechen, neue Schritte zu wagen, auf den Herrn zuzugehen, auch wenn diese ersten Schritte des Weges im Dunkeln liegen. Eine Weggemeinschaft im Glauben hilft dem einzelnen, als Christ in einer skeptisch zweifelnden Umgebung zu leben. In der Gemeinde begegnet er Menschen, die durch ihren Lebensstil glaubwürdig sind. Das bedeutet für den persönlichen Glauben mehr als nur die Verkündigung von Weisungen und Geboten. Hier eröffnet das Leben selbst eine ermutigende Sicht von den Möglichkeiten, auch heute zu glauben.

6.3.3 Kooperative Pastoral

„Kooperative Seelsorge" und „Gemeindeleitung in Kooperation", das sind Themen, die momentan in mehreren deutschen Diözesen nicht nur Pfarrer und in der Pastoral hauptberuflich tätige Frauen und Männer betreffen, sondern alle, die bewußt in und mit einer Gemeinde leben wollen. Es geht um ein erneuertes Verständnis von Seelsorge und Pastoral; alle sind für das Leben der Gemeinde verantwortlich.

Gleichgültig, nach welchen Vorstellungen in einer Gemeinde vorgegangen wird: diskutiert werden

- Modelle der Kooperation von Gemeinden,
- Modelle der Kooperation von Pfarrern und hauptamtlichen Mitarbeiterinnen und Mitarbeitern,
- Modelle der stärkeren Heranziehung von ehrenamtlichen Mitarbeiterinnen und Mitarbeitern (häufig spricht man von „Bezugspersonen" in Gemeinden),
- Modelle von gemeindeübergreifenden Formen der Zusammenarbeit.

Immer wird es darauf ankommen, solche Überlegungen nicht als Programme zur *Krisenbewältigung*, sondern als *Wege in die Zukunft* zu bejahen. Für die Akzeptanz der jeweiligen Regelungen gilt es, frühzeitig und auf allen Ebenen ein entsprechendes Bewußtsein zu bilden. Kooperative Seelsorge und Pastoral bedeuten in jedem Fall Schritte in Richtung von Gemeinden, die ihre eigene Verantwortung für die Sendung der Kirche in unserer Welt und Gesellschaft bewußt wahrnehmen.

6.3.3.1 Versuche und Konzeptionen

In der momentanen Übergangssituation, durch die der pastorale Alltag in den Gemeinden massiv in Frage gestellt wird, gibt es nicht nur Verunsicherungen:

– etwa im herkömmlichen Leitungsstil,

– hinsichtlich der großen *Ungleichzeitigkeit* in einzelnen Gemeinden,

– im Hinblick auf den Spielraum für Verantwortung und Kompetenz der Mitarbeiter,

– im Zusammenhang von Konflikten, sondern auch eine Reihe von Konzepten und Versuchen, auf die neu entstandene Lage entsprechend zu reagieren. Im Schaubild werden einzelne pastorale Lösungsversuche und -vorschläge als „Not- bzw. Ersatzlösungen" aufgezeigt. So, wenn in Gemeinden sog. „Bezugspersonen" eingesetzt werden, die in pastoralen Angelegenheiten Ansprechpartnerinnen und -partner für die Gemeindemitglieder sind. Priester, die hauptberuflich eine kategoriale Aufgabe oder eine Position in der Verwaltung haben, werden als „Gemeindeleiter im Nebenberuf" bestellt. Um die bisherige „Angebots-" und „Versorgungspastoral" weiterzuführen, werden entsprechende Helferinnen und Helfer in der Pastoral herangezogen.

PASTORALE LÖSUNGSVERSUCHE
UND -VORSCHLÄGE

Not- bzw. Ersatzlösungen	Kooperative Pastoral	Berufungspastoral
Bezugspersonen Gemeindeleiter im Nebenberuf Helferinnen/ Helfer (z. B. Kommunionhelfer)	Kooperierende – Gemeinde – Mitarbeiterinnen/ Mitarbeiter – Gremien	Befähigung Begleitung Beratung der einzelnen/der Gemeinde(n) als Subjekt(e) der Pastoral
Weiterführung der Angebots- und Versorgungspastoral	Neue pastorale Räume	Bewußtsein für Mitarbeit (Mit-)Verantwortung

Ehrenamtliche sind dabei oft auf sich allein gestellt und werden zusehends mit immer mehr Aufgaben betraut. Leider gibt es noch zu wenig Ansätze einer „Berufungspastoral", die Frauen und Männer in die Lage versetzt, im Bewußtsein ihrer Verantwortung für die Kirche die Pastoral der Gemeinde (mit-)zu tragen.

Gemeindemitglieder wünschen ständige Ansprechpartner, die für bestimmte Bereiche der Pastoral zuständig sind. Eine Berufungspastoral kann Formen der Befähigung, Begleitung und Beratung entwickeln und praktizieren – einschließlich der spirituellen Begleitung –, die dazu führen, in den Gemeinden vorhandene Begabungen und Kompetenzen zu fördern. Dabei wächst ein neues Selbstbewußtsein der Gemeindemitglieder, eine größere Bereitschaft zum Engagement und eine gewisse Selbständigkeit im pastoralen Handeln.

6.3.3.2 *Gemeinden ohne Priester am Ort*

6.3.3.2.1 Die Situation als Aufgabe

Immer häufiger ist mit der Zurruhesetzung eines Pfarrers die Frage verbunden: Wie geht es weiter? Was fängt eine Gemeinde ohne Priester an? Die neu entstehende Situation erfordert sowohl von seiten der Mitarbeiter in der Gemeinde, aber auch von der Gemeinde als ganze ein tiefgreifendes Umdenken. Viele Gemeindemitglieder haben den Eindruck, von der Kirche nicht mehr gebührend beachtet zu werden. In der Folge nimmt der Kontakt zur Kirche ab. Das Glaubensbewußtsein versickert mehr und mehr.

Nach Canon 517, § 2 des neuen Codex Iuris Canonici können eine oder mehrere nichtpriesterliche Verbindungspersonen am Ort bestimmte Aufgaben in der Seelsorge übernehmen.

Bei der Beschreibung dieser Aufgabe: „an der Wahrnehmung (der Seelsorge) beteiligen", lateinisch „participationem concredendam esse" benützt der CIC die Wendung „con-credere", im Sinne des Miteinanderglaubens. Die genannten „Verbindungspersonen" nehmen bisher dem Priester vorbehaltene Dienste wahr. Als „Ombudsmänner und -frauen" sorgen sie sich um die Anliegen der Gemeinde und sind am Ort Ansprechpartner für einzelne und Gruppen. Die entscheidende Frage ist jedoch damit noch nicht gelöst. Gibt es Möglichkeiten, die Gemeinden zu befähigen, in dieser neuen Situation zu bestehen?

Die bisher nur vom Priester *versorgte* und entsprechend *konsumierende* Gemeinde muß jetzt zum Subjekt der Seelsorge werden. Dabei ist der einzelne Christ nicht mehr nur „Heilskonsument". Er wird selbst zum „Heilssakrament". So gesehen kann Pastoral ohne Priester am Ort in der derzeitigen Situation für die Kirche eine Chance zur Verlebendigung der Seelsorge sein bzw. werden.

Nach einer vom Schweizerischen Pastoralsoziologischen Institut veröffentlichten Umfrage „Gemeinden ohne Pfarrer am Ort. Ergebnisse einer Untersuchung in Schweizer Pfarreien", Zürich 1987, ist in den Pfarreien durch den Priestermangel vieles in Bewegung geraten. Die Untersuchung zeigt, daß einerseits manche Gemeinden ohne Pfarrer am Ort aktiver werden und ein stärkeres Gemeindebewußtsein entwickeln (ebd. 253). Andererseits läßt sich ebenso deutlich, trotz der aktiven Mitgestaltung des Gemeindelebens durch die Gemeindeglieder, eine starke Tendenz zum Auszug aus der Kirche und zur Distanzierung von ihr erkennen (254).

Momentan wird der Pfarrer in den meisten Gemeinden noch immer als der neutrale und ausschließliche Bezugspunkt gesehen, so daß das Urteil von Kardinal *Lorscheider* die Situation zutreffend beschreibt: Die Gemeindemitglieder „wollen ihren Pfarrer nicht zugunsten von anderen abgeben, die ihn vielleicht nötiger hätten. Sie erlauben ihm also nicht, den 99 verlorenen Schafen nachzugehen, und helfen ihm auch nicht bei dieser Suche. Sie wollen nur eins: den eigenen Aufenthalt im Schafgehege garantiert wissen. Ihnen ist das Dienstmonopol des Priesters viel wichtiger als die Evangelisierung der Völker. Um jeden Preis versuchen sie, den direkten Einsatz des individuellen Priesters zugunsten jedes einzelnen Gläubigen zu sichern."[38]

Auf der Seite der Priester führt die Übernahme der Verantwortung für mehrere Gemeinden häufig zu einer Überlastung der Priester. Nicht selten teilen sie das Versorgungsdenken in den Gemeinden und fühlen sich durch die Verdoppelung oder Verdreifachung der an den Pfarrer gebundenen Aufgaben (Gottesdienste, Verwaltung, Sitzungen) überfordert. Dabei haben die meisten Priester in ihrer Ausbildung und von Angeboten der Weiterbildung nicht oder zu wenig gelernt, mit anderen Priestern oder mit Laien zu kooperieren. Im Gegenteil, sie empfinden die Übernahme von Mitverantwortung in der Gemeinde durch Laien als Eindringen in ihren ureigensten Aufgaben- und Verantwortungsbereich und als lästige Einengung ihrer Leitungskompetenz. Der offensichtlich schwindende Kontakt der Priester untereinander und die damit verbundene, immer bedrohender werdende Vereinsamung der Priester führt zusätzlich dazu, daß Rücksichtnahme, Einordnung und verbindliche Zeiten kaum oder nicht mehr erlebt werden. Wie soll jedoch jemand Gemeinschaft im Glauben begründen und Gemeinde leiten, der selbst isoliert und ohne Gemeinschaft lebt? Wie kann er anderen das Leben aus dem Evangelium deuten, wenn er selbst keine Zeit mehr hat, sein Leben in Ruhe vom Evangelium her zu überdenken? Manche Priester tendieren dazu, die Aktivität der Laien auf mehr oder weniger unwichtige Randfragen zu beschränken: die musikalische Gestaltung des Gottesdienstes, die Organisation von Wallfahrten oder die Durchführung von Pfarrfesten.

6.3.3.2.2 Perspektiven für die Gemeinden

Auch unter den veränderten pastoralen Bedingungen können die Gemeinden ohne Priester am Ort für das Christsein ausschlaggebend sein. Da die Verbindungspersonen aus den verschiedensten Lebensbereichen und Berufsfeldern kommen, bringen sie aus ihrem eigenen Leben Erfahrungen mit, die verhindern, daß Seelsorge und Pastoral den drängenden Problemen aus dem Weg geht. Die im Berufsleben bewährte Partnerschaft und Zusammenarbeit kann sich auf ein fruchtbares Miteinander in der Gemeinde auswirken. Die unterschiedlichsten Kompetenzen und Talente der Verbindungspersonen tragen u. a. dazu bei, daß sich das

Zeugnis der Christen auch in den gesellschaftlichen Bereich erstreckt. Der intensive persönliche Kontakt einzelner und bestimmter Gruppen zu Menschen verschiedener Herkunft kann mithelfen, daß die Gemeinde ein integrativer Faktor bleibt.

Als wichtige Gesichtspunkte ergeben sich für die konkrete Arbeit:

– Notwendig ist eine positive Sicht der (Mit-)Verantwortung von Gemeindemitgliedern. Jeder Seelsorger kann nur eine begrenzte Zahl von Menschen verbindlich begleiten. Deshalb ist die Seelsorge auf viele einzelne angewiesen, die fähig und bereit sind, mitzuarbeiten.

– Die partnerschaftliche Zusammenarbeit beginnt beim Austausch eigener Glaubenserfahrungen; zu ihr gehört auch eine ständige Überprüfung der Effektivität der verschiedenen Arbeitsweisen.

– Eine vordringliche Aufgabe ist die Vertiefung des Glaubens. Das Bemühen um die Ausstrahlungskraft der Gemeinde, um ein Engagement möglichst vieler, setzt einen gereiften Glauben voraus.

– Der für die Lebensgewohnheiten inzwischen selbstverständlichen Erweiterung der *Lebens- und Verkehrsräume* muß in Pastoral und Seelsorge eine Ausweitung des Gesichtsfeldes entsprechen. Vieles, was in der einzelnen Gemeinde nicht mehr möglich ist, läßt sich auf der größeren Ebene des Pfarrverbands, des Dekanats, der Seelsorgeregion ohne Schwierigkeiten durchführen (z. B. Besinnungstage, Kurse, Schulungen).

– Das Mitleben in der Gemeinde ist auf keinen Fall mit spektakulären Aktivitäten und Betriebsamkeit gleichzusetzen. Vieles wächst in der Stille, wo Menschen füreinander offen sind, einander dienen und einladen zum Austausch und zur Gemeinschaft von Glaubenden.

6.3.3.2.3 Zusammenarbeit der Mitarbeiterinnen und Mitarbeiter

Die unterschiedlichen pastoralen Dienste – besonders im Miteinander der Hauptamtlichen – dürfen auf keinen Fall das Versorgungs- und Betreuungsdenken in den Gemeinden fördern und erweitern oder die ehrenamtlichen Mitarbeiter zurückdrängen.

– Die verschiedenen pastoralen Dienste überwinden durch ihre Zusammenarbeit das pastorale Grundschisma zwischen den Experten und den Laien. Nicht zuletzt deshalb ist eine erneute „Klerikalisierung“ der verschiedenen pastoralen Dienste zu vermeiden.

– Die einzelnen Dienste leisten ihren Beitrag zum Ganzen, wenn jeder das übernimmt, was der Geist ihm als ureigenstes Charisma schenkt.

– Für eine effektive Kooperation der Mitarbeiter untereinander ist ein ständiger Austausch von Informationen und eine lebendige Kommunikation auf allen Ebenen notwendig.

– Es geht darum, einzelne und die Gruppen in der Gemeinde zu ihrem Dienst anzuregen und zu befähigen.

– Von den pastoralen Mitarbeitern wird regelmäßig der Wunsch nach besserer Kooperation, nach gemeinsamer Planung, Praxisreflexion und begleitender Weiterbildung als notwendige Schritte auf dem Weg zur Zusammenarbeit geäußert.

– In bezug auf die vielen Mitarbeiter stellt sich vor allem die Aufgabe des „Dienstes an den Diensten".

Gemeinde wird nur dann erfahrbare Kirche am Ort im Heute sein, wenn sie für den einzelnen und die vielen im lebendigen Austausch von Glaubenserfahrungen tatsächlich ein Lebensraum des Glaubens wird.

Dabei wird allerdings auch deutlich, wie notwendig (und „not-wendend") es ist, darauf zu hören, was der Geist Gottes unserer Zeit sagen möchte. Wenn die Kirche als Ganze offen genug ist für die Chancen, die in der momentanen Übergangssituation liegen, können eines Tages auch Lösungen erweiterter Zugangsbedingungen für den priesterlichen Dienst gefunden werden, die dazu beitragen, den Gemeinden die Eucharistiefeier als geistliche Mitte ihres Lebens zu erhalten; ein Wunsch, der angesichts permanenter Notlösungen immer dringender wird.

7. Pastoral und Seelsorge im sozialen Lebensgeflecht

Am Beispiel exemplarisch ausgewählter Lebenssituationen geht es in diesem Kapitel um Pastoral *und* Seelsorge im sozialen Lebensgeflecht. Dabei sind zwei Gesichtspunkte ausschlaggebend:

– In entscheidenden Ereignissen und an wichtigen Stationen des Lebens (Jugendzeit, Ehe und Familie, Älter- und Altwerden, Kranksein) stellen sich *fundamentale* Fragen. In einer zunehmend *individualisierten* und von sozialen Verpflichtungen und Bindungen weitgehend emanzipierten Gesellschaft gehört dazu die Infragestellung bisher selbstverständlicher Beziehungen. Viele suchen nur noch ihr privates Glück; es gibt wenig Verantwortungsbereitschaft für andere. Diese Entwicklungen führen, wie am Beispiel der Lebenspraxis junger Menschen gezeigt wird, u. a. zu einer Pluralisierung und Individualisierung der Lebens- und Beziehungsformen.[1]

– Mit dem eher grundlegenden Charakter dieses Buches hängt zusammen, daß im folgenden nur „Wegmarkierungen“ abgesteckt werden. Rezeptartige Anleitungen für die in diesem Kapitel beschriebenen Praxisfelder dürfen nicht erwartet werden.

7.1 KONTUREN DER JUGENDPASTORAL

7.1.1 Auf der Suche nach einem sinnerfüllten Leben

In einem Gottesdienst lasen Jugendliche folgenden Text vor: „Leben ist für uns das Ganze, das sinn-voll ist, das Sinn erleben und immer wieder erleben läßt. Doch solches Leben erfahren wir nur noch in beschränkten Feldern, in eingegrenzten Zeiten, zum Beispiel mit Freunden zusammen. Wir sehnen uns aber nach ‚Leben in Fülle‘, nach einem Ja zum ganzen Leben, wie es bei Jesus von Nazaret exemplarisch zu finden ist. Darum bedrückt uns und macht uns angst, ja es macht uns oft sogar wütend, daß Teilstücke dieses Lebens für das Ganze angeboten, oder noch schlimmer, als Leben verkauft werden, so, als ob unser Leben zu zerteilen wäre. Wir haben es satt, Bruchstücke als das wahre Leben, als umfassendes Geschenk Gottes anzunehmen. Wir wollen mehr – nicht mehr Quantität, aber mehr im Sinne des Ganzen, des Umfassenden, des Sinn-vollen und Sinn-spendenden.“[2]

Aufgrund der funktionalen Differenzierung der Gesellschaft, die sich in verschiedene Sinnwelten mit ihren je eigenen Normsystemen aufspaltet, kommt es zur bereits erwähnten Tendenz der *Individualisierung:* Das eigene Ich bildet den letzten Sinnhorizont, es legt die Normen fest. Das private Glück des einzelnen wird zur letzten Instanz. Mit dem Rückzug in die Privatsphäre fühlt sich der einzelne nicht mehr für das soziale und politische Leben um ihn herum verantwortlich. Für viele ist das Prinzip maßgebend: „Ich habe in meiner Freizeit Besseres zu tun." Eher kirchennahe Jugendliche fühlen sich zum sozialen und politischen Engagement verpflichtet.[3]

7.1.2 Voraussetzungen, Ziele und Optionen

Indem sich Pastoral und Seelsorge auf die Lebenssituation der jungen Menschen einläßt, geht es aus der Perspektive der evangelisierenden Pastoral um das Teilen des Lebens, um das Zeugnis des Lebens (einschließlich der persönlichen Betroffenheit) und die Annahme des Zeugnisses. Die grundlegende Frage dabei lautet: Ist die Jugendpastoral bereit, sich mit den Jugendlichen auf einen gemeinsamen Weg einzulassen?[4] Sind Jugendliche mit ihrer kreativen Veränderungskraft in der Kirche als handelnde Subjekte willkommen? Werden ihre Impulse zu gesellschaftlichen und innerkirchlichen Veränderungen nicht abgewehrt, sondern in einem generationenübergreifenden Dialog wahrgenommen und überdacht?[5]

Werner *Tzscheetzsch* nennt für die Umsetzung einer solchen Option in der Jugendarbeit, die gleichzeitig Zielsetzungen beinhaltet, folgende Voraussetzungen:

1. Eine erste Voraussetzung bildet die sorgfältige Wahrnehmung der Situation, das Sicheinlassen auf die Lebenswirklichkeit der Jugendlichen und eine Verständigung über „Todes- und Lebenszeichen" in unserer Gesellschaft.[6] In diesem Zusammenhang muß einerseits auf „Entfremdungen durch vorgegaukelte Bedürfnisse", auf die besonders durch die Massenmedien vermittelten, häufig konkurrierenden Wertvorstellungen, auf Freizeitaktivitäten, welche die Sinnsuche verdrängen, auf die ihre Erfolgsaussichten verlierenden Ausbildungsvorgänge und die bedrängenden (Über-)Lebensfragen in der Gesellschaft geachtet werden. Gleichzeitig sind ermutigende „Lebenszeichen" unter Jugendlichen zu registrieren: ihr weltweiter Einsatz für Gerechtigkeit, Frieden, die Bewahrung der Schöpfung; ihre Suche nach neuen Lebensstilen. Veränderungen im Rollenbild von Frau und Mann, die Sehnsucht nach Freiheit, Hoffnung und Liebe sind ebenso wahrzunehmen wie die Infragestellung der bloß um sich selbst kreisenden Pastoral.
2. Eine zweite Voraussetzung bildet die Bereitschaft zur Abwendung von einer „bürgerlichen Religion, die den Glauben zur Privatsache verkommen läßt und in synkretistischen Lebensdeutungsversuchen moderner Heilslehren ... ihre unpolitische Renaissance feiert".[7] Die kirchliche Jugendarbeit stellt sich den Fragen: Wer lebt heute in Armut und Not? Welche Folgen hat es für das Konzept der Jugendpastoral, daß das Evangelium besonders den Armen (vgl. Mt 5,3), den Kleinen (vgl. Mt 11,25), den Sündern (vgl. u. a. Lk 15,1–10) und den Heiden (vgl. Mt 8,10) zugesagt ist?[8]

Räume der Begegnung und der Reflexion sind vor allem lebendige Jugendgruppen. In solchen Gruppen kann das Gefühl wachsen, daß im Gegensatz zu Alltagserfahrungen der Routine, Anonymität, Bürokratisierung und Langeweile ein selbstverantwortetes Leben möglich ist. In diesen Gruppen können Jugendliche jene Werte pflegen, die ihnen wichtig sind. Zugleich können sie einen Glauben praktizieren, der auch gesellschaftlich relevant ist.

In einem generationenübergreifenden Lern- und Kommunikationsprozeß ist zu klären, für welche Grundströmungen sich die kirchliche Jugendarbeit in Kirche und Gesellschaft engagiert. Die Verwirklichung der angeführten *Ziele* innerhalb der Jugendarbeit hängt einerseits von der Bereitschaft der für die Pastoral Verantwortlichen ab, ein solches Konzept mitzutragen, andererseits von der Flexibilität der professionellen Jugendarbeiterinnen und Jugendarbeiter und zugleich von der Bereitschaft der Gemeinden zum Dialog mit den Jugendlichen.

Der Synodenbeschluß „Jugendarbeit" der Gemeinsamen Synode der Bistümer in der Bundesrepublik Deutschland kommt in Verbindung mit dem Vorrang des „personalen Angebots" vor dem „Sachangebot" und im Hinblick auf die Auswahl und Schulung der Mitarbeiter auf Voraussetzungen zu sprechen, die für eine gelingende Jugendarbeit maßgebend sind. Genannt werden folgende Ziele und Schwerpunkte: u. a. die
- „Fähigkeit, Fragen zu hören und auszuhalten,
- Fähigkeit, Fragen und Artikulationen Jugendlicher, insbesondere aus sozialen Randgruppen, auf ihre Hintergründe (tieferliegende Bedürfnisse, Sinnfragen) zu untersuchen,
- Fähigkeit und Bereitschaft, mit jungen Menschen originäre Erfahrungen zu machen und zu reflektieren,
- Bereitschaft, im eigenen Glauben zu wachsen und mit anderen ... gemeinsame Formen der Glaubensvertiefung zu suchen,
- Grundhaltung der Lernbereitschaft, die auch überkommenes Normenverständnis und überkommene Verhaltensmuster in Frage zu stellen bereit ist,
- Kreativität im Entdecken und Erproben neuer Formen des miteinander Lebens,
- Bereitschaft, mit Werten der Tradition zu konfrontieren;

in alldem die Bereitschaft und Fähigkeit, am eigenen Glauben teilnehmen zu lassen".[9]

Im Hintergrund solcher Ziele und Optionen stehen:
- der Vorrang der kommunikativen Teilgabe am eigenen Glauben vor einer monologischen Verkündigung;
- der Vorrang eines generationenübergreifenden Lernens vor einer bloß indoktrinierenden Wissensvermittlung;
- der Vorrang der Selbstverwirklichung, die sich an Jesus Christus orientiert, vor jeder entfremdenden Selbsterlösungsideologie;
- der Vorrang des engagierten Weltdienstes vor Formen einer „bürgerlichen" Vertröstungstaktik;
- der Vorrang der Reflexion vor blindem Aktionismus oder bloßer Routine in der Gestaltung der einzelnen Beziehungen und der Beziehungen in der Gruppe.[10]

Auf diese Weise wächst zugleich die Bereitschaft, selbst Stellung zu beziehen, sich für die Belange Benachteiligter einzusetzen und konstruktive Vorschläge zur

Veränderung lebensbehindernder Situationen zu machen. Damit wird die Fähigkeit gefördert, Konflikten, die aus einem solchen Engagement entstehen (können), nicht aus dem Weg zu gehen, sondern an der Lösung solcher Konflikte mitzuwirken.

7.1.2.1 Wegbegleiter zur Mitte des Lebens

Es bedarf glaubwürdiger Christen und ausstrahlender christlicher Gemeinschaften, um die vom Glauben inspirierten Lebensentwürfe anschaulich und faszinierend vorzuleben. Leben lernen im Geflecht von Beziehung bedeutet, in Gemeinschaft mit anderen zu leben, sich in einer Lebenswelt vorzufinden, die Menschen miteinander teilen. Immer deutlicher wird heute bewußt, daß Menschen voneinander abhängen, daß keiner mehr für sich allein leben kann. Junge Menschen spüren die Bedrohung des Lebens u. U. mehr als die Erwachsenen und sind fasziniert von den Lebensmöglichkeiten, die ihnen eine imponierende Konsumindustrie aufdrängt. Die Sehnsucht nach Leben, die ein Potential für positive Veränderungen ist, stößt auf gesellschaftliche Zwänge und Mechanismen. Deshalb schwankt die Jugend stets zwischen Protest und Konsumrausch, zwischen sozialen Bewegungen und Selbstverwirklichungstendenzen, zwischen Verweigerung und Anpassung. Viele junge Erwachsene lassen sich von beiden Strömen erfassen. Junge Menschen suchen Visionen vom Leben in Fülle nicht in Texten, sondern bei Personen, in Gemeinden, in Gruppen und Verbänden. Doch hier herrscht häufig Verwaltung anstatt Gestaltung, Mittelmaß und Mittelstand anstatt prophetischer Kraft und neuer Ideen. „Helft den Menschen leben" (Paul M. *Zulehner*): Dieses Leitwort kann für die Konturen der Jugendpastoral ein Programmwort sein.[11]

Gegen den Trend einer Gesellschaft, die den Lebensdurst der Jugendlichen okkupiert und in ihre Kanäle lenken will, steht die Kunde von Jesus, der sagt: „Ich bin der Weg, die Wahrheit und das Leben" (Joh 14,6). Diese Botschaft muß als alternative Lebensschule entfaltet werden.[12]

7.1.2.2 Die prophetische Dynamik der Jugend

Leitsatzartig formuliert Werner *Tzscheetzsch* Impulse für die „kirchliche Jugendarbeit in der Pfarrgemeinde", die für jede Jugendarbeit gelten und aus der Inspirationen für die gesamte Pastoral zu gewinnen sind:

„– Kirchliche Jugendarbeit grenzt niemand aus: Sie wendet sich vor allem auch an die Jugendlichen, die wegen ihrer Ideen oder ihres Verhaltens am Rande stehen. Sie lädt dazu ein, die prophetische Kraft, die Jugendliche oft mit sich bringen, in der Kirche wirksam werden zu lassen.

– Kirchliche Jugendarbeit macht mit Versöhnung ernst: Sie bietet die Möglichkeit an, eigene Schuld und eigenes Versagen annehmen zu lernen und Schritte der Umkehr zu wagen.

– Kirchliche Jugendarbeit ermutigt zu Parteilichkeit: ... zum Wagnis, einen eigenen Standpunkt zu beziehen und ihn zu verteidigen. Sie ist der Ort in der Kirche, an dem Jugendliche selbst ihre Optionen für eine gelingende Zukunft – orientiert an der Botschaft Jesu Christi – treffen.

– Kirchliche Jugendarbeit heißt deshalb, daß junge Menschen die Botschaft Jesu Christi gemeinsam durchbuchstabieren und nach Umsetzungsmöglichkeiten in die eigene Lebenspraxis suchen.

– Kirchliche Jugendarbeit ist auf eine Kirche angewiesen, in der der Dialog und das Aufeinanderhören Vorrang haben vor Vorurteilen und Isolation, auf eine Kirche, in der niemand wegen seiner Jugend geringgeschätzt wird (vgl. 1 Tim 4,12).

– Schließlich kommt es in der kirchlichen Jugendarbeit auch darauf an, durch das gegenseitige Brechen des Brotes, durch gemeinsames Feiern (von Festen) jene Freude erfahrbar werden zu lassen, die aus der Freiheit der Christen erwächst und die zum Einsatz für die Mitmenschen lockt, Feste, in denen die Vorahnung auf das vollendete Reich Gottes geweckt und genährt wird.“[13]

In einer solchen Jugendpastoral kann das Bewußtsein wachsen, in Kirche und Gemeinde Subjekt des eigenen Handelns zu sein, nicht bloß Objekt der Heilssorge.

7.2 EHE UND FAMILIE BEGLEITEN

7.2.1 Ein neues Verständnis von Ehe und Familie

7.2.1.1 Zu hohe Erwartungen?

Während die Zahl der Trauungen rückläufig ist, immer mehr Menschen nichtehelich zusammenleben, Scheidungszahlen steigen, erweist sich die Ehe – trotz zahlreicher Infragestellungen der herkömmlichen Institutionen „Ehe“ und „Familie“ – als erstaunlich resistent. Obwohl sich die Zahl der *nichtehelichen Lebensgemeinschaften*, die überwiegend von jungen Erwachsenen unter 35 Jahren realisiert werden, im Zeitraum von 1980 bis 1990 nahezu verdoppelt hat, wird nach wie vor im Bewußtsein von Verbindlichkeit und Verantwortung geheiratet. In der Gesamtbevölkerung gibt es nachweisbare Tendenzen zu dauerhaften Zweierbeziehungen. Zusammen mit der Wertschätzung der „kleinen Lebenswelt“ Familie als *Lebensraum* erscheint die Ehe als eine mit Hoffnungen besetzte Zufluchtsstätte inmitten der ständig anonymer und damit bedrohlicher erlebten Umwelt.

Nüchtern schätzt Erich *Fromm* in seinem Buch „Haben oder Sein“ die Wirklichkeit der Ehe ein: „Ob sie auf Liebe beruht oder, wie traditionelle Ehen, auf gesellschaftlichen Konventionen und Sitten – Paare, die einander wirklich lieben, scheinen die Ausnahme zu sein. Gesellschaftliche Zweckdienlichkeit, Tradition, beiderseitiges ökonomisches Interesse, gemeinsame Fürsorge für Kinder, gegenseitige Abhängigkeit oder Furcht, gegenseitiger Haß werden bewußt als ‚Liebe‘ erlebt – bis zu dem Augenblick, wenn einer oder beide erkennen, daß sie einander nicht lieben oder nie liebten.“[14] In Verbindung damit konstatiert Fromm eine größere Ehrlichkeit. Häufig arrangieren sich die beiden Eheleute mit der Eheschließung, „und statt einander zu lieben, besitzen sie gemeinsam, was sie haben: Geld, gesellschaftliche Stellung, ein Zuhause, Kinder“.[15] Das Problem liegt dabei nicht in der Einrichtung der Ehe als solcher, sondern im Auseinanderleben, in der Realität der Lieblosigkeit, des Zerbrechens von Beziehungen und schließlich im Scheitern vieler Ehen. Dennoch bleiben die urmenschliche Sehnsucht nach

Liebe, Geborgenheit, Vertrautheit und Nähe, nach Heimat und einer Kultur der Zärtlichkeit und Sexualität. Es hat den Anschein, daß viele in unserer Gesellschaft höhere Ansprüche an die Ehe haben, je mehr die Bindungsfähigkeit des Menschen zu sinken scheint und der Wille nach Ungebundenheit und ständige Offenheit für neue Beziehungsmöglichkeiten geäußert werden.

7.2.1.2 Verschiedene Familienformen

Zwar ist die Kleinfamilie als selbständige Haushaltsgemeinschaft eines Ehepaares mit einem (bzw. zwei) Kind(ern) nach wie vor die häufigste Lebensform. Auf der anderen Seite unterliegt die Familie seit den 60er Jahren unseres Jahrhunderts in den westlichen Industrienationen immer stärker ausgeprägten Veränderungsprozessen. Soziologen sprechen vom Bedeutungsrückgang oder -wandel von Ehe und Familie. Andere prophezeien sogar die Auflösung oder den „Tod" der Familie.

Die Krise der „Normalfamilie" ist besonders an jenen demographischen Veränderungen ablesbar, die über den aktuellen Stand der neuesten soziologischen Erhebungen hinaus Trends signalisieren, die sich wohl nicht so rasch ändern werden.

- Von den nach 1980 geschlossenen Ehen wird möglicherweise jede dritte geschieden werden.
- Die Zahl der Haushalte von Ehepaaren mit Kindern ist rückläufig. (Mehr als 50 Prozent der heute lebenden Familien mit minderjährigen Kindern sind Einkindfamilien. Wohl jedes fünfte Ehepaar wird zeitlebens kinderlos bleiben.)
- Deutlich gesunken ist der Anteil der kinderreichen Familien (drei und mehr Kinder) und der zusammenwohnenden Dreigenerationenfamilien.
- Der Rückgang der Haushalte mit vollständigen Familien wird begleitet von einer Zunahme von Einelternfamilien (man spricht genauer von „Einelternhaushalten").
- Die Hauptgruppen unter den Alleinerziehenden bilden Frauen (davon über die Hälfte Geschiedene und verheiratete Getrenntlebende, gefolgt von Ledigen und Verwitweten).

Die nur negative Einschätzung der abweichenden Funktion der unvollständigen Familie hat inzwischen einer differenzierten Sichtweise Platz gemacht, die den Prozeß der *Neuorganisation der Familie* nach der Scheidung in den Vordergrund rückt.[16]

Im Rahmen des Wandlungsprozesses der Familienformen fällt das immer häufigere Auseinanderfallen von *biologischer* und *sozialer Elternschaft* ins Auge.

Jeder vierte Minderjährige ist mit den sozialen Eltern, mit denen er aufwächst, nur zur Hälfte oder überhaupt nicht leiblich verwandt. Nicht selten haben in einer Familie die Kinder mehrere (biologische und soziale) Mütter und Väter. Man spricht vom Phänomen der „multiplen Elternschaften". Als Folge der zunehmenden Ehescheidungen mit Wiederverheiratung nimmt die Zahl der „Stieffamilien" zu.

Die Veränderungen in den familialen Lebensformen führen besonders bei betroffenen Kindern und Jugendlichen zu einem Ansteigen psychischer Störungen und sozialer Abweichungen.

Empirische Untersuchungen von Stief-, Adoptiv- und Einelternfamilien und von kinderlosen Ehepaaren zeigen, daß das Leitbild der monogamen Dauerbeziehung mit eigenen Kindern auch heute noch die soziale Norm darstellt, an der sich auch davon Abweichende orientieren.

So sind z. B. die meisten Alleinerziehenden der Ansicht, daß ein Elternteil allein nicht allen Bedürfnissen der Kinder gerecht werden kann.

Insgesamt ist positiv hervorzuheben, daß die Partnerbeziehungen häufig bewußter gepflegt werden und sich Kontaktmöglichkeiten für die Kinder aufgrund der Mitsorge von Eltern und Großeltern erweitern.[17]

7.2.1.3 Pluralisierung und Individualisierung der Lebensformen

Als Ergebnis längerfristig wirkender Modernisierungsprozesse und Individualisierungsschübe läßt sich eine *Pluralisierung* und *Individualisierung* verschiedener Lebensformen feststellen. Sie lösen den einzelnen in zunehmendem Maß aus traditionellen (u. a. familiären und ehelichen) Bindungen heraus. Da allgemein verbindliche Muster für das Zusammenleben fehlen, muß von den einzelnen Partnern im konkreten Fall jeweils neu ausgehandelt werden, wessen Vorstellungen und Pläne Priorität besitzen bzw. welche Kompromisse tragfähig erscheinen.

Es müssen neue Arrangements von Familie und Beruf, neue Formen des Umgangs miteinander gefunden werden, wobei sich die Attraktivität solcher Lebensformen erhöht, die es Frauen und Männern gestatten, ihren selbständigen Interessen nachzugehen. *Erosionstendenzen* familialer Haushalte werden – zumindest teilweise – durch verwandtschaftliche und vor allem nichtverwandtschaftliche Kontakte aufgefangen.
Global betrachtet lassen sich zwei Ausprägungen der *Pluralisierung* unterscheiden:
1. Ehe und Familie im eigentlichen Sinn treten mit anderen Formen eines (relativ) dauerhaften, sozial akzeptierten Zusammenlebens von Mann und Frau in Konkurrenz.
2. Differenzierungen betreffen die Festlegung der Kinderzahl, den Erziehungsstil und Beziehungs- und Umgangsformen.[18]

7.2.1.4 Leistungsressourcen der Familie

Trotz ihrer sich wandelnden Funktion verfügt die Familie als *universelle Einrichtung* über Leistungsreserven und besondere Lebensnähe. Sozialwissenschaftliche Aussagen räumen der Familie Zukunftsperspektiven ein. Als „universelle" und zugleich „überhistorische" Institution kann sie viele Facetten eines gesellschaftlichen Wandels überdauern. Besonders das kleinfamiliale Modell gewährleistet Mobilität, Flexibilität und jenen Intimraum, in dem soziale Beziehungen von Dauer sein können. Durch Alternativreichtum beansprucht das Leben in und mit der Familie einen unverwechselbaren, unersetzlichen Platz. Paul-Ludwig *Weinacht* formuliert: „Familie hat Zukunft, weil sie eine Zukunft verdient."[19] Insofern besteht die begründete Vermutung, daß die Flexibilität der Lebensform Familie – zwar in anderer Weise als früher, jedoch mit echten Chancen – auch die zukünftige Gestalt der Gesellschaft aufrechterhalten wird.

7.2.1.5 Zerbrechende und gescheiterte Ehen

Paare, deren Ehe durch Auseinanderleben und Entfremdung zu scheitern droht oder zerbrochen ist, erfahren in Krisen und Enttäuschungen zahlreiche Verunsicherungen. Dies drückt sich oft in den Beziehungen zu ihrer Umgebung aus. Sie fühlen sich auch von ihrer Pfarrgemeinde nicht verstanden. Geschiedene und besonders wiederverheiratete Geschiedene treffen auf Unverständnis. Dabei fordert das Apostolische Schreiben Familiaris consortio eine hohe Sensibilität für die schwierigen Situationen der Ehe und Familie in Form von „Hochherzigkeit, Verständnis, Klugheit nach dem Beispiel des Guten Hirten“ (ebd. Nr. 77).

Eine Pastoral, die mit dem Zerbrechen und Scheitern von Ehen rechnet, sucht in der Erfahrung des Scheiterns gleichzeitig die Gewißheit zu vermitteln: „Gott, der Freude an der Liebe hat, läßt auch die an der Liebe Leidenden nicht im Stich ... Wo er sie aufrichtet, sind auch wir aufgerufen, mit menschlichem Scheitern und Neubeginn auf eine menschenwürdige Weise umzugehen.“[20]

Wie kaum ein anderer Papst vor ihm hat Papst Johannes Paul II. Verständnis für die Geschiedenen formuliert. Bei allem Bedauern über gegenwärtige Entwicklungen, die häufig zur Scheidung führen, fordert er dazu auf, die jeweiligen Situationen der Betroffenen zu differenzieren, den Betroffenen in Liebe beizustehen, damit sie sich nicht als von der Kirche getrennt betrachten. Der Papst will, daß die Seelsorger den einzelnen Mut machen und sie durch Barmherzigkeit im Glauben und in der Hoffnung zu stärken versuchen (vgl. Familiaris consortio Nr. 84).

Beim Eintreten der für die Seelsorge Verantwortlichen für Geschiedene und vor allem wiederverheiratete Geschiedene darf nicht übersehen werden, daß das pastorale Engagement für die Stabilität der Ehe gleichzeitig eine Hilfe darstellt für die durch Schwierigkeiten innerer oder äußerer Art bedrohten Ehen. Wer nicht mit Entschiedenheit das Bewußtsein für die unbedingte Treue in der Ehe wachhält, kann nicht ernsthaft und verantwortlich für eine differenzierte Pastoral in Konfliktsituationen eintreten.

An die Stelle eines von den Betroffenen wenig hilfreich empfundenen „Moralisierens“ soll die *seelsorgliche Begleitung* auf dem Weg zur persönlichen Gewissensentscheidung treten.

Die Lösung subjektiv und objektiv komplexer Sachverhalte ist normalerweise nur in einem Zusammenwirken von personaler Gewissensentscheidung und seelsorglicher Beratung möglich. Weder der isolierte und private Gewissensspruch noch das „rein ‚von außen‘ erfolgte, autoritäre Urteil“ helfen zu den richtigen Schritten.[21]

Ein solches Bemühen setzt voraus, daß es in der Gemeinde eine *Kultur der Barmherzigkeit* gibt, die nur durch eine entsprechende Bewußtseinsbildung, Gespräche und eine gewollte Einbeziehung der in schwierigen Verhältnissen lebenden Ehepartner in die Gemeinde erreicht werden kann.

Pastoral und Seelsorge können sich dabei an zwei biblischen Perikopen orientieren. In der Begegnung Jesu mit der Ehebrecherin (Joh 8,1–11) ist der theologische Gesichtspunkt ausschlaggebend, der in dem gelegentlich zitierten Augustinuszitat so formuliert ist: „Übrig geblieben sind zwei, die Erbarmungswürdige und das Erbarmen.“[22] Vergebung bedeutet für die beim Ehebruch ertappte Frau im Sinne Jesu zugleich die Ermächtigung zu einem neuen Leben. Die zweite Perikope enthält den Hinweis, daß die Mitglieder des Zwölferkreises den zweifelnden und in seinem Glauben angefochtenen Thomas in ihrer Mitte dulden (vgl. Joh 20,19–29). Sowohl Familiaris consortio als auch zahlreiche synodale Vorgänge innerhalb der letzten Jahre betonen mit Nachdruck, daß die Geschiedenen und die wiederverheirateten Geschiedenen zur Kirche, zur Gemeinde gehören (vgl. u. a. Familiaris consortio Nr. 84).

In jedem einzelnen Fall geht es darum, die unterschiedliche Situation wahrzunehmen, den Betroffenen beizustehen und sie vor allem in die Gemeinde zu integrieren. Dabei sollen die für die Begleitung Verantwortlichen an der Aufarbeitung der menschlichen Fragen der Betroffenen Anteil nehmen und helfen, Schuldzuweisungen zu überwinden. Immer ist an das Wohl der Kinder zu denken. Die Geschiedenen sollen erfahren, daß die Entscheidung ihres Gewissens ernstgenommen wird. Seelsorgliche Hilfen sollen dazu führen, daß die Geschiedenen, die wieder geheiratet haben, aus ihrem Gewissen, das sich im Sinn gelebter Nachfolge im Hören auf die Weisung Jesu orientiert, ihren Weg suchen und gehen.

Beim Ganzen ist darauf zu achten, daß die Frage der sog. „Zulassung" zu den Sakramenten nicht als *Hauptproblem* gesehen wird. Eine *generelle* Zulassung zu den Sakramenten ist nicht möglich. Das entlastet jedoch nicht von der Verantwortung, pastoral gangbare Wege zu suchen, die der jeweiligen Situation gerecht werden.

Bei einem verantworteten Lösungsweg, der von seinem Grundansatz her von Diözesansynoden und Diözesanforen, pastoralen Gremien und Räten getragen und unterstützt wird[23], spielen in Verbindung mit der Formulierung von Kriterien für das seelsorgliche Gespräch zur Bildung des eigenen Gewissensurteils folgende Gesichtspunkte eine Rolle:

- Kann die entstandene Situation der gescheiterten Ehe auf dem Weg des Kirchenrechts geklärt werden?
- Ist die Rückkehr zum Partner der zerbrochenen Ehe möglich?
- Ist die Bereitschaft vorhanden, die mit dem Scheitern der sakramentalen Ehe und der Wiederverheiratung möglicherweise verbundene persönliche Schuld anzuerkennen und bestehende Verpflichtungen zu erfüllen?
- Steht die inzwischen eingegangene Verbindung auf der Grundlage eines von beiden Seiten erklärten Ehewillens?
- Ist das Verlangen nach dem Empfang der Sakramente von ehrlichen Motiven bestimmt?
- Läßt sich der Sakramentenempfang in der konkreten Gemeinde verantworten?

Beim gesamten Fragenkomplex geht es um die Treue der Kirche zum Wort des Herrn, andererseits aber auch um die Hinwendung zu den Gescheiterten und damit „Verwundeten". Die Kirche ist herausgefordert, ein erfahrbares Sakrament der versöhnenden Barmherzigkeit Christi zu sein.

7.2.2 Die Notwendigkeit einer aktivierenden Praxis

7.2.2.1 Gemeinde als Ort gemeinsamen Lernens

Hauptamtliche Mitarbeiterinnen und Mitarbeiter erwarten in der Praxis oft zuviel von den *Familien*. Unter Seelsorgerinnen und Seelsorgern besteht gegenüber den komplexen und differenzierten Problemen der Ehe große Unbeholfenheit. Konflikte und Krisen werden ausschließlich als bedrohlich und negativ empfunden. Anstelle von Hilfen zur persönlichen Gewissensentscheidung wird gern bloß „moralisiert".

Nach wie vor stößt die Vermittlung des personal-partnerschaftlichen Leitbildes der christlichen Ehe auf Schwierigkeiten. Die Auffassung der Ehe als Sakrament einer „unauflöslichen Lebensgemeinschaft" („consortium totius vitae" [CIC, Can. 1055]) setzt mit der entsprechenden „Bindung auf Dauer" ein gläubiges Verständnis der Ehe und damit das Akzeptieren ihrer religiösen Dimension voraus. In der Praxis vieler Ehen und Familien ist ein miteinander gelebter Glaube nicht oder nur wenig vorhanden.

Unter jungen Ehepaaren hat das Zueinanderfinden der Partner zunächst Vorrang. In den ersten Ehejahren kommt es selten zu Gesprächen mit Seelsorgern. Ein Austausch mit erfahrenen Ehepaaren findet wenig statt. Junge Ehen und Familien erhalten in der traditionellen Ehe- und Familienpastoral zu wenig Impulse für ein Leben aus dem Glauben. Pfarrgemeinden werden zu wenig als Gemeinschaft und mehr als Institution erlebt.

Sollen Ehe- und Familienpastoral Anregungen zum Gelingen der personal-partnerschaftlichen Beziehung geben, muß die Seelsorge Wege mitgehen, Prozesse begleiten und insgesamt entsprechende „Lern- und Lebens-Räume" eröffnen, in denen die spezifischen Fragen und Probleme von Eheleuten und Eltern aufgegriffen werden.

Die grundlegende Sorge in der Gemeinde soll dahin gehen, möglichst vielen Ehepaaren vom Beginn ihrer Ehe an zu einem ganzheitlichen Verständnis der Ehe und zu einer entsprechenden Lebensgestaltung zu verhelfen. Basis ist eine entsprechende „Spiritualität" von Ehe und Familie, bei der die einzelnen durch Anteilnahme und Beteiligung – auch geistlicher Art – am Leben anderer für sich selbst Wege entdecken, ihre Ehe „zeichenhaft" (= sakramental) leben zu können.

7.2.2.2 *Die Kompetenz der Eheleute*

Einer lebensfördernden Ehepastoral geht es vor allem um die Freisetzung der von den Konzilsdokumenten des Zweiten Vatikanums unterstrichenen Kompetenz der Eheleute. Die Kirchenkonstitution erwähnt in diesem Kontext die besondere Berufung der Eheleute, „sich gegenseitig und den Kindern den Glauben und die Liebe Christi zu bezeugen" (Nr. 35). Das bedeutet, daß für das Gespräch über die Ehe vor allem die Erfahrungen und Einsichten der Eheleute zu berücksichtigen sind. Der Synodenbeschluß „Ehe und Familie" weist dabei auf den Lebenszusammenhang in und mit der Gemeinde hin.

7.2.2.3 *Eine Kultur der kreativen Treue*

Nach dem Ehe-Leitbild der Gemeinsamen Synode der Bistümer in der Bundesrepublik Deutschland gehört die Sichtweise: Ehe als „Prozeß des miteinander Lebens ... in Wachstum und Reife, Erprobung und Konflikt", zu den Orientierungsmaßstäben und -hilfen für das Gelingen einer christlichen Ehe.[24] In ihr machen die Ehepartner in ihrem gemeinsamen Leben „durch ihre eigene Liebe und Treue die Liebe Gottes sichtbar".[25]

In Verbindung zu diesem von der Synode formulierten Ideal sind auch jene Aufgaben zu gewichten, die im Bereich von Ehevorbereitung, Ehebegleitung und Eheberatung anstehen. Einschlägige Einrichtungen und eine große Zahl geeigneter Literatur sind daraufhin zu sichten und zu befragen, welche tragende Spiritualität für die Verwirklichung der ehelichen Beziehungen als grundlegend angesehen werden.

Wer sich bewußt macht, welche hohen Anforderungen an Ehepartner hinsichtlich ihrer personalen Liebe, Treue, gegenseitigen Verständnisbereitschaft, Dialogfähigkeit, Versöhnungsbereitschaft gestellt werden, fragt sich zu Recht: Wie kann die Ehe- und Familienpastoral solchen Erwartungen gerecht werden? Für die *vorbereitende* und *begleitende Ehepastoral* stellt sich die Aufgabe, „Lernfelder" zu schaffen, in denen durch die Einübung von Formen einer offenen Kommunikation zum Gelingen der partnerschaftlichen Ehe beigetragen wird. Dabei geht es u. a. um die

1. *Förderung der Beziehungsqualität:*
Im Anschluß an das erwähnte Eheverständnis der Würzburger Synode sind Anregungen in dieser Hinsicht vor allem unter dem Gesichtspunkt des Wachsens und Wachsenlassens zu geben. Für die Realisierung der partnerschaftlichen Ehe gibt es wenig tradierte Vor- und Leitbilder, auf die Eheleute bei der Gestaltung ihrer Beziehung zurückgreifen können. Brautpaare und Ehepartner gleichen „Solisten", die nicht nur allein singen, sondern auch die Melodie komponieren müssen, wobei sie unter dem Anspruch stehen, daß die Melodie das Ureigenste der beiden Partner ausdrücken soll. Sie werden von einem „Chor" (Eltern, Angehörige, Freunde) begleitet, der vielstimmig und gelegentlich unharmonisch singt.[26] Dieses Bild charakterisiert die Vielfalt möglicher Ehevorstellungen.

2. *Förderung der „kreativen" Treue:*
Ehe ist kein statischer Zustand. Im Miteinander-Leben, um das sich Ehepartner ein Leben lang bemühen, nimmt die Ehe als gemeinsamer Weg am Prozeß des im Leben reifenden Glaubens, Hoffens und Liebens teil. Ehepartner bringen eine unterschiedliche Lebensgeschichte, verschiedene Lebensbewältigungskonzepte, Wert- und Normvorstellungen in die Ehe ein. In der Begegnung fremder Lebenswelten (mit ihren jeweiligen Sinnsystemen) geht es um die Suche nach einer gemeinsamen Lebenslinie und -basis.

Aus der Dynamik der personal-partnerschaftlichen Ehe ergibt sich als Aufgabe die Offenheit für Veränderungen. Treue darf nicht bloß als reines „Beieinander-Ausharren" der Eheleute verstanden werden. Es geht um die kreative Treue in der unbedingten Annahme des andern, die mit Entwicklungsmöglichkeiten rechnet. Treue bedeutet begreifen und bejahen, daß Veränderungen des Partners in der Beziehung auch Zeichen eines Wandels sein können, ohne den die Liebe nicht tragfähig bleibt.

3. *Familie als „Lebensaufgabe":*
Unter den veränderten Bedingungen ist Familie, überspitzt gesagt, keine „Lebensaufgabe" mehr, die das ganze Leben hindurch sinnstiftend wirkt. Aufgrund der längeren Ehedauer (Brautpaare haben sich gegenwärtig auf über 40 Jahre und mehr eines gemeinsamen Lebens

einzustellen), muß die Ehe- und Familienpastoral „Ehepartner“ als solche ansprechen und begleiten.

4. *Konfliktfähigkeit und -bereitschaft:*
Eine besondere Herausforderung unserer Zeit besteht darin, daß Ehepartner total gegensätzlichen Anforderungen in verschiedenen Lebensbereichen gerecht werden müssen, ohne daß sie sich dabei menschlich „halbieren“ lassen.

Ehe- und Familienpastoral soll Ehepaare und Familien deshalb vor allem konfliktfähig und -bereit machen.[27]
In der Gesellschaft stellen ehefeindliche Tendenzen Konfliktzonen dar, die es in Betracht zu ziehen gilt:
– In der *Arbeitswelt* müssen Menschen beweglich sein. Für die Ehe dagegen werden Bindung, Beständigkeit und Treue vorausgesetzt.
– Im *Berufsleben* werden kündbare Beziehungen immer häufiger. In der Ehe geht es um ein Treueversprechen ohne Widerruf.
– In der *Konsum- und Freizeitwelt* gilt der Grundsatz: Brauchen und Verbrauchen. Für die Ehe gilt, den Partner nicht „gebrauchen“, sondern das Leben gemeinsam kreativ gestalten.[28]

Christlich gelebte Ehen und Familien rechnen mit der Solidarität der Gemeinschaft. Stärker als früher kommt es auf begleitende Hilfen in den einzelnen Lebensphasen der Ehe und Familie an. Träger der Sorge um Ehe und Familie sind alle Christen.

7.3 EIN DIFFERENZIERTES ERSCHEINUNGSBILD DER ALTENPASTORAL

7.3.1 Älterwerden als mehrdimensionaler Prozeß

Für den Altersprozeß als mehrfach geprägtes Schicksal bietet die differentielle Gerontologie (Hans *Thomae* und Ursula *Lehr*) einen weiterführenden Erklärungsansatz. Danach sind für die grundsätzliche Einstellung zum Leben und Lebensbewältigungsmuster („Lebensstile“) nicht das Alter, sondern wesentlich andere Faktoren, vor allem die Biographie des einzelnen, in jüngeren Jahren erfahrene und internalisierte Beziehungen verantwortlich.

Die differentielle Gerontologie geht von der Annahme aus, daß es nicht *das* Altern und *die* Alten gibt; es sind jeweils beachtliche individuelle Unterschiede zu beachten. Alte Menschen erfahren auf dem Hintergrund ihres ganzen Lebens ihre aktuelle Situation nicht als konstante Situation. Die Art und der Verlauf des Alternsprozesses ist von drei Aspekten bedingt, die Konstanz und Variabilität des Alterns bestimmen. Es handelt sich um den *Vergangenheitsaspekt*: Bisherige Erlebnisse und Erfahrungen spielen eine entscheidende Rolle, wie Situationen erlebt und bewältigt werden. Der *Gegenwartsaspekt* besagt: Die aktuelle Situation in physischer, psychischer und sozialer Hinsicht ist ebenso entscheidend. Der *Zukunftsaspekt* bedeutet: Erstrebenswerte und angestrebte Ziele beeinflussen den Alternsvorgang gleichermaßen.[29]

„Nicht die Tatsache des Vorrückens im kalendarischen Alter als solche, sondern die damit verbundene größere Wahrscheinlichkeit einer Erkrankung, die damit wahrscheinlicher werdenden sozialen Veränderungen und Schicksale tragen zu etwaigen Veränderungen der Persönlichkeit bei. Umgekehrt aber gilt: Falls die soziale Situation keine zu großen Beschränkungen mit sich bringt, falls keine zu starke gesundheitliche Belastung oder Behinderung auftritt, falls die Umgebung einen gewissen Anregungs- und Anreizwert behält und insbesondere die Zukunft noch gewisse Möglichkeiten bietet, dann kann man ein hohes Maß an Konstanz des Reagierens vom mittleren zum hohen Alter erwarten." [30]

Biographische Bedingtheiten der jeweiligen Alternssituation beeinflussen auch die Einstellung gegenüber der Religion bzw. der Kirche im Alter. (Insofern gelten die Grundannahmen dieses Forschungsansatzes auch für den Bereich der Religiosität.)

Ergebnisse der *Lebenslaufforschung* weisen darauf hin, daß in der zweiten Lebenshälfte für den Prozeß der Identitätsentwicklung und -sicherung neben neuen Lebens- und Sinnhorizonten vor allem Solidarisierungsprozesse und Formen des sozialen Engagements eine Hilfe sind. Für die in Sozialkontakten neu zu gewinnende Identität sind u. a. folgende Aspekte von Bedeutung:

1. Ein *positives Selbstwertgefühl* wird durch gelingende Sozialkontakte wesentlich gefördert.

Die von Zuwendung und Liebe getragenen Beziehungen (u. a. die durch Ehepartner vermittelte Geborgenheit) wirken sich auf die Selbstannahme und -bejahung günstig aus. Die (neu) gewonnene Selbständigkeit äußert sich u. a. in einer bewußt eigenständig konzipierten Lebensplanung.

2. Auch die *Entfaltung von Kompetenzen* ist auf der Grundlage einer positiv erlebten sozialen Integration besser möglich.

Im Alter neu aufgebaute Sozialkontakte fördern besonders die Dialogfähigkeit älterer Menschen und bieten Orientierungshilfen für einen selbständigen Lebensstil.

3. Durch *Solidarisierungsprozesse* wird die Verantwortungsbereitschaft älterer Menschen für gesellschaftliche Belange – besonders für die Solidarität der Generationen untereinander – gestärkt.

Die gegenseitige Solidarität aufgrund der uneingeschränkten Annahme des anderen kann zu einer gegenseitigen Solidargemeinschaft der „jungen Alten" mit ihren älteren Schicksalsgenossen führen.

4. Viele Alltagsprobleme haben auch eine gewisse *politische Brisanz*. Entwicklungen im Parteienspektrum – u. a. die inzwischen erfolgte Gründung entsprechender Gruppierungen in den etablierten Parteien – verweisen auf Spannungen und wachsende Polarisierungen.

Dabei handelt es sich um ernstzunehmende Signale. Leider schottet sich die kirchliche Altenarbeit häufig zu sehr von politischen Entwicklungen ab. Die sog. „neuen Alten" zeigen Interesse und Offenheit für Gegenwartsfragen. Insgesamt könnte die kirchliche Altenarbeit von ihnen eine Vielzahl zeitgeschichtlicher Erfahrungen abrufen.

5. Bei einer nicht geringen Zahl der neuen Alten findet sich *Mut zu neuen Lebensperspektiven*, zu einer bewußten Standortgewinnung.

„Hoffnung" und „Umkehr" als wichtige Stichworte für eine neue Lebensweise lassen dabei den Wechselbezug zwischen einem „aktiven" Leben und der dazu notwendigen Besinnung in einer eher kontemplativen Grundhaltung beachten.

7.3.2 Religiosität und Sinnfindung im Alter

Wenn Altern als mehrdimensionaler Vorgang individuell verschieden ist, kann und muß auch die Religiosität alter Menschen grundsätzlich *differentiell* erklärt werden.

Religionspsychologische Fragestellungen haben im Zusammenhang der Altersforschung in der Vergangenheit wenig Beachtung gefunden. Die Grundeinstellung der *Religiosität* läßt sich als eine mehr individuelle Haltung nur schwer messen.

In jüngster Zeit hat besonders im angloamerikanischen Sprachraum die Zahl empirischer Untersuchungen zugenommen.[31]
Neben den Forschungsschwerpunkten
1. Religiosität und Gesundheit im Alter,
2. Religiosität und Streßbewältigung im Alter,
3. Religiosität und Sinnfindung im Alter

wurden vor allem die Gesichtspunkte Religiosität und Lebenszufriedenheit, Religiosität und soziale Unterstützung, Religiosität und Endlichkeit untersucht.[32]

In Definitionen der „Religiosität" lassen sich zwei Richtungen unterscheiden: Einerseits wird der *soziale Aspekt* der Religiosität betont. Das entscheidende Kriterium ist „die Bindung an die in gesellschaftlichen Formen etablierte Religion".[33] Ein in diese Richtung konsequent vollzogener Ansatz beschränkt sich auf äußere Aspekte der Religiosität (Gottesdienstbesuch usw.). Ein zweiter Ansatz betont eher den *individuellen Aspekt* der Religiosität.

Für Thomas *Luckmann* ist Religion institutionsunabhängig. Er unterscheidet zwei Typen von Religiosität: Einerseits die „historisch christliche Religion". Sie drückt sich vor allem in Äußerungen der Kirchlichkeit aus.[34] Eine neue Sozialform der Religion bildet den zweiten Typ. Sie „umfaßt alle sinnspendenden Weltansichten, die als solche eine religiöse Funktion erfüllen".[35] Dahinter stehen „subjektiv ausgeprägte Sinn- und Glaubensvorstellungen, die nur zum Teil mit den von kirchlichen Institutionen gelehrten übereinstimmen" und das daraus folgende religiöse Handeln.[36]

Für *soziologische Untersuchungen* sind nur solche Aspekte der Religiosität relevant, die sich im Laufe des Sozialisationsprozesses ausgebildet haben und sich in verschiedenen Formen einer öffentlichen Praxis oder mehr individuell als „religiöse Aspekte" äußern.

7.3.2.1 *Zum Erscheinungsbild der Religiosität alter Menschen*

Nur durch die Berücksichtigung mehrerer Faktoren gelingt es, zufriedenstellende Kriterien zur Erfassung der Religiosität zu erhalten. Aus der Analyse unterschiedlicher empirischer Untersuchungen[37] über die Religiosität älterer und alter Menschen lassen sich u. a. folgende Schlüsse ziehen:

– Alte Menschen nehmen (im Vergleich zu jüngeren) öfter am Gottesdienst teil, sind also „praxisorientierter" (*Kahseböhmer*). Zunehmende Krankheiten erschweren freilich solche Aktivitäten mehr und mehr.

– Ältere und alte Menschen haben ein besseres Bild von der Kirche. (Ihre Skepsis gegenüber der Institution Kirche ist nicht so groß wie bei jungen Menschen.) Mit steigendem Alter schwindet allerdings das Interesse an der institutionellen Dimension der Kirche.

– Ältere Menschen sind lehrkonformer (als jüngere). Sie sind eher bereit, Glaubensinhalten und religiösen Dogmen zuzustimmen.

– Ältere Menschen zeigen eine größere Bereitschaft zur kirchlichen Mitarbeit. Je älter Menschen werden, desto mehr verstärken sich religiöse Interessen, die vor allem im privaten Bereich des Lebens bestimmend sind und werden.

– Letztlich ist das Bild der Religiosität im Alter zu komplex und läßt keine eindeutigen Schlüsse zu.

Es kann deshalb hilfreich sein, auf Ergebnisse religionspsychologischer Forschungen zu achten. Aus der Zusammenschau unterschiedlicher religionssoziologischer und religionspsychologischer Ansätze hat eine Freiburger Forschergruppe für eine umfassende Dimensionierung des Begriffs „Religiosität" folgende Bereiche und Dimensionen unterschieden:

1. *Religiöse Ausdrucksformen:* Entsprechende Orientierungsversuche, doktrinäre, universelle, existentielle Dimensionen der Religion.
2. *Glaubensinhalte:* Annahme/Ablehnung religiöser Dogmen, biblisch-christliche Satzungen, kirchliche Doktrin.
3. *Religiöses Verhalten:* Kirchliches Engagement, Bibelstudien, Gebet, Kirchenbesuch, Beitragszahlungen, Spenden.
4. *Kirchlichkeit:* Mitgliedschaft, Verhältnis zur Gemeinschaft, Grad der Verbundenheit.
5. *Kenntnisse:* Wissen spezifischer religiöser Fakten, Vertrautheit mit biblischer Geschichte, Katechismus, kirchlichen Vorschriften und Geboten, religiös-kirchlichen Praktiken.
6. *Einstellungen:* Wissen und Befolgen religiös-moralischer Ordnungen.
7. *Bedeutung der Religion im persönlichen Leben* und Implikationen religiöser Einstellungen im alltäglichen Leben: Persönliche Erfahrungen.[38]

7.3.2.2 *Antworten auf Lebensfragen*

Es gibt keine *existentiellen Fragen*, die alte Menschen nicht betreffen würden: wirtschaftliche Probleme, Fragen der Alterssicherung, Wohnungsprobleme, Schwierigkeiten mit Behinderungen verschiedenster Art. Dazu kommen die persönlichen Fragen der eigenen Krankheit, der Bewältigung von Trauer und Leid. Nicht zuletzt die „Kirchenfremden" oder „Suchenden" unter den alten Menschen interessieren sich für die mit dem Alter verbundenen *Lebensfragen*.

Viele ältere und alte Menschen leiden darunter, daß sie nicht gebraucht werden, daß sie nur in den privaten Sorgen des Alltags aufgehen oder mit den Ungereimtheiten ihrer kleinen Lebenswelten unzufrieden sind. Solche Grundeinstellungen hängen häufig mit der mangelnden Alltagsethik zusammen.
In ihrer Erziehung wurde bei heute älteren und alten Menschen neben der Vermittlung einer einseitigen Gottesvorstellung oft auch eine *falsche* Selbstzufriedenheit grundgelegt. Damit ist im Leben nicht nur „Bescheidenheit" gewachsen, sondern auch jene „Selbstbescheidung", der es an Perspektiven mangelt.

In Hilfen zur Bewältigung des Alltags geht es u. a. auch darum, originäre christliche Alltagstugenden zu entdecken bzw. bewußt zu machen. Elemente solcher Entdeckungen sind z. B. in der Ehrfurcht vor dem Leben und der Sorge um die Unversehrtheit der Schöpfung enthalten. Gesichtspunkte einer Alltagsethik gibt es beim Stiften und Pflegen von Gemeinschaft, bei der Treue und Verläßlichkeit in Beziehungen, der Solidarität unter Nachbarn, Freunden, Mitbewohnern, beim gegenseitigen Sich-Ermutigen, Trösten und beim Miteinander-Teilen.

Aus dem Wunsch nach Geborgenheit suchen ältere und alte Menschen Halt in einer neuen Beziehung. Seelsorgerinnen und Seelsorger treffen ältere und alte Menschen, die unverheiratet zusammenwohnen. Nicht selten stehen in Altenheimen zwei verschiedene Namen an einer Wohneinheit oder einem Doppelzimmer. Es gibt mancherlei Gründe, die alte Menschen veranlassen, keine neue eheliche Bindung mehr einzugehen. Vielfach ist es die Angst, den soeben gefundenen Partner wieder verlieren zu müssen – nicht selten sind es finanzielle Motive (Rentenansprüche). Nicht wenige, die auf solche Weise zusammenleben, betrachten sich als von seiten der kirchlichen Ehe- und Sexualmoral Ausgeschlossene (Exkommunizierte), weil sie ohne Trauschein zusammenleben.

Noch vor wenigen Jahren war das Thema „aktive Sexualität im Alter" so gut wie tabu. Sexualität in der Altersphase galt als Lebensbereich, der nach der Vorstellung und Äußerungen von Experten und Laien durch die Stichworte *Abnahme, Verlust* und *Verkümmerung* gekennzeichnet war. Nach heutigen Forschungsergebnissen gibt es von den psychologischen und biologischen Voraussetzungen her bei gesunden Menschen im Alter keinen Anlaß, das Sexualverhalten einzuschränken oder zu beenden.[39]

Freilich ist die Sexualität älterer und alter Menschen einem Wandel ausgesetzt, der sich mit dem Begriff *Verschiebung* fassen läßt. Ältere und alte Menschen haben ein größeres Bedürfnis nach verschiedenen Formen der Zärtlichkeit und sind nicht auf den Geschlechtsverkehr fixiert.

Sexualität, Zärtlichkeit, Erotik im Sinne einer ganzheitlichen Sicht sind untrennbar mit dem Lebensganzen des Menschen, mit seiner Zufriedenheit verbunden. Es gilt, der Tabuisierung des Themas und der möglichen Ausgrenzung der Betroffenen entgegenzuwirken. Der Umgang mit der eigenen Sexualität muß im Horizont der Lebensgeschichte gesehen werden. Nur wenn dieser Blickwinkel in der Begegnung mit alten Menschen und ihrer Sexualität leitend ist, können mögliche Verwundungen angemessen aufgefangen werden.

Auf dem Hintergrund der hier angedeuteten Entwicklungen soll die Altenpastoral dazu beitragen, in der Mehrgenerationenfamilie, in der Gemeinde, im Heim oder in der Klinik Verständnis, Respekt und Toleranz für die unterschiedlichen Formen des Beziehungsverhaltens einschließlich sexueller Ausdrucksformen aufzubringen.

7.3.3 Ein verstärktes Engagement der „neuen Alten"?

Es ist heute nicht von vornherein möglich, kategorisch von der Generation der „neuen" oder „jungen" Alten zu sprechen. Darunter wird jene bisher zahlenmäßig sehr ungenau zu fassende Schicht von „jüngeren" Alten verstanden, die aufgrund ihres eigenen Lebensentwurfs kompetent die verschiedenen Möglichkeiten des „neuen" Lebensabschnitts „Alter" nutzen können.[40]

7.3.3.1 *Eine unterschiedliche Ausgangslage*

Für die ins Auge zu fassende Gruppe der „neuen Alten" ist ein differenziertes Erscheinungsbild charakteristisch.[41] Exemplarisch sollen einige Aspekte herausgegriffen werden.

7.3.3.1.1 Maßstäbe der Leistungsgesellschaft

In der heutigen Gesellschaft wird der Mensch nach wie vor überwiegend nach seiner erbrachten Leistung beurteilt. Werden diese Leistungen nicht mehr benötigt, führt dies zu Störungen im Selbstbewußtsein. Für manche junge Alte, die noch unter Spätfolgen von Kriegs- und Nachkriegsereignissen des Zweiten Weltkriegs zu leiden haben, erscheint ein von Leistung freies oder befreites Leben nicht (mehr) sonderlich *lebenswert*. Die momentan ins Rentenalter eintretenden Generationen wollten in der Phase ihrer aktiven beruflichen und erzieherischen Tätigkeit vieles anders machen – besonders im Bereich der *Erziehung*. Nicht wenige lasten sich die ihrer Meinung nach fragwürdigen Ergebnisse der eigenen pädagogischen Bemühungen als Versagen, wenn nicht als Schuld an. In der Folge stoßen wir aufgrund der erfahrenen Enttäuschungen auf eine gewisse „Pseudobetriebsamkeit" und auch bekannte Phänomene einer Zuflucht zu Betäubungsmitteln bis hin zum Drogenmißbrauch in vielgestaltiger Form.

7.3.3.1.2 Wandel im Leitbild der Geschlechterrollen

Bei Männern und Frauen in der Generation der heutigen jungen Senioren sind noch traditionell geschlechtsspezifische Verhaltens- und Lebensweisen ausgeprägt. Die Männer wurden, als sie Jungen waren, „zum richtigen Mann", die Mädchen zur guten „Hausfrau und Mutter" erzogen. Inzwischen wurden diese Leitbilder grundsätzlich in Frage gestellt, vor allem von den eigenen Kindern. Sie orientieren sich für das Zusammenleben mit dem Lebenspartner am Leitbild der Partnerschaft. In der jetzt in den Seniorenstand wechselnden Generation ist die Zahl der Frauen, die aus einer außerhäuslichen Erwerbstätigkeit ausscheiden, erstmals fast so hoch wie die Zahl der Frauen, die nur im Haushalt gelebt haben. (Mehr als ein Drittel derer, die momentan in Rente gehen, sind Frauen.)

7.3.3.1.3 Kirchenbindung bzw. -distanz

In religiöser Hinsicht finden sich unter der Gruppe der „neuen Alten" noch traditionell Sozialisierte, aber ebenso groß ist die Zahl der Suchenden – durchaus noch Ansprechbaren – und die der „Distanzierten". Es gibt unterschiedliche Ausprägungen einer gelebten „Religiosität" (vgl. das Spektrum der von ihnen praktizierten Frömmigkeitsformen).

Junge Alte haben verschiedene Erfahrungen mit Gemeinde(n), Gruppen, Gemeinschaften und Verbänden und auch verschiedene „Kirchenbilder". In bezug auf ihr Verhältnis zur Kirche erlebte diese Seniorengeneration u. U. mehrere „Brüche". Der erste entstand dadurch, daß junge Senioren von heute den Widerspruch aushalten mußten, von der Familie in Richtung auf Glaube und Religion geprägt zu sein; in der Schule und vor allem in den nationalsozialistischen Jugendorganisationen wurden entgegengesetzte Vorstellungen und Werte vermittelt. Anfängliche Versuche, beides miteinander zu vereinen, ließen sich nicht durchhalten. Einen zweiten Bruch gab es – vor allem für Männer – in ihrem Verhältnis zur Kirche durch die politische Entwicklung in der Nachkriegszeit.

Politiker aus beiden Kirchen fanden sich in einer gemeinsamen Partei zusammen, die christlich firmierte. Schon aus Gründen der personellen Zusammensetzung der Mitglieder konnte oder mußte eine bestimmte Nähe zu den Kirchen angenommen werden. Besonders solche, die sich aus familiären oder sachlich-politischen Gründen nicht mit einer der C-Parteien arrangieren mochten, sahen sich durch ihre politische Grundentscheidung in ihrer Beziehung zur Kirche gestört.

Schließlich haben das Zweite Vatikanische Konzil und die einzelnen Synoden mit ihren Versuchen, die Kirche so zu verändern, daß sie mit ihrer Botschaft und ihrem Wirken die Menschen in der Welt von heute besser erreichen kann, in vielen Fällen die Beziehung zu Glaube und Kirche verändert.

Aspekte der Lebensgeschichte der „neuen Alten" wirken sich in vielfacher Hinsicht auf das Leben der einzelnen aus. Dabei läßt sich nachträglich nur schwer ausmachen, welche Bedeutung dieser oder jener Aspekt für das Schicksal und die Entwicklung des einzelnen hatte und hat. Jeder kann von dem, was sich im Zentrum oder am Rande seines Lebens ereignet(e), unterschiedlich betroffen sein.

Die hier getroffenen Feststellungen können die Mitarbeiter der Altenpastoral dazu motivieren,

- die ins Auge gefaßte Gruppe der jungen Senioren differenzierter zu sehen;
- wahrzunehmen, was für sie wichtig war und ist;
- das Lebenswissen, die Erfahrungen aus der jeweiligen Biographie der Älteren für die Jüngeren nutzbar zu machen;
- den Älteren zu helfen, ihre eigene Lebensgeschichte bewußt zu entdecken.

7.3.3.2 *Der Beitrag einer lebensdienlichen Pastoral*

Für die Konkretion pastoraler und seelsorglicher Prioritäten im Bereich der „neuen Alten" gilt es, einen Bezugsrahmen für das seelsorglich-pastorale Handeln zu entwickeln. Anhand der drei pastoralen Schwerpunkte, die Bezug nehmen auf die Übersichtsgraphik im ersten Kapitel (S. 25), läßt sich der Beitrag einer lebensfördernden Pastoral so verdeutlichen:

1. *Zum wahren Leben verhelfen:*
Formen und Wege der Altenpastoral sehen die gesamte Altenarbeit im Lebenszusammenhang und rechnen mit der Vielgestaltigkeit und Konkretheit der Lebenswirklichkeit. Es gilt, auf die konkreten Erfahrungen der einzelnen, auf ihr Lebensumfeld, auf ihre Erwartungen, Sehnsüchte und Ängste einzugehen. Dabei sind die Bemühungen im Bereich der „neuen Alten" ganz auf *Wechselseitigkeit* angelegt.

2. *Zum authentischen Leben befähigen:*
Bildung hat es mit Hilfen zum Leben zu tun. Lebenshilfe ohne Einsicht in die eigene Verantwortung und Leistungsfähigkeit kann u. U. zu Formen von Abhängigkeit führen. Altenbildung mit den „neuen Alten" soll vom Fragestand der Teilnehmer ausgehen – nicht zuletzt in weltanschaulicher und religiöser Hinsicht. Die Teilnehmer an Bildungsveranstaltungen und entsprechenden Angeboten sind Partner des gemeinsamen Gesprächs. Eine solche Einstellung zum Bildungsauftrag der Altenarbeit führt die jüngeren und älteren Generationen unter den alten Menschen besser zueinander.

3. *Praktizierte Solidarität als Lebenshilfe:*
Aus Erkenntnissen der gerontologischen Grundlagenforschung kann gefolgert werden, daß dem Lebensalter, z. B. bei der Erhaltung der physischen Leistungsfähigkeit und der geistigen Spannkraft, eher sekundäre Bedeutung zukommt. Von entscheidender Bedeutung sind herausfordernde und damit fördernde Lebensbedingungen, das Training körperlicher, seelisch-geistiger, sozialer Fähigkeiten und Faktoren sowie eine umfassende Bildung und der gesamte Lebensstil. Ein großer Prozentsatz aller Pflegebedürftigen wird daheim von Angehörigen betreut und versorgt ohne laufende Unterstützung von professionellen Helfern.[42] Deshalb gehört die Mitarbeit bei Angeboten der offenen Altenhilfe im lokalen Nahbereich zu den spezifischen Möglichkeiten eines sozialen Engagements der jungen Alten.

Solche Hilfsangebote stehen in Verbindung mit der karitativen Diakonie der Gemeinde. Bei der Übernahme konkreter Aufgaben geht es um das Aufgreifen und Unterstützen bereits praktizierter Formen der Solidarität im Sinne von Eigeninitiativen junger Alter (Nachbarschaftshilfe, Selbsthilfegruppen, Begleitung und Beratung der älteren und pflegebedürftigen alten Menschen durch ehrenamtliche Helferkreise), die in ihrer Effizienz verbessert werden können. Im Hinblick auf die konkrete Planung und Durchführung solcher ehrenamtlicher Dienste kann auf das bestehende breit angelegte Netz kirchlicher Altenhilfe zurückgegriffen werden.

7.3.3.3 Der Platz in der Gemeinde

Im Blick auf das Mitwirken der älteren Generation in den Gemeinden gilt es, das Bewußtsein für Möglichkeiten und Chancen der eigenverantwortlichen Mitarbeit zu entwickeln und zu schärfen. Entscheidend ist ein Klima der Offenheit, das

Hinhören auf die Probleme und Sorgen älterer Menschen. Sie dürfen sich in der Aufgabe der Deutung ihrer alltäglichen Lebenswirklichkeit nicht alleingelassen fühlen. Durch ein vermehrtes Engagement der jungen Alten können u. U. neue Formen von Gemeinschaft, von Helfer- und Gesprächskreisen entstehen.

Eine derart konzipierte Altenpastoral kann auf der einen Seite den alten Menschen zur gelingenden Lebensgestaltung verhelfen, andererseits auch der Pastoral in den Gemeinden neue Impulse vermitteln.

7.4 SEELSORGE DER KRANKEN

7.4.1 Kranksein in einer krankmachenden Gesellschaft

Das Erscheinungsbild von Gesundheit und Krankheit wird weitgehend durch gesellschaftliche Strukturen und Prozesse mitbestimmt. Die Leistungsgesellschaft beinhaltet viele Krankheitsursachen: Fortgeschrittene Technologien, Auswüchse der Massenkommunikation, Gefahrenzonen und Risiken erschweren die Lebensbedingungen und bringen physisch-psychische Belastungen mit sich. In einer vorwiegend vom Leistungsdenken geprägten Gesellschaft wird Krankheit als Zustand der „gestörten Leistungsfähigkeit" definiert, die den Kranken hindert, seinen Aufgaben und Verpflichtungen nachzukommen.

Die Einstufung der Krankheit als unerwünscht und die Mobilisierung wissenschaftlicher, ökonomischer und technologischer Ressourcen zur Bekämpfung der Krankheit unterstreichen die hohe Einschätzung der *Gesundheit* als gesellschaftlichen Nachweis der Integrität.
Andererseits wird die Krankheit damit zu einem gesellschaftlich legitimierten Zustand – immer unter der Voraussetzung, daß der Kranke seinen Befund als „abweichend" und „vorübergehend" anerkennt – genauso wie die Verpflichtung, möglichst bald wieder gesund zu werden. Der Kranke hat die Aufgabe, zur Überwindung seines Zustands Hilfe in Anspruch zu nehmen und durch Präventivmaßnahmen die Krankheit so weit als möglich zu verhindern.[43] Chronisch Kranke, einkommensschwache und sozial stigmatisierte Patienten werden im Rahmen des gesetzlichen Leistungssystems auf Dauer sozial eher isoliert, weil sie nach dem Urteil der Gesellschaft wenig sinnvolle Beiträge mehr für das Ganze erbringen.

In Verbindung mit den für die Krankenseelsorge wichtigen Kenntnissen über die durch die Krankheit entstehenden psychosozialen Belastungen der Patienten nennt Edgar *Heim* folgende Aspekte:

1. Durch die Krankheit (Verletzungen) oder Behinderungen ausgelöste Beschwerden und Schmerzen bringen Veränderungen im Wohlbefinden, in der *Integrität des Körpers*, mit sich.
2. Durch Ungewißheiten über die Zukunft im Hinblick auf den Krankheitsverlauf, das Familien- und Sozialleben ergeben sich Veränderungen im *Selbstkonzept* des Patienten.
3. Das *emotionale Gleichgewicht* wird durch innere und äußere Bedrohungen gestört.

4. Durch die Trennung von der Familie und die gewohnte Umgebung, durch das zwangsweise Aufgeben wichtiger sozialer Funktionen entstehen Verunsicherungen hinsichtlich *der sozialen Rollen und Aufgaben*.

5. Mit der Aufnahme in ein Krankenhaus hat der Patient *Anpassungsleistungen* an das „System Krankenhaus" zu erbringen.

6. Die größte Herausforderung liegt in der *Lebensbedrohung*, verbunden mit der Auseinandersetzung mit dem eigenen Tod.[44]

An *Bewältigungsformen* lassen sich
- *emotionale* (Fatalismus, Auflehnung, Selbstbeschuldigung, Ergebung und positive Grundeinstellung),
- *kognitive* (bagatellisieren, herunterspielen, vermeiden, ablenken, aufwerten, sich an der Krankheit festklammern, verstandesmäßige Analyse der Krankheit, stoische Ruhe) und
- direkt das *Handeln* betreffende Formen unterscheiden (Kompensation, Zuwendung, Uneigennützigkeit, Rückzug, Wut, gesteigerte Aktivität).

Besondere Aufmerksamkeit richtet die Krankenseelsorge auf *die Kranken im Krankenhaus*: Durch seine Krankheit ist der Patient gezwungen, seine Wohnung und seinen Arbeitsplatz zu verlassen. Er muß sich an eine neue Umgebung: das Krankenzimmer, die Mitpatienten, festgelegte Zeiten, die Abfolge von Untersuchungen, gewöhnen. Aufgrund vorgeprägter Einstellungen gegenüber der modernen medizinisch-technischen Ausstattung der Krankenhäuser – mit den Schreckensvisionen der menschenunwürdigen Apparatemedizin – assoziieren Kranke vor ihrer Aufnahme ins Krankenhaus hinsichtlich ihrer „Patientenrolle" Ängste verschiedener Art: Gefühle von „Fremdheit", „Ohnmacht" und „Einsamkeit".[45]

Patienten leiden darunter, daß vor allem ein Teil ihrer „Intimsphäre" verlorengeht. Vom therapeutischen Team und der Krankenhausverwaltung werden eine Menge Fragen gestellt; aber kaum jemand kümmert sich um das persönliche Befinden des Patienten. Der Krankenhausalltag beeinträchtigt die normalen Selbstverständlichkeiten des Tagesablaufs (Kleidung, Essen, Schlafen, Gewohnheiten, Sexualität usw.). Die Veränderung in den sozialen Funktionen und die Einschränkung der Mobilität der Patienten bedeuten für viele eine „psychosoziale Entwurzelung".[46] Der Patient muß sich in einen komplizierten Ablauf untereinander vernetzter Dienste einordnen, der zu seinen Gunsten perfekt organisiert wird.[47]

Je nach Krankheit und Krankenhausaufenthalt haben Patienten mit Mitarbeiterinnen und Mitarbeitern aus den unterschiedlichen Funktionsbereichen Kontakt (u. a. mit Ärzten, Mitarbeiterinnen und Mitarbeitern medizinischer Dienste, Pflegepersonal, Therapeuten, Sozialarbeitern, Seelsorgern, Ernährungsberatern, Reinigungspersonal). Aber diese quantitativ intensiven Kontakte bedeuten keineswegs, daß menschlich zufriedenstellende Begegnungen und Beziehungen zum Patienten entstehen.
Bei Patienten mit einer weniger bedrohlichen Erkrankung und einer kürzeren Verweildauer im Krankenhaus ist das zeitweilige Ausscheiden aus dem gewohnten Lebensbereich nicht allzu belastend. Manche genießen es geradezu, die alltäglichen Verantwortlichkeiten für eine Weile losgeworden zu sein.

Die meisten Menschen erfahren Kranksein als eine zentrale Krise, die ihre gesamte Existenz erfaßt.

7.4.2 Helfende Begegnungen als Grundperspektive

Für Kranke ist ermutigend, wenn sie Beziehungen erleben, die ihr „gesundes" Lebensgefühl verstärken und die Eigenbeteiligung am Krankheitsgeschehen positiv anregen. Insofern besteht eine wichtige Aufgabe der Seelsorgerinnen und Seelsorger darin, diesen Lebensregungen Raum zu verschaffen.

Ein wichtiger Anteil der Seelsorge besteht deshalb in der hilfreich erfahrenen *Kommunikation und Information.*

Die allermeisten Kranken wollen umfassend informiert werden, auch wenn es sich um schlechte Nachrichten (etwa eine Krebsdiagnose) handelt.[48] Eine exakte Information ermöglicht es dem Kranken, ihn verunsichernde Situationen leichter zu bewältigen. Für Mitarbeiterinnen und Mitarbeiter im medizinischen und pflegerischen Bereich sind solche praktische Details selbstverständlich, die der Kranke erst erfahren und kennenlernen muß. Der Kranke soll selbst bestimmen können, für welche Therapiemöglichkeiten er sich entscheidet. Diesem Recht auf Selbstbestimmung des Kranken entsprechen die Möglichkeiten eines ratenden, helfenden Gesprächs. Mit Hilfe von Gesprächen kann der Patient die eigene Entscheidung oft besser treffen.[49]
Insofern tragen Seelsorgerinnen und Seelsorger durch Informationen zum Aufbau hilfreicher Beziehungen bei. Diese Beziehungen werden durch die persönliche Zuwendung in der Bewältigung der Sinnkrise der Krankheit verstärkt.

Eine besondere Herausforderung für die Seelsorge entsteht dadurch, daß Kranke in ernsthaften Krisensituationen, die durch die Krankheit ausgelöst werden, nicht nur *Heilung,* sondern auch *Heil* erwarten. Aus theologischer Sicht wird diese Verbindung von *Heil und Unheil* dadurch bedeutsam, daß noch immer Meinungen verbreitet sind, wonach Krankheit als mit „Schuld" verquickt erlebt wird. Aus diesem Blickwinkel hat die Seelsorge die Chance, im Erleben der Patienten die Zusammenhänge von Krankheit und Schuld systematisch aufzuarbeiten.

Damit ist zugleich die „Wiedergewinnung des Therapeutischen" in der Theologie verbunden, die nach *Biser* in Verbindung der Frage von Heil und Heilung von großer Bedeutung ist.[50]

Je mehr die seelsorgliche Begegnung unter dem „beziehungstheologischen Gesichtspunkt"[51] als menschliche Nähe verwirklicht wird, desto mehr gehört die Bereitschaft des Seelsorgers, mit dem Kranken eine helfende Beziehung einzugehen, als Grundvoraussetzung zur Krankenseelsorge.

In Gesprächen, bei Gottesdiensten und vor allem in der persönlichen Begegnung geht es um jene Zuwendung zum Kranken, die im Sinne der „aufrichtenden und heilenden" Zuwendung Jesu, in seinem „Mit-Sein" mit den Kranken diesen die Zuwendung Gottes signalisiert. Leider kommt es immer wieder vor, daß sich Seelsorger in der Begegnung mit einem Kranken hinter rituellen Vollzügen „verstecken" und – aus der Einstellung, sie müßten dem Kranken etwas *bringen* oder etwas *machen* – bevorzugt liturgische Handlungen anbieten. Zu einer wirklich helfenden und heilenden Begegnung kommt es nur, wenn der Seelsorger dem Kranken offen und unvoreingenommen mit einer großen Intensität der Wahrnehmung begegnet.

In der Praxis ist es gelegentlich schwierig, Gesichtspunkte des seelsorglichen Gesprächs, eines eher gesprächstherapeutischen Vorgehens und die religiöse Deutung krisenhafter Ereignisse voneinander abzugrenzen. Um so wichtiger ist für den Seelsorger die Grundeinstellung, daß er nur mit seiner Person, das heißt auch als *Glaubender*, arbeiten kann. In der seelsorglichen Begegnung „verkörpert" der Seelsorger das Gottesbild vom mitgehenden und begleitenden Gott, der das Rufen, Schreien und Klagen, selbst das Flüstern und die Bitte ohne Worte hört (u. a. Ex 6,5; Dtn 4,7). Für den Seelsorger ist wichtig, auf den Kranken zu hören, weil Gott durch den Kranken zu ihm spricht. Diese Sicht gibt dem Seelsorger die Gewißheit, daß er und der Kranke gleichermaßen in Gottes Erbarmen geborgen sind, daß Gott beim Kranken und bei ihm selbst am Werk ist.

Von einer solchen Praxis der Krankenseelsorge kann die gesamte Seelsorge und Pastoral lernen. In der Pastoral kommt das Zuhören vielfach zu kurz. Immer stehen wir in der Gefahr, Monologe zu halten und Antworten zu geben auf Fragen, die nicht gestellt werden.

Wer Kranke begleitet, braucht Bereitschaft und eine Sicherheit in folgenden Grundhaltungen, die auch einzuüben sind:
– Eine solidarisch-partnerschaftliche Begegnung mit dem Kranken. Begleiter sollen in der Lage sein, ihre eigenen Gefühle wahrzunehmen und zuzulassen, um ganzheitlich auf den Kranken eingehen zu können.
– Offenheit und das Sich-Einlassen auf den Kranken. Sie sind unerläßlich für eine vertrauensvolle Kommunikation.
– Bereitwilligkeit, die Probleme des Kranken mitzutragen, dem Kranken auch in ausweglosen Situationen beizustehen, oft schweigend und durchhaltend.
– Fähigkeit zum Zuhören.

7.4.3 Begleitung der Kranken in der Gemeinde

Für die Begleitung der Kranken in der Gemeinde und durch die Gemeinde ist der Blick auf Jesus Christus entscheidend: Bei ihm war die „Passion" der Höhepunkt und die höchste Form seines „Wirkens". Wenn es der Gemeinde gelingen soll, die Realität von Krankheit, Sterben und Tod in ihr Leben als Gemeinde zu integrieren, steht das Selbstverständnis der Gemeinde, in der Gesunde und Kranke leben, auf dem Prüfstand.

Die Bedeutung der Kranken für die Gemeinde liegt darin, daß sie durch ihre *Passion* und *Passivität*, die die ganze Aktivität des Kranken erfordern, den Gesunden einen Spiegel vorhalten: Zählt nur, was von der Gesellschaft als *Leistung* eingestuft wird?

Durch das Annehmen ihrer Grenzen und Schwächen zeigen die Kranken der Gemeinde, daß das Ja zum Leid, das bewußte Durchschreiten der Krise einen Menschen auch dann noch wertvoll sein läßt, wenn er äußerlich zur Passivität verurteilt ist. In einer Gemeinde, in der sich kranke Menschen angenommen wissen und beheimatet fühlen, darf das in der Gesellschaft verbreitete Leistungsdenken nicht das „heimliche Glaubensbekenntnis" sein. Alle sind letztlich Empfangende und Beschenkte. Der eigentliche Wert des Menschen ist diesem von Gott vorgegeben.[52]

Es ist verhängnisvoll, wenn in den Gemeinden für die Krankenpastoral eine große Zahl von Helfern gewonnen werden, die sich für die Kranken nützlich machen wollen, aber nicht mitfühlen (können), was die Kranken auf ihre Weise ausdrücken. Jede Form der Begleitung eines Menschen fordert beide heraus: den Begleiteten und den Begleiter – in ihrer jeweiligen Freiheit und Eigenverantwortlichkeit.

7.4.4 Sakramente der Kranken

Die Christusbegegnung in der *Eucharistie*, die im *Bußsakrament* geschenkte Versöhnung und die durch die *Krankensalbung* ermöglichte Heilszuversicht gründen in der in Jesus Christus, dem „Ursakrament", sichtbar erschienenen Liebe Gottes. In den einzelnen Sakramenten begegnet Christus dem Kranken als der „Heils- und Lebensmittler" Gottes. Für viele Kranke stehen die Sakramente nicht mehr im Zusammenhang ihrer Lebenspraxis. Deshalb spitzen sich die Fragen der Sakramentenpastoral in der Krankenpastoral zu. Nicht selten löst die Frage nach den Sakramenten Verwirrung und Ängste aus. Die rechte Einstellung ist im Vorfeld durch eine entsprechende Bewußtseinsbildung zu wecken.

Die Krise der Krankheit kann für den Kranken Anlaß werden, Christus in der „Leidensgemeinschaft" als mitgehenden und mitleidenden Gott zu erfahren, so daß die Sakramente *und* „sakramentale Elemente" dem Kranken im Alltag vermitteln, wie sehr ihm Gottes Heil nahe ist und Hilfe bedeuten kann.

1. *Das deutende Gespräch:*

Eine Möglichkeit, aus einer glaubend-verstehenden Sicht auch im Alltag *sakramentale* Elemente zu entdecken, bietet das deutende Gespräch. Die Aussöhnung mit sich und einem verpfuschten Leben, die Versöhnung mit zerstrittenen Angehörigen, die Hand, die eine solche Aussöhnung besiegelt, sind erlebbare Elemente der Umkehr und Versöhnung. Das dankbare Sich-Erinnern an glückhafte Begegnungen, das Geschenk eines tröstlichen Gesprächs können zur Dank-Sagung im Umfeld des „eucharistischen" Preisens werden. Heilende Gesichtspunkte in einem Gespräch können eine Ahnung dafür vermitteln, was der mit der Feier der Krankensalbung verbundene Zuspruch von Heil bewirken kann.

2. *Nicht nur liturgisch-sakramentale Dienste:*

Wie der Arzt muß auch der Seelsorger Begegnung und Begleitung als Grunddimensionen heilenden Handelns neu lernen. Eine Seelsorge, die sich *lediglich* auf die sakramentale Hilfe (durch die Krankenkommunion, die Krankensalbung – leider kommt die Feier der Versöhnung im Bußsakrament noch immer zu kurz) beschränkt, würde beziehungslos neben der Lebenswirklichkeit des Kranken stehen.

Krankenseelsorge darf davon ausgehen, daß in der Begegnung und Begleitung des Kranken immer schon Heil geschieht.

8. Quellen und Zeichen eines heilen Lebens

Das Interesse der folgenden Überlegungen gilt den „fundamentalen Dimensionen der christlichen Sakramente".[1]

In bestimmten *Lebenssituationen* bitten Menschen für sich oder ihre Angehörigen um ein Sakrament. Sie wünschen sich aus diesem Anlaß Hilfe und Beistand für ihr Leben. Die Verflechtung von Sakramenten in die Lebensstationen eines Menschen wird am Beispiel der Eucharistie deutlich.

Im Leben des Menschen gibt es Entwicklungsstufen, von denen jede ihre bleibende Bedeutung und ihr spezifisches Gepräge hat. In diesem Zusammenhang finden Christen im Laufe ihres Lebens einen eigenen Zugang zur Feier der Eucharistie: der Jugendliche anders als das Kind, der Erwachsene wiederum anders als der alternde Mensch. Deshalb ist die Erschließung je neuer Zugänge zur Eucharistie auf den einzelnen Lebensstufen eine wichtige Aufgabe der Sakramentenpastoral.

Theologisch gesprochen sind Menschen auf der Suche nach „Heil", auch wenn sie vordergründig andere Motive nennen. Insofern beinhaltet die Überschrift ein Programm. Inhaltlich geht es um *exemplarische* Perspektiven und Schritte einer lebensbegleitenden Sakramentenpastoral. Die Verbindung zwischen den *Sakramenten* und dem *Leben* soll deutlich machen, daß Christen Gott als den feiern, der ihnen als Grundlage des Lebens Erbarmen, Versöhnung und Frieden schenken will.

8.1 BEGEGNUNG MIT DEM HEILSWIRKEN GOTTES

8.1.1 Zeichen des Handelns Gottes

Durch die feiernde Teilnahme am Sakrament geschieht dort, wo der Mensch sein Leben bejaht und „sich in die Unbegreiflichkeit Gottes ... fallen läßt", die Erscheinung der sich schenkenden Selbstmitteilung Gottes.[2]

In den Sakramenten konkretisiert die Kirche in entscheidenden Lebensereignissen die Zusage von Gottes rettend erbarmender Nähe. In den sakramentalen Zeichen, die aus dem Leben genommen sind, begegnen Menschen dem Geheimnis des Heil wirkenden Gottes. Eine am „ungeteilten Leben" orientierte Pastoral wird deshalb besonders auf die sakramentale Dimension im Leben achten, die dazu beitragen kann, daß Menschen die Erfahrung der Nähe Gottes machen können.

Gotteserfahrungen sind ein Geschenk, dem sich der Mensch nur öffnen kann. Eine solche Erfahrung läßt sich nicht erzwingen.

8.1.2 Jesus Christus: Ursakrament der göttlichen Zuwendung

In Jesus Christus hat Gott das Heil der Menschen gewirkt, so daß Jesus Christus selbst das Ur-Sakrament der Zuwendung Gottes ist.

Jesus Christus lebte ganz aus dem Willen seines Vaters. An ihm kann die Liebe des Vaters zu uns erkannt werden. Der erste Johannesbrief beginnt mit dem Zeugnis: „Was wir mit unseren Augen gesehen, was wir geschaut und mit unseren Händen angefaßt haben, das verkünden wir: das Wort des Lebens" (1,1). Durch seinen Sohn gibt sich Gott in unser dem Tod verfallenes Leben. In Jesus Christus ist die schöpferische Kraft Gottes so gegenwärtig, daß wir durch sie neu zum Leben kommen.[3] Eine solche Erfahrung kann sich bei der Feier eines Sakraments einstellen. Jesus Christus schenkt in den Sakramenten seine Liebe.

Darauf weist u. a. die johanneische Erzählung von der Erscheinung des Auferstandenen am Seeufer nach dem vergeblichen Fischfang hin. Der geheimnisvolle Fremde am Ufer fordert die Fischer auf, ihre Netze noch einmal auszuwerfen. Der Fang wird so überreich, daß ihn die Fischer für ein Wunder halten. Aus dem Herzen des Lieblingsjüngers kommt der Ruf: „Es ist der Herr!" (Joh 21,7)[4]

8.1.3 Die Kirche: Grundsakrament des geheiligten Lebens

Die Gemeinschaft der Kirche ist das Zeichen, das Christus erfahrbar machen soll. Deshalb wird die Kirche „Grundsakrament" genannt. Sie ist Zeichen und Werkzeug für die innigste Vereinigung mit Gott wie für die Einheit der ganzen Menschheit (Kirchenkonstitution des II. Vatikanums Nr. 1).

Jesus Christus gab den Jüngern seinen Geist und den Auftrag, sichtbar zu machen, wie Gott unter den Menschen da ist: heilend und erneuernd, vergebend und Leben schenkend. Daraus ergeben sich zwei entscheidende Konsequenzen:

– Kirche ist nur dann Sakrament, wenn sie sich für das Wirken Gottes offenhält. Daraus stellt sich für die ständige Erneuerung der Kirche die Frage: Wird durch uns – die Kirche in unseren Gemeinden und ihren Gruppen – in der Welt sichtbar, daß Gott Heil unter den Menschen wirkt? „Wird durch unseren Umgang mit Kranken und Sündern, mit Schwachen und Zweifelnden, mit Reichen und Armen, mit Alten und Jungen Gottes Erbarmen greifbar?"[5]

– Bei allen Schwierigkeiten im Vollzug der Sakramente gilt: Weil die Sakramente „Zeichen der Kirche sind, haben sie auch Anteil an deren öffentlichen Auftrag. Kein Sakrament soll daher unter prinzipiellem Ausschluß der (wenigstens kirchlichen) Öffentlichkeit gefeiert werden. Die Sakramente gehören zu den Grundvorgängen der christlichen Gemeinde. Sie sind keine rein privat-religiösen Übungen, wie etwa eine häusliche Adventsandacht. Daher entspricht es auch nicht dem Sinn der Sakramente, sie – abgesehen von Notfällen – in kleinstem Kreis zu feiern. Das gilt von der Eheschließung ebenso wie von der Taufe, von der Krankensalbung ebenso wie vom Bußsakrament."[6]

8.2 SAKRAMENTE IM LEBENSZUSAMMENHANG

8.2.1 Krise der Sakramentenpastoral

Die traditionelle Sakramentenpastoral steckt in einer Krise. Praktiker, die unter der Erfolgslosigkeit ihrer Bemühungen leiden und verunsichert sind, fragen: Wie soll es mit der Sakramentenpastoral weitergehen?

Nicht wenige machen sich Sorgen um die Identität der Kirche, die mit ihrem Charakter als Grundsakrament zusammenhängt. Sie fragen: Dürfen wir Sakramente weiterhin „verschleudern"? Die eigentliche Krise ist durch das Auseinanderfallen von Glaube und Sakrament markiert. Wir haben es mit einem großen Prozentsatz von Christen zu tun, die zwar getauft sind, ohne sich jedoch jemals ernsthaft für den Glauben geöffnet und interessiert zu haben. Um zum Glauben zu kommen, müssen die Menschen die religiöse Dimension ihres Lebens entdecken. In vielen Fällen müssen wir zunächst wieder den Sinn für Gott erschließen: Gott wirkt im Alltag, in den Lebensereignissen, um das Leben durch das rettende Geschenk seines Erbarmens heil zu machen.

In diesem Zusammenhang spielt der Zeichencharakter der Sakramente eine Rolle. Die Sakramente zeigen das von Gott geschenkte Heil an. Fehlt ein Gespür für die religiöse Dimension des Lebens, ist es schwer, den Zeichencharakter der Sakramente zu erschließen.

Durch die Praxis des alltäglichen Lebens ist es zu einer Entfremdung zwischen dem sakramentalen und dem alltäglichen Leben vieler Menschen gekommen. Diese Entfremdung drückt sich vor allem in der zunehmenden Privatisierung der Sakramente aus. Wird der einzelne Christ in seinem Lebensvollzug nicht mehr von einer glaubenden Gemeinschaft getragen, wird die Feier des Sakraments zu einer unverbindlichen Angelegenheit.

8.2.2 Der Wunsch nach Sakramenten und Sakramentalien

Bei vielen Gemeindemitgliedern, die ein Kind zur Taufe anmelden, kirchlich getraut werden wollen oder die Beerdigung eines Angehörigen anmelden, spielt der Wunsch nach einer dem Leben angemessenen „Feier" eine Rolle.

Wer die Praxis der Sakramentenpastoral kennt, weiß, daß viele bei dieser Gelegenheit eine gewisse „Feierlichkeit" erwarten. Menschen stehen vor wichtigen Einschnitten ihrer Lebensgeschichte: etwa bei einer unheilbaren Krankheit, bei erlittenem Leid oder bei unerfüllten Wünschen im Zusammenhang der persönlichen Lebensplanung. Sie leiden unter der *Brüchigkeit* des Lebens. In ihnen erwacht eine tiefe Sehnsucht nach Bleibendem und Ganzem. Damit verbunden ist der Wunsch nach einer entsprechenden „Darstellung" dieses Verlangens.

Der Wunsch nach Sakramenten – anläßlich bestimmter Lebensereignisse – spiegelt die genannten Sehnsüchte. Insofern bietet das Leben selbst Zugänge zum Verstehen und zum Umgang mit Riten, Gesten, Symbolen und Feiern, auch wenn manches von dieser Zeichensprache der Sakramente unverständlich bleibt. Die Bitte um ein Sakrament darf deshalb nicht mit dem Argument *unlauterer Motive* abgetan werden. Im Alltag der Pastoral werden solche Motive freilich häufig als „unchristlich", ja „ungläubig" abqualifiziert – und das zu Unrecht.

8.2.3 Sakramente als Wegmarkierungen

Sakramente sind Manifestationen des wirksamen Heilshandelns Gottes in Jesus Christus. Insofern sind die Sakramente vor allem Hinweiszeichen, Wegmarkierungen und nicht Endstationen.

Wenn die Kirche an Kristallisationspunkten des Lebens (u. a. Geburt, Heirat und Tod) im Sinne Jesu Heil vermitteln will, ist sein Verhalten das bleibende Richtmaß für die Sakramentenpastoral.[7] Jesus hat Menschen geheilt, die an ihn glaubten. Er hat auch an jenen heilende Zeichen vollzogen, die ihn nicht unmittelbar darum gebeten haben. Er selbst hat die Initiative ergriffen. „Willst du gesund werden?" fragt er den Gelähmten am Teich Betesda (Joh 5,6). Er heilt ihn, selbst wenn der Kranke zunächst nicht begreift, wer Jesus ist. Erst anschließend kommt es zur entscheidenden Begegnung mit Jesus. Menschen bringen einen Blinden zu Jesus und bitten ihn, ihn zu „berühren" (Mk 8,22). Diese Berührung und Begegnung mit Jesus führt Menschen zum Glauben.

Für die bisherige Sakramentenpastoral war und ist es wichtig, festzustellen, welcher Glaube beim Empfänger eines Sakraments vorhanden ist – ganz im Sinn festgelegter Kriterien einer „Beurteilungspastoral". Von der Gesinnung und der Praxis Jesu her sind wir legitimiert, dem Heilsverlangen der Menschen mehr zuzutrauen. Aus der Sicht neutestamentlicher Zeugnisse ergeben sich Konsequenzen für einen *gestuften Glaubensweg* – konkret für eine „katechumenale" Praxis.

Für eine *erneuerte Sakramentenpastoral* ist der Gesichtspunkt der „Wegbegleitung" durch die Verlebendigung katechumenaler Wege im bewußten Miteinander in den Gemeinden und Gemeinschaften als „Weggemeinschaft im Glauben" wichtig. In diesem Sinne soll aus dem Anliegen der *Evangelisierung* einer zu übereilten *Sakramentenspendung* das Wort vom Frieden und Heil, das Gott im Leben der Menschen wirkt, vorangehen.

8.2.4 Gelebte und geglaubte Sakramente

Die Lebenspraxis vieler steht mit dem überkommenen Glauben nicht mehr in Verbindung. Der Glaube findet im Leben, nicht zuletzt im Leben der Gesellschaft, keinen Widerhall (mehr) – wenigstens nicht in dem Sinn, wie er von seiten der Kirche festgehalten wurde und wird.

Nach der Lehre von den Sakramenten zeigen diese an, verheißen und bewirken, was sich Menschen wünschen und ersehnen, z. B. ein Leben in einer lebensfördernden Gemeinschaft (das Anliegen von *Taufe* und *Eucharistie*); ein versöhntes Leben nach persönlichem Versagen und persönlicher Schuld (der Kern des *Bußsakraments*); Sehnsucht nach gelingenden Beziehungen und glückender Treue (das Leitmotiv vieler bei der *Ehe*); Ernstgenommenwerden als junge Erwachsene und Verantwortung übertragen bekommen und wahrnehmen – auch im Bereich von Kirche (ein zentraler Aspekt der *Firmung*); Hoffnung in der Krise der Krankheit (ein Gesichtspunkt der *Krankensalbung*).

Nach den Wunderberichten der Evangelien hat Jesus den Menschen seine Hilfe nie *aufgedrängt*. So hat er z. B. die syrophönizische Frau, die ihn um die Heilung ihrer Tochter bat (Mk 7,24–30), zunächst sogar abgewiesen mit dem Hinweis, daß er nicht für jeden und jedes zuständig ist. Jesus hat in seinem Wirken eindeutig *Grenzen* wahrgenommen und eingehalten. („Es ist nicht recht, das Brot den Kindern wegzunehmen und den Hunden vorzuwerfen" [ebd. 7,27].) Aber gerade damit hat Jesus der Frau zum Heil für sich und ihre Tochter verholfen.

Der pastorale Umgang der Kirche mit Heilsuchenden von heute unterscheidet sich grundlegend von dieser Praxis Jesu. Einerseits werden Menschen „Heilszeichen" (Sakramente), nach denen sie kein Verlangen haben und die sie auch nicht zu brauchen meinen, nahegelegt – wenn nicht geradezu „aufgedrängt".

Solche Erfahrungen bewirken bei vielen – vor allem jungen Menschen –, daß sie der Kirche immer weniger zutrauen. Sie erwarten von ihr auf keinen Fall Heil im umfassenden Sinn. In Gesprächen stoßen wir immer wieder auf das Bedürfnis, über eigenes Versagen, auch über eigene Schuld sprechen zu können. In den seltensten Fällen lassen sich Menschen jedoch davon überzeugen, daß das Bußsakrament dafür ein angemessener Ort sein kann. In den Gesprächen wird auf Erfahrungen verwiesen, die einzelne mit der Beichte gemacht haben. Solche Erfahrungen sind teilweise eher krankmachend als heilend. Auch die – zum Teil intensive – Bußkatechese der vergangenen Jahre konnte hier grundsätzlich nichts verändern. Nach der Feier des Firmsakramentes erleben Firmlinge nicht selten, daß Versprechungen, die bei der Firmvorbereitung gemacht wurden, z. B. die Gemeinde nehme die jungen Menschen als junge Erwachsene ernst, häufig nicht eingehalten werden.

Bei einer großen Zahl von Menschen kann keine intensive Beziehung zum Glauben vorausgesetzt werden. Sie machen jedoch ständig intensive Erfahrungen mit dem Leben, mit vielgestaltigen Formen menschlicher Not. Diese Nöte verlangen nach Hilfe. Zum selbstverständlichen diakonischen Dienst einer Gemeinde sollten neben der Betreuung Schwerkranker und der Pflege von Behinderten die Sorge um Flüchtlinge und Asylanten gehören. Auf dem Hintergrund einer solchen „prosozialen Grundeinstellung" gewinnt eine lebensfördernde Sakramentenpastoral eine neue Dimension.

8.2.5 Rechtliche Bestimmungen

In mannigfachen Varianten erleben Menschen, daß Sakramente nach wie vor eher „verwaltet" werden, häufig unter kirchenrechtlichen Aspekten.[8]

Wer sich an entsprechende kirchenrechtliche Bestimmungen vor dem Empfang der Sakramente hält (dies gilt besonders für das Ehesakrament), muß zuerst *prüfen*, ob die Voraussetzungen und Bedingungen für den Empfang der Sakramente gewährleistet sind. Auf solche Weise können Sakramente kaum als für das Leben hilfreich und heilbringend erfahren werden.

Nach wie vor sind die Eltern nach dem Kirchenrecht dazu „verpflichtet, dafür zu sorgen, daß ihre Kinder innerhalb der ersten Wochen getauft werden; möglichst bald nach der Geburt" (CIC, Can. 867). Unter Getauften gibt es „keinen gültigen Ehevertrag, ohne daß er zugleich Sakrament ist" (ebd., Can. 1055, 2). Auf der anderen Seite werden sie bei den genannten Sakramenten Taufe und Eheschließung mit Forderungen konfrontiert, denen sie von sich aus u. U. nicht gerecht werden können; es sei denn, sie verschleiern ihre Interessen und tun alles, was der Pfarrer verlangt, nur damit er das Kind tauft oder der Ehe assistiert.

Die Situation vieler Menschen, die ein Sakrament wünschen, gleicht derjenigen der Frau im erwähnten Abschnitt aus dem Markusevangelium (Mk 7,24–30). Sie kommt mit der Bitte um Heilung ihrer Tochter zu Jesus. Diese Bitte bleibt nicht vergebens. Jesus befreit ihre Tochter vom Dämon. Von der Kirche entfernen sich Menschen immer wieder jedoch nicht nur *ungeheilt*, sondern auch *ungetröstet*. Der Glaube daran, daß Gott im Menschen wirkt, bevor die Kirche tätig werden kann, wird weitgehend entweder durch eine zu *rigorose* oder eine zu *laxe* Praxis verdunkelt. Der Unterschied zum Handeln Jesu fällt ins Auge. Menschen erleben, daß die Sakramente in ihren Lebenssituationen nicht halten, was ihnen bei der Vorbereitung in der hinführenden Katechese versprochen wurde.

8.2.6 Offene und verdeckte Ängste

Ein zentrales Problem der Sakramentenpastoral liegt in dem in der Kirche selbst vorhandenen Glauben bzw. Unglauben. Dafür gibt es vielfältige Gründe, vor allem weitverbreitete Ängste.

Gott hat der Kirche, damit besonders den bevollmächtigten Seelsorgern, aufgetragen: „Heilt die Kranken ... und sagt den Leuten: Das Reich Gottes ist euch nahe" (Lk 10,9).

Seelsorger sprechen in jüngster Zeit immer wieder von der Angst, sie könnten Sakramente unwürdig feiern, d. h. sie „den Hunden vorwerfen" (Mk 7,27). Es gibt auch die Angst, Seelsorger könnten jemand durch die Verweigerung eines Sakramentes den Weg zum Heil versperren. Beide Ängste weisen von ihrer Wurzel her auf den Unglauben von *Verängstigten* hin. Es gibt auch die Angst davor, mit Menschen in eine Konfliktsituation einzutreten.

Wenn die Wirkung eines Sakramentes – auch nach traditioneller kirchlicher Lehre – nicht vom „Gnadenstand" des Spenders abhängt, darf die menschliche Erfahrbarkeit und Zugänglichkeit des Heils nicht an den „Verwaltern" der Sakramente scheitern. Das Problem eines mangelnden Glaubens gilt auch für Seelsorger, die ihre Vollmacht dazu mißbrauchen, anläßlich der Sakramentenpastoral ihre eigenen Vorstellungen vom Christsein durchsetzen zu wollen.

8.2.7 Religiöse Sprachlosigkeit

Bei vielen Gemeindemitgliedern finden wir eine große Sprachlosigkeit, wenn es darum geht, ihr persönliches Erleben und den Grund ihres Glaubens in Worte zu fassen.

Die Glaubensvermittlung geschieht vielfach zu abstrakt. Lebensnahe Erlebnisse sind kaum anzutreffen. Junge Menschen suchen Heil verheißende Erfahrungen in vielen Bereichen: im Erleben der Musik, in persönlichen Beziehungen, im Sport, im Erleben von Gemeinschaft. Eine am Leben der Menschen orientierte *Glaubenssprache* wurde und wird nicht oder nur ansatzweise entwickelt. Das rechte Sprechen über Gott und den Glauben ist für viele zu einem Prüfstein der Glaubwürdigkeit der Verkündigung geworden. Damit verbundene Probleme werden im Raum bzw. im Vorfeld der Sakramente besonders deutlich empfunden. Wer im Sinne Jesu handeln will, wird Menschen helfen, ihr Leben zur Sprache zu bringen. Zugleich wird er eine Sprache suchen, die sowohl das Leben als auch den Glauben transparent machen kann.

8.3 HEILBRINGENDE SAKRAMENTE ALS GRUNDSYMBOLE DES LEBENS

8.3.1 Grundsituationen des Lebens

Sakramente sind Handlungen, Zeichen der Kirche, bei denen der einzelne an „Knotenpunkten menschlicher Existenz"[9]*, in entscheidenden Situationen seines Lebens, erfährt, daß Gott da ist.*

„Von jeher stellt sich dem Menschen an den wichtigen Stationen seines Lebens mit besonderer Eindringlichkeit die Frage nach dem Sinn des Lebens. Lebensvorgänge von besonderer Bedeutung wie: Geburt, Eintritt in die bewußte und entschiedene Auseinandersetzung mit Umwelt und Gesellschaft, Eheschließung, Schuld, schwere Krankheit und Tod, lassen ihn danach fragen, was hinter diesem Geschehen steht, woher sein Leben kommt und wohin es führt. Eine eigene Deutung und Bestimmung solcher Situationen gibt der christliche Glaube in den Sakramenten. Hier werden die zentralen Lebensfragen des Menschen aufgegriffen und finden Antwort und Hilfe zu ihrer Bewältigung in der Begegnung mit Christus, die Heil bewirkt."[10] Jedes einzelne Sakrament läßt das von Christus geschenkte Leben in seiner besonderen Bedeutung aufleuchten und bezeugt damit die Treue der göttlichen Zuwendung zum Menschen.

In den Sakramenten begegnen wir im Verlauf unseres Lebens der sich allen mitteilenden und alle mit sich versöhnenden Liebe Gottes, die uns zum wahren Leben führen will. Die Sakramente sind Zeichen, in denen uns diese Liebe bereits jetzt entgegenkommt.

8.3.2 Angemessene Wege der Sakramentenpastoral

Die Seelsorge muß sich am Leben der Menschen, am einzelnen und an Gruppen, orientieren und weniger an bestimmten Zeiten und Terminen. In der Praxis der Sakramentenpastoral sollen angemessene Wege gesucht und begangen werden.

Die in den Lebensvollzug einbezogene Tradierung des Glaubens durch christlich geprägte Familien und eine christlich orientierte Gesellschaft führt offensichtlich nicht mehr zum Erfolg. Die Sakramente werden im Lebensumfeld der Menschen nicht mehr vom gläubigen Vollzug, von einer gläubigen Lebenspraxis und einem entsprechenden Glaubenswissen gestützt.

In der Praxis gibt es folgende Krisensymptome:

– Ein magisch-mythisches Verständnis der Sakramente, häufig verbunden mit einer „Spendung um jeden Preis"; diese Auffassung fördert die Gefahr einer routinierten Praxis.

– Menschen vertrauen aufgrund vorhandener Urängste vor dem Einfluß anonymer Mächte auf die Selbstwirksamkeit der Sakramente.

– Spannungen zwischen der bisherigen volkskirchlichen Praxis und den Ansprüchen einer am Ideal der „Gemeindekirche" orientierten Sakramentenpastoral lassen sich nicht leicht bewältigen.

– So wirft die *jahrgangsweise* Hinführung zu den Sakramenten eine Reihe von Fragen auf.

U. U. wird durch Versuche, zu retten, was noch zu retten ist, die sakramentale Praxis in einzelnen Fällen noch stärker nivelliert. Dazu kommt, daß nicht alle die enge Tuchfühlung mit konkreten Menschen in realen Gemeinschaften und Gemeinden schätzen. Andererseits leben und praktizieren einzelne und Gruppen vieles, das auch für die Sakramentenpastoral auf angemessene Wege hindeutet – etwa in Formen der Begleitung von Trauernden, bei Versuchen, im Sinne der Gemeinde der Apostelgeschichte nicht nur gemeinsam Gottesdienst zu feiern, sondern auch das Leben zu teilen (Apg 2,46f. u. 4,32–35).

Manche Eltern wollen die Vorbereitung auf die einzelnen Sakramente – nicht selten unter Hinweis auf die bezahlte Kirchensteuer – „als Leistung der Pfarrgemeinde" in Anspruch nehmen. Diese Eltern überlassen ihre Kinder der Gemeinde wie einem Sportverein, einer Theatergruppe oder einer Musikschule. Sie kommen in diesen Fällen gern zu einem Fest; aber sie werden nie selbst ihren Kindern vorspielen oder vorturnen. „Sie kommen zu einer Theateraufführung und freuen sich, wenn ihre Kinder mitspielen, aber sie denken nicht daran, sich selbst auf die Bühne zu begeben. Manche Eltern, die ihr Kind zur Taufe anmelden, erklären ganz offen: Wir beteiligen uns selbst nicht am kirchlichen Leben und werden auch das Kind selbst nicht religiös erziehen. Wir haben jedoch nichts dagegen, wenn unser Kind in den Religionsunterricht gehen wird, zur Erstbeichte und Erstkommunion geführt wird und sich einmal am kirchlichen Leben beteiligt."[11]

Besonders heikel wird das Problem, wenn sich Eltern auf einen solchen Standpunkt stellen, die aus der Kirche ausgetreten sind. (Das Problem spitzt sich zu, wenn es sich um einen Elternteil handelt.) Auch sie beantworten die entsprechenden Fragen im Taufritus nach der Bereitschaft, die Kinder im Glauben zu erziehen, u. U. einfach mit „Ja". Manche Eltern wehren sich dagegen, wenn bei der Vorbereitung und Deutung des Sakramentes eine bestimmte, von ihnen eng gezogene Grenze überschritten wird. Manche können sehr heftig werden, wenn die Vorbereitung und Feier eines Sakramentes bei ihnen selbst zu einer *Lebensänderung* führen soll, „und sei es auch nur, daß ihre Kinder nach der Erstkommunion oder Firmung sonntags zur Kirche gehen wollen".[12]

8.3.3 Eingehen auf Lebens- und Glaubensgeschichten

Da sich Gottes Heilswirken im Leben ereignet und ereignen will, soll der Zusammenhang von Leben und Glauben auf dem Hintergrund persönlicher Erfahrungen gesehen und gedeutet werden. Menschen sind auf die Erfahrungen anderer, die glauben, angewiesen. Das Leben aus dem Glauben ist beispielgebend zu gestalten; es läßt sich nicht durch Belehrung herbeiargumentieren.

Das hat Konsequenzen für die Persönlichkeit der Seelsorgerin und des Seelsorgers: Das Eingehen auf die Sehnsucht der Menschen nach Heil setzt voraus, daß Seelsorger bemüht sind, ihre eigene Lebens- und Glaubensgeschichte zu kennen und fortzuschreiben und zugleich die Lebens- und Glaubensgeschichten der Menschen kennenzulernen und die einzelnen ein Stück ihres Lebensweges zu begleiten. In alltäglichen Lebensvollzügen sollen diese Erfahrungen mit dem Glauben machen können. Das ist möglich, wenn der Alltag auf seine Deutung hin offen bleibt. Es braucht kompetente Zeugen, die dem einzelnen und der Gemeinschaft vorleben, wie Glauben heute gelebt werden kann. Begleiter auf dem Glaubensweg sollen etwas vom Leben verstehen.

Teilhard de *Chardin* schreibt in einem Brief: „Im Gegensatz zu dem, was man normalerweise hört, ist es weniger die Moral des Evangeliums ..., die das Christentum modern macht. Das Progressivste und für unsere Zeit am wichtigsten ist sein Personalismus ..."[13]

So sehr Sakramente Zeichen der Menschenfreundlichkeit Gottes sind und das pastorale Handeln unter der Sendung steht, Menschen das Heil Gottes konkret erfahrbar werden zu lassen, ist die Situation der einzelnen, die um ein Sakrament bitten, zu verschieden, als daß man heute mit einer *generell gültigen Praxis* allen verschiedenen Ausgangssituationen gerecht werden könnte. Menschen, die in der sakramentalen Feier ihre Lebensgeschichte ausdrücklich machen wollen, bringen ihre unterschiedliche Lebensgeschichte und die sich daraus ergebenden Fragen, Erfahrungen und Probleme mit. Es gilt, Modelle für eine differenzierte Praxis zu erarbeiten. Die Sakramentenpastoral muß Rücksicht nehmen auf die unterschiedlichen Lebens- und Glaubenssituationen der Menschen. Aus der Situation der *Pastoral im Übergang* sollen wenig weiterführende Fixierungen auf eine bestimmte Praxis – z. B. die Festlegung auf genau umschriebene Altersstufen – zugunsten einer Pastoral der Lebensbegleitung überprüft und u. U. modifiziert werden.

Je differenzierter die Erwartungen einzelner Christen an die Sakramentenpastoral sind – in vielen Fällen geht es nicht um das Sakrament im Sinne der Kirche, sondern eher um die Überhöhung eines Familienfestes – desto deutlicher wird die Kluft zwischen den Vorerfahrungen und Erwartungen der Menschen und dem Ideal einer Sakramentenpastoral, deren Ausgangspunkt und Hintergrund der *sakramentale Grundcharakter* der Kirche ist: Kirche als das Grundsakrament.

Einerseits vermag die Liturgie Hoffnungen, Sorgen und Ängste der Menschen kaum noch zu erreichen und aufzugreifen; andererseits prägen die sakramentalen Vollzüge das Leben zu wenig – besonders im Zusammenhang der Lebensereignisse Geburt, Hochzeit und Tod, die nach wie vor zu den besonderen Anlässen zählen, aus denen Menschen um ein Sakrament bitten.

Aus der Perspektive einer lebensgeschichtlich orientierten Pastoral gibt es unterschiedliche Zugangswege zu den Sakramenten:

– Wir brauchen eine Praxis, die auf die unterschiedliche Lebens- und Glaubenssituation der Menschen (konkret der Kinder und Jugendlichen bzw. deren Familien bei den Initiationssakramenten) eingeht. Jede Fixierung auf ein bestimmtes Alter hat leicht „einen gewissen ideologischen Charakter".[14]

– Zur Sakramentenpastoral gehört ein gestufter Prozeß: Wir sollen „Verständnis dafür wecken, daß es Lebenssituationen und -umstände gibt, in denen es ehrlicher ist, wenn Christen am Gemeindeleben und besonders an der Eucharistiefeier teilnehmen, aber nicht zur Kommunion gehen".[15] Manche schlagen auch eine Segnungsfeier des neugeborenen Kindes anstelle der Taufe vor.

– Die Sakramentenpastoral wird bei der persönlichen Lebensgeschichte und den Lebensereignissen ansetzen und aufzeigen, wie Gott im Leben eines Menschen bisher schon verborgen am Wirken ist und wie die Sakramente dieses verborgene Wirken aufgreifen, deuten und vertiefen.

8.3.4 Glauben entdecken helfen

Seelsorgerinnen und Seelsorger sollen den Glauben „entdecken helfen, ihn stärken und zur Reife führen" (Johannes Paul II., Familiaris consortio Nr. 68). Sie sind nicht zu „Richtern" über den Glauben bestellt.

In der Hinführung zu den Sakramenten gestaltet sich der Glaubensweg *prozeßhaft*. Im Apostolischen Schreiben „Evangelii nuntiandi" (Nr. 21–24) ist vom „Stufenweg" des Glaubenlernens die Rede (vgl. Kap. 4). Papst *Johannes Paul II.* spricht in seinem Apostolischen Schreiben „Familiaris consortio" von den „verschiedenen Graden", die der Glaube aufweisen kann. Auch in diesem Zusammenhang wird von einem „stufenweisen Wachstum" des Glaubens gesprochen (Nr. 9 u. 68). Wir müssen davon ausgehen, daß ausdrückliche Formen und Weisen des Glaubens zunächst nicht vorhanden sind bzw. als solche direkt zurückgewiesen werden. Es gilt, ein Gespür für den oft nur *anfanghaften* Glauben zu entwickeln. Im Gespräch sollen Menschen dafür sensibilisiert werden, daß sie im Leben religiöse Erfahrungen (Gotteserfahrungen) machen, die dann im Sinne einer *mystagogischen Pastoral* gedeutet werden können.

Die Seelsorgerin, der Seelsorger, die ihren persönlichen Glauben einbringen, sollen bereit sein, ihren eigenen Glauben anfragen zu lassen. Darüber hinaus ist es hilfreich, wenn sie auf Personen und Orte verweisen können, wo Glauben, so weit das möglich ist, erfahrbar wird und erlebt werden kann, wenn auch nur fragmentarisch. Es braucht katechumenale Wege, aber mindestens genauso eine lebendige Gemeinschaft von Christen, die schon glauben.

8.3.5 Einweisen in das Geheimnis Gottes

In der mystagogischen Pastoral geht es um die Einführung in das christliche Leben. Diese Einführung geschieht nicht in erster Linie durch Vermittlung von Informationen, sondern durch Anleitung und kontinuierliche Begleitung.

In der altchristlichen Theologie ist „Mystagogie" der Begriff für die katechetisch-liturgische Hinführung der Neugetauften zur sakramentalen Begegnung mit dem Geheimnis Gottes. Wer sein Leben von Gott her deutet, erlebt dieses anders. Glaube ist dann nicht etwas neben dem Alltag, sondern eine bestimmte Sichtweise der jeweiligen Ereignisse. Wer sein Leben so zu deuten versucht, daß Gott darin schon immer am Werk ist, wird offen für Unvorhergesehenes und kann versuchen, zu entdecken, was der Herr ihm damit sagen will.

Solche Begegnungen mit dem Geheimnis Gottes können durchaus mit dem Adjektiv „mystisch" charakterisiert werden.[16] In diesem Zusammenhang bezeichnet der Ausdruck „Mystik" aus der Mitte der eigenen Existenz kommende Gotteserfahrungen, die ein Mensch selbst erlebt (hat).

Im Sinne von Karl *Rahner* führt die Mystagogie „Menschen ein in jenes Geheimnis, welches ihr Leben immer schon ist, nämlich Gottes Liebesgeschichte mit uns".[17] So bringt die mystagogische Pastoral diese Geschichte voran. Menschen wagen es, sich Gott zu überlassen und sich dem Du Gottes hinzuwenden. Damit gewinnt ihr Leben von dieser Mitte her Sinn und Harmonie. Den Menschen soll „ein ausdrücklicher Zugang zu der Tiefe ihrer eigenen Existenz, in der sich Gott immer schon mitgeteilt hat und sich der Freiheit des Menschen anbietet"[18], eröffnet werden. Nach Karl *Rahner* ist Gottes Heilswillen so mächtig, daß er im Leben jedes einzelnen wirksam ist, lange bevor die Kirche tätig wird.[19] Von daher ist zuerst „eine Mystagogie (wenn man so sagen darf) der Mystik des Alltags ... notwendig; es ist zu zeigen, daß da der, den wir Gott nennen, als unendliches Angebot, als schweigende Liebe, als absolute Zukunft immer schon da ist, ja sogar immer schon angenommen ist, wo ein Mensch in der Treue zu seinem Gewissen die Kerkermauern seines Egoismus durchbrochen hat, ... daß der Gottesdienst die ausdrückliche Feier der göttlichen Tiefe ihres Alltages ist".[20]

Karl Rahner, geboren am 5. März 1904 in Freiburg i. Br., trat 1922 in den Jesuitenorden ein. Nach der Priesterweihe 1932 folgten u. a. philosophische Spezialstudien bei Martin Heidegger, 1936 die Promotion zum Dr. theol. und ein Jahr später die Habilitation für kath. Dogmatik. Da Rahner während des Krieges Vorlesungsverbot hatte, war er in München und Wien in der Seelsorge tätig (u. a. im Rahmen der Aktivitäten des Wiener Seelsorgeamtes). 1949 wurde er zum Professor für Dogmatik an der Universität Innsbruck ernannt. Von 1964 bis 1967 war er Inhaber des Lehrstuhls für christliche Weltanschauung und Religionsphilosophie in München, dann folgte er einem Ruf als Ordinarius für Dogmatik und Dogmengeschichte an die Universität Münster i. W. Rahner war Peritus des Zweiten Vatikanischen Konzils, bis 1972 Mitglied der Internationalen Theologenkommission. Er konnte auf eine weitgespannte schriftstellerische Tätigkeit als Herausgeber und Verfasser zahlreicher Aufsätze und Bücher (bis zu seinem Tod am 30. März 1984 über 3000 Veröffentlichungen) zurückblicken.
Der Sinn für pastorale Fragen gehörte von Anfang an in Rahners theologischen Horizont. Die „praktische Ausrichtung" seiner Theologie ist keine nachträgliche „Anwendung" einer vorausgesetzten Theologie, sondern erwächst aus der intensiven Begegnung von „Theorie" und „Praxis". Es ist nur folgerichtig, daß sich Rahner im Zusammenhang der wissenschaftlichen Theologie immer wieder um Probleme der Pastoraltheologie kümmerte. Der Sammelband „Sendung und Gnade" (Innsbruck 1959, Untertitel: Beiträge zur Pastoraltheologie) ist dafür ein eindrucksvolles Zeugnis. Pastoraltheologie ist für Rahner nicht in erster Linie eine Beschäftigung mit Fragen der Psychologie, Pädagogik und Soziologie, sondern mit Theologie. Deshalb wird nur jener der Aufgabe der Pastoraltheologie gerecht, der aus Leidenschaft für den unbegreiflichen Gott und aus der Verwiesenheit auf das letzte Geheimnis Antworten zu geben versucht auf die tiefsten und nächstliegenden Fragen der Menschen. Das 1964–1969 erschienene fünfbändige „Handbuch der Pastoraltheologie" (Freiburg–Basel–Wien) wendet sich an die Kirche als ganze inmitten der heutigen Welt und damit an alle Christen als Träger der Heilssendung.

Es ist nicht Sache der Kirche, das Heil in das Leben zu „importieren", sondern vermittelnd zu deuten und sichtbar zu machen, worin Gottes Heil gründet und wie er Menschen führt. Diese mystagogische Aufgabe verweist auf den Lebenszusammenhang und setzt Respekt vor der Vielfalt und Einmaligkeit des Lebens voraus. Es geht darum, diese Vielfalt zu sehen und sie als Schatz zu heben. Aus dieser Sicht ergeben sich Anforderungen an die geistlich-kommunikative Kompetenz der Mitarbeiter in einer mystagogischen Pastoral.

Für eine solche mystagogische Pastoral ist es wichtig:

– Durch die persönliche Verwurzelung im Glauben alles Routinierte und Ritualistische zu vermeiden.

– Eine solche Vermeidung und Überwindung geschieht aufgrund der eigenen Glaubenstiefe besonders in verstehenden Begegnungen.

– Voraussetzung dafür ist die Beachtung des persönlichen Lebenskontextes und der Glaubenssituation der Betroffenen.

– Erforderlich ist eine Haltung des Helfens, Begleitens und Ratens, um durch die Weggefährtenschaft die Wirklichkeit des in den Sakramenten handelnden, heilschaffenden Gottes transparent machen zu können.

8.3.6 Verbindung von Leben und Liturgie[21]

Die Feier der Sakramente ist längst nicht mehr für alle selbstverständlich. Viele stellen die Frage: „Was gibt mir die Feier für mein Leben?", an die erste Stelle ihrer Entscheidung für oder gegen ein Sakrament.

Auf den ersten Blick hat es den Anschein, in der Diskussion um angemessene Wege der Sakramentenpastoral gehe es hauptsächlich um Fragen der Methode, besonders um die Suche nach neuen Elementen der Gestaltung. So berechtigt diese Fragen sind: die mannigfachen positiven Ansätze in den Bemühungen, zu einem erneuerten Verständnis der Sakramente zu kommen, bleiben rein äußerlich, wenn sie nicht die Wurzeln der momentanen Krise der Sakramentenpastoral erreichen: die mangelnde Verbindung zwischen Leben und Liturgie.

Wer die Feier der Sakramente routiniert oder gar mürrisch vollzieht und gleichzeitig über die zunehmende Gleichgültigkeit der Menschen klagt, die sich im Fernbleiben von der Liturgie manifestiert, darf sich nicht mit der Feststellung zufriedengeben, die Sakramente hätten ihren objektiven Wert unabhängig von der Form der Gestaltung und der Person des Sakramentenspenders. So richtig diese Aussage ist, so gilt doch auch, daß die größten „Kostbarkeiten unfruchtbar und unzugänglich bleiben, wenn sie nicht entsprechend vermittelt werden; wenn in einer Feier nichts von dem, was gefeiert wird, auf die Teilnehmer ‚überspringt'".[22] Wer etwas als für sein Leben bedeutsam und wichtig ansieht, läßt es nicht einfach beiseite. Neben der nach wie vor vorhandenen Unfähigkeit, gottesdienstliche Symbole und Feiern zu verstehen, ist nicht selten *die Unzulänglichkeit unserer sakramentalen Feiern* daran schuld, wenn manche die Sakramente und sakramentale Feiern als für ihr Leben unwichtig einstufen.

Manche Eltern entschließen sich, mit der Taufe nicht nur Wochen oder Monate, sondern einige Jahre zuzuwarten. In bezug auf die Ehe nimmt das Zusammenleben ohne Eheschließung zu und wird mehr und mehr gesellschaftsfähig. Wenn Ehen geschlossen werden, stellt sich die Frage, ob eine kirchliche Trauung stattfinden soll. In vielen Fällen, in denen Menschen ein Leben zu zweit versuchen, ist die Kirche nicht mehr dabei.

Obwohl im Codex von 1983 ausdrücklich vom „Sakrament der Krankensalbung" die Rede ist (CIC Can. 998), hat sich im Bewußtsein vieler Katholiken nach wie vor das Verständnis dieses Sakramentes als Sakrament für die *Sterbenden* im Sinne der „Letzten Ölung" durchgehalten –

mit allen damit in Zusammenhang stehenden Ängsten. Die Selbstverständlichkeit, daß Christen „mit den Tröstungen der heiligen Religion versehen“ sterben, geht zurück. Sogar hinsichtlich der Beerdigung nimmt die Plausibilität ab, daß diese ein Monopol der Kirche sei. Inzwischen bieten Bestattungsunternehmen einen kompletten Begräbnisritus mit Ansprache an. Hinzu kommt, daß manche grundsätzlich auf eine „Begräbnisfeier verzichten. Sie geben bekannt, daß sie ihre Verstorbenen ‚in aller Stille‘ beerdigt hätten.“[23]

Solange wir als Kirche in den Sakramenten „Kostbarkeiten“ zu bieten haben, die von den Menschen nicht angenommen werden, liegen die Schwierigkeiten u. U. eher in Formen der momentanen Praxis und nicht so sehr bei den Menschen. Vielleicht bedeutet für sie unsere Pastoral mit allem „Beraten und Organisieren lediglich der Dienst an einer Art Leben, das sich nicht feiern läßt“.[24]

8.3.6.1 Die fehlende Brücke zum Leben

Nach Carl Gustav *Jung* trifft die Verkündigung nicht mehr auf die im Menschen liegende Bereitschaft: „Solange die Religion nur Glaube (im Sinne eines Fürwahrhaltens) und äußere Form und die religiöse Funktion nicht eine Erfahrung der eigenen Seele ist, ist nichts Gründliches geschehen.“[25] Solange die konkreten psychologischen Bedingungen, unter denen die Gläubigen die Sakramente empfangen, nicht beachtet werden, bleibt ein Graben zwischen dem göttlichen Heilsangebot und dem Leben der Menschen. Mit dem Kommen des menschgewordenen Gottessohnes in unsere Welt, in unsere leibhafte Existenz, hat Gott eine neue Heilsmöglichkeit eröffnet. Die Intention der Heilszeichen der Sakramente besteht darin, daß der *ganze Mensch* mit seiner Not und Freude, mit seinem innersten Fühlen und seiner Sehnsucht vom göttlichen Leben ergriffen wird. Nicht wenige haben den Eindruck, die Liturgie stamme mit ihren Texten aus einer anderen Welt und sei mit ihrer Sprache für andere Menschen gedacht, die frommer und besser sind. Umso wichtiger ist die Erschließung der Symbolsprache der Sakramente und ein verantworteter Umgang mit der Sprache der Liturgie.

8.3.6.2 Der Dreischritt: leben – deuten – feiern

Bei der Feier eines Festes bedarf es einer Deutung dessen, was Menschen persönlich und in ihrer Gemeinschaft bewußt wird. Damit die Feier der Sakramente lebens- und gemeinschaftsstiftend sein kann, braucht es den ständigen Austausch zwischen Liturgie und Leben. Aus der Sicht der Liturgiepastoral spricht Philippe *Béguerie* von drei Dimensionen im alltäglichen Leben:

1. „Was wir erleben.“
2. „Wessen wir uns bewußt werden.“
3. „Was wir feiern.“[26]

Ohne die Deutung und das Bewußtwerden dessen, was Menschen erleben, können sie nicht feiern. Das Bewußtwerden gibt den Ereignissen eine neue Dimension und läßt Erlebnisse und Erlebtes zu Erfahrungen werden. Erst der Bewußtwerdungsprozeß macht es dem Menschen möglich, intensiver, d. h. „bewußter“ zu leben. Daraus ergeben sich für die Feier der Sakramente Konsequenzen:[27]

1. In der Liturgie der Sakramente kann nur gefeiert werden, was erlebt worden ist oder gelebt wird. Der weitgehend verschüttete Zusammenhang zwischen Leben und Liturgie muß neu erschlossen werden. Da die liturgische Feier eine „Feier des Glaubens" ist, findet sich das Leben nur dann darin wieder, wenn es – wenigstens unbewußt – in einer Glaubensdimension steht. Nur was im Glauben gelebt wird, kann im Glauben gefeiert werden.

2. Die Feier der Sakramente ist ein Beitrag zum Bewußtwerden dessen, was Menschen im Glauben leben. Dies setzt voraus, daß die Liturgie in großer Offenheit für die Anliegen der Menschen und nicht routinemäßig vollzogen wird. Liturgie feiern heißt, vor Gott, der in Christus und in der Versammlung der an ihn Glaubenden gegenwärtig ist, das, was Menschen in ihrer Lebensgeschichte und in ihrem Alltag erleben, in zeichenhaften Handlungen zum Ausdruck zu bringen. In der Liturgie wird es als von Gott und seiner Offenbarung her heiles und geheiltes Leben gedeutet. Darauf weisen die Grundaussagen der Schöpfungs- und Erlösungstheologie hin.

3. Damit die Liturgie nicht künstlich auf das Leben „aufgepfropft" wird, soll die Feier Ausdruck des Lebens sein, in dem die Glaubenden das von Christus geschenkte Heil bezeugen. Eine besondere „Intensität" der liturgischen Feier ist durch die von *Gott* berufene Gemeinschaft gegeben. In der gemeinsamen Feier der Liturgie läßt er aus getrennten einzelnen eine Gemeinschaft werden. Deshalb muß die Liturgie der Sakramente so gestaltet werden, daß Menschen gemeinsam feiern. Es wäre eine Zerrform von Liturgie, würde nur ein einzelner feiern, während die anderen zuschauen.

8.3.6.3 Eine ganzheitliche Sichtweise

Unser Handeln und Sprechen ist stets an den Leib gebunden. Durch ihn existiert der Mensch in Raum und Zeit. Deshalb muß der einzelne bei seiner Suche nach Leben und Heil ganzheitlich, mit Seele und Leib, in seinem Intellekt und in seinen Gefühlen angesprochen werden.

Viele Anteile aus der Symbolik der Sakramente kommen aus dem Alltag und sind von daher unmittelbar verständlich. So sprechen die sakramentalen Ursymbole: Wasser, Brot, Wein, Salbe, Handauflegung usw. den heutigen Menschen an. Es ist wichtig, diese Zusammenhänge mit dem Alltag zu deuten und im Vollzug zu beachten. U. U. brauchen wir mehr Kreativität und Phantasie, um das, was die Zeichenhandlungen der Sakramente zum Ausdruck bringen wollen, zu verdeutlichen. Die Einbeziehung der Leiblichkeit eröffnet einen ganzheitlichen Zugang zu einem „leibhaften" Christsein. Dazu gehört beispielsweise eine Kultur der „Zärtlichkeit" im umfassenden Sinn.

8.3.6.4 Entsprechende Ausdrucksformen

Die Frage, ob einzelne im Lebenszusammenhang Sakramente feiern können, wenn sie keine lebenskonformen Beziehungen zum Gottesdienst der Gemeinde oder Kontakte zu einzelnen oder Gruppen in der Gemeinde aufbauen und unterhalten, wird zur entscheidenden Grundfrage.

Christus, der das „lebendige Brot“ für „das Leben der Welt“ ist (Joh 6,31), will alle Menschen erreichen. Die Eucharistie vermittelt Kraft zum Engagement, zum Einstehen für andere. Sind Seelsorger, sind unsere Gemeinden offen für neue, noch wenig ausgekundschaftete Formen einer christlichen Lebenspraxis, die sich u. a. den am Rande Stehenden zuwendet? Muß sich nicht die bisherige Auffassung von „Kirchlichkeit“ im Sinn der „bloß äußerlich verstandenen Gottesdienstteilnahme“ ändern? Nicht wenige aus unseren Gemeinden engagieren sich im sozialen Bereich und praktizieren ihren Glauben auf diese Weise. Sie haben vom Evangelium einiges verstanden und realisieren es auf ihre Weise, auch wenn sie von den bisherigen *Kirchlichkeitskriterien* her gesehen nicht unbedingt mit den darin festgeschriebenen Lebensformen von Christsein in Verbindung zu bringen sind. Eine lebensbegleitende Sakramentenpastoral geht auf die Erfahrungen ein, die Menschen in ihrem Leben, Leiden und Scheitern machen. Gott selbst will den Menschen in diesen Situationen nahe sein. Um so wichtiger ist die Entwicklung von Gottesdienstformen, die diese Zusage Gottes zum Ausdruck bringen.

8.3.7 Bereitschaft zum Teilen des Lebens

Die Liturgiefeier eröffnet Möglichkeiten des Lebens, die sich nicht am Haben und Besitzen, sondern am Verschenken und Teilgeben orientieren. Nach dem Zeugnis der Apostelgeschichte ist die Gemeinschaft der Christen nicht nur „Gottesdienstgemeinschaft“, sondern vor allem „Liebesgemeinschaft“ (Apg 2,44–46; 4,32–35). Die Bereitschaft zum Teilen des Lebens führt zur Mitte des Christseins, zur Gesinnung der Hingabe „für“ die anderen. So wird aus der Erfahrung des göttlichen Lebens in der Begegnung mit dem Geheimnis Gottes das Durchdrungensein des geheimnisvollen (= mystischen) Leibes (der Kirche) und seiner einzelnen Glieder vom Maßstab der Liebe. Mystik ist ihrem Wesen nach sozial und dialogisch ausgeprägt. Sie muß sich auch messen lassen an der Erfahrung der Zuneigung, an der dialogischen Umgangsweise, an der sozialen Vernetzung.[28] Damit wird zugleich deutlich, wie sehr sich das im Sakrament gefeierte Leben auf den Umgangsstil der Menschen auswirkt. Es entsteht ein Raum, in dem Menschen mit ihrer Freude und Trauer, Schuld und Versöhnung sich einander mitteilen können. Die angemessene Einstellung zum Sakrament steht im Gegensatz zu jenen Erwartungen, daß Gott nur private Situationen segnen, Menschen aber nicht beanspruchen möge für den „Dienst“ an anderen.

9. Wege zum Leben

Während in den vorangegangenen Kapiteln Grundlagen bzw. Grundfragen von Pastoral und Seelsorge auf der einen und Anstöße für die Praxis auf der anderen Seite formuliert wurden, geht es in diesem Schlußkapitel um *zusammenfassende Überlegungen*. Seelsorgerinnen und Seelsorgern, die in der momentanen Übergangssituation „Wege zum Leben“ aufzeigen wollen, gibt eine pastorale Spiritualität, die sich der Gesinnung Jesu Christi und seiner Sendung verpflichtet weiß, Orientierung.

9.1 EINE ENTDECKENDE PASTORAL

Wenn sich Menschen – aus welchen Gründen auch immer – von der Gemeinde entfernen, verbinden sich damit die Fragen:

– Ist die Pastoral überhaupt noch „stimmig“? Es ist nicht mit kleineren Kurskorrekturen getan, es geht um Grundsätzliches. (Viele verstehen es nicht, wenn in unseren Gemeinden keine anderen Anliegen wichtig sind als beispielsweise das Problem, wie teuer die neue Orgel sein darf.)

– Gibt die Pastoral Antworten auf die Lebensfragen der Menschen, oder hat das Leben nicht längst gegen uns entschieden? In diesem Zusammenhang fällt manchen jenes Wort ein, das inzwischen zu einem Sprichwort geworden ist: „Wer zu spät kommt, den bestraft das Leben“ (*Gorbatschow*).

– Erfaßt die Pastoral die Angelegenheiten der einzelnen, spricht und versteht sie ihre Sprache?

– Mit vorgefertigten Lösungsangeboten werden die Menschen nicht wirklich ernstgenommen; sie werden zu wenig in einen echten Dialog einbezogen.

Bei der Festlegung pastoraler *Ziele* geht es nicht darum, was die Verantwortlichen wollen und als Ziel vorgeben, sondern um die Anliegen und Fragen der Menschen. Für die Grundkonzeption und den Stil der Pastoral bedeutet dies: nicht eine „machende“, bloß „reproduzierende“ Pastoral hat Zukunft, sondern eine „entdeckende“ Pastoral.

Zu den Grundlagen einer lebensbezogenen und lebensorientierten Pastoral gehört neben der Bereitschaft zur Wahrnehmung die Offenheit, Entdeckungen zu machen.

Dabei handelt es sich um

- das unverkürzte Wahrnehmen der Wirklichkeit, die möglichst ungeschminkt zur Geltung kommen soll;
- die Sicherung von Erfahrungen, die nicht vorschnell bewertet und interpretiert werden;
- das möglichst objektive Zur-Kenntnis-Nehmen von Vorgängen und Zusammenhängen.

Die Wirklichkeit darf nicht dadurch entstellt werden, daß nur willkommene und einleuchtende Gesichtspunkte in die Reflexion einbezogen werden. Im Interesse einer *mystagogisch deutenden* und *diakonisch begleitenden Pastoral* drängen pastorale Reflexionen immer wieder zum entsprechenden Handeln. Das bedeutet u. a. anleiten, anregen und entsprechend informieren. Wer in diesem Sinne „leitet", ist nicht für alles verantwortlich (zu machen), was einzelne tun. Sie tragen die Verantwortung für ihr Handeln selbst.

Es ist sinnvoll, von der Leitungsverantwortung die *Handlungsverantwortung* zu unterscheiden.[1] Diese betrifft die Eigenverantwortung des je einzelnen für sein Tun. (Eine solche Art von Verantwortung kann auch nicht durch *Delegation* übertragen werden. Diese Sichtweise schließt jedoch nicht aus, daß es eine Gesamtverantwortung für Leitung gibt.)

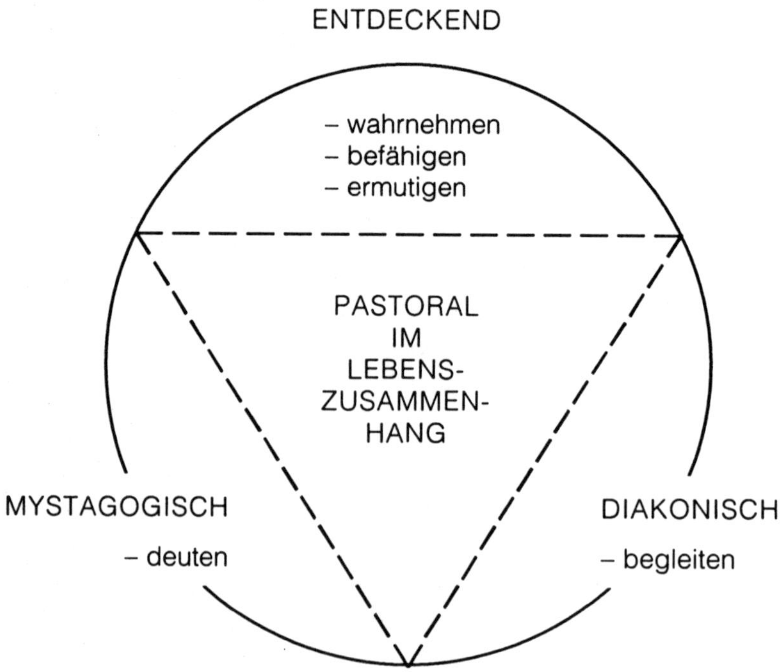

9.1.1 Zu wenig Strahlkraft

Zur entdeckenden Pastoral gehört das konsequente Beachten der zahlreichen negativen Entwicklungen und zugleich das Entdecken der darin enthaltenen Chancen und Aufgaben.

In der derzeitigen gesellschaftlichen Situation hat die christliche Religion – nicht zuletzt durch das Aufkommen neuer religiöser Bewegungen und Strömungen – ihr *Monopol* in Fragen der Religion und des Glaubens verloren.

Will man sich ein Bild machen, wie sich Einstellungen der Menschen zu Religion und Kirche verändern, erfolgen Einzelbeobachtungen zwar nur großflächig und an der Oberfläche, so daß sie für die Interpretation der Praxis nicht allzu hilfreich sind. Insgesamt läßt sich eine zunehmende Entwicklung der Religion zur „Privatsache" ausmachen.

Nach der 1992 in der Bundesrepublik Deutschland vom *Emnid-Institut* durchgeführten Untersuchung ist der Glaube an Gott zwar nach wie vor für viele Menschen von Bedeutung. Zahlen aus dieser Untersuchung markieren allerdings eindeutige Tendenzen und Trends.

Während 1967 noch 68 Prozent der Befragten angaben, an Gott zu glauben, sind es 1992 nur noch 56 Prozent. Weitere 17 Prozent glauben an ein „höheres Wesen" und 10 Prozent kreuzen die Angabe „weder noch" an. Die Kirchen dürfen dabei nicht mit jenen rechnen, die an ein „höheres Wesen" glauben, denn die meisten verneinen die Frage, ob ihre Einstellung dem christlichen Glauben nahestehe.
Die Zahl derer, die sich bewußt einer Kirche zugehörig fühlen, ist rückläufig. 1967 erklärten sich 94 Prozent der Menschen in Deutschland für evangelisch oder katholisch; 1992 sind es nur noch 84 Prozent; d. h. ca. 10 Prozent sind aus der Kirche ausgetreten oder mittlerweile ungetauft aufgewachsen.

Wenn sich diese Entwicklungen der letzten Jahre fortsetzen, bringen sie derart gravierende Veränderungen für das Erscheinungsbild der Kirche(n) mit sich, daß kurzfristig keine Trendumkehr möglich ist. Wieweit sind sich die Verantwortlichen dieser Ausgangslage bewußt? Neben solchen demoskopisch belegbaren Tendenzen richtet sich eine Reihe von kritischen Anfragen an die zentralen Fundamente des Glaubens, besonders an die Bibel. In diesem Bereich treffen sich u. a. die Feststellungen des Freiburger Klinischen Psychologen Franz *Buggle* (in seinem Buch „Denn sie wissen nicht, was sie glauben. Oder warum man redlicherweise nicht mehr Christ sein kann". Reinbek 1992) mit einer Anzahl von Publikationen, die sich kritisch zur *Person* und zum *Wirken des neutestamentlichen Jesus* äußern. Solche – teilweise pseudowissenschaftlich aufgemachten – Veröffentlichungen suggerieren im Zuge eines unseriösen Umgangs mit historischen Quellen die Notwendigkeit einer Neuformulierung des Neuen Testaments.[2]

Buggle stellt die These auf, man könne heute redlicherweise nicht mehr Christ sein. Seine Grundthese lautet: Die Bibel berichte an vielen Stellen darüber, wie Menschen im Namen Gottes verbannt und seelisch vergewaltigt werden. Im Namen des „inhumanen" Gottes gebe es Mord und Totschlag. Buggle macht die Bibel u. a. durch die Androhung ewiger Höllenstrafen für „bibliogene" bzw. „ekklesiogene" Neurosen verantwortlich.

Im Kern gehen alle diese Auseinandersetzungen dahin, daß Menschen mit ihren alltäglichen Problemen nicht mehr an den in ihren Augen „widersprüchlichen Gott" glauben können.

Psychologen und Religionskritiker fordern deshalb ein neues, aufgeklärtes religiöses Paradigma, das Menschen nicht hemmt, sondern ihr Leben bereichert. Mit humanistisch-philosophisch eingefärbten Leitvorstellungen versuchen Wissenschaftler und Publizisten die Voraussetzungen für ein humaneres Christentum zu schaffen.
Aus der Spannung von symbolischem und buchstäblich-wörtlichem Bibelverständnis ergeben sich Diskussionen und Auseinandersetzungen um Argumente und Argumentationsweisen der verschiedenen Positionen, die sich um die Offenbarung Gottes im Spiegel menschlicher Bilder mühen. Manche Interpretationsversuche wollen im Sinne von Begriffs- und Anschauungshilfen Verstehensbrücken bauen zwischen dem aufgeklärten Denken in säkularisierten Lebensbereichen und zentralen Themen des Offenbarungsglaubens.
An diese Art von Diskussionen ist die Frage zu stellen: Nehmen die betreffenden Autoren den *ganzen Menschen* wirklich ernst? Gehen sie auf die Gesamtheit menschlicher Erfahrungen ein? Achten sie im einzelnen auf seine Probleme oder stellen sie – wie exemplarisch Eugen *Drewermann* in einer Vielzahl seiner Publikationen[3] – äußerst radikal und insofern ehrlich die Frage nach den Wurzeln menschlicher Angst?

Insofern solche grundlegenden Auseinandersetzungen im Dialog mit der Welt zum Evangelium zurückführen und viele Suchende mit ihren bedrängenden Fragen erreichen, haben sie einen Stein ins Rollen gebracht, der für die Seelsorgepraxis eine Herausforderung darstellt. Immer geht es darum, den Dialog aufrechtzuerhalten. Insofern können die hier angesprochenen Probleme Anregungen bieten, über festgefahrene eigene Meinungen hinaus zuhören zu lernen und Andersdenkenden, auch Kritikern, genauso viel Liebe zum Evangelium zuzutrauen.

Das zentrale Dilemma unserer momentanen pastoralen Situation besteht darin, daß die Weitergabe des Glaubens an die nachfolgenden Generationen nicht mehr gesichert ist. Sozialisationsmechanismen, auf die die Kirchen bisher setzen konnten, sind nicht mehr funktionsfähig. Die Frage ist, ob die mehr und mehr „verkirchlichten", d. h. „amtlichen" – auf die Ebene der Institution verlagerten – Formen der Glaubensweitergabe noch „greifen". Auch die imponierendsten Formen pastoraler Dienste und die perfekteste Organisation können Probleme der einzelnen nicht lösen.

Der Glaube ist auf überzeugende Identifikationsfiguren angewiesen; letztlich ist er nur durch das personale Zeugnis weiterzugeben. Darauf sind die kommenden Generationen elementar angewiesen.

Weil z. B. viele Eltern ausfallen und die meisten Bereiche kirchlicher Arbeit unwirksam werden, ist die Frage berechtigt: Wie kann das Zeugnis der Christen überhaupt noch gehört und angenommen werden? Der Synodenbeschluß „Unsere Hoffnung" sagt: „Unsere Lebenswelt ist nicht mehr die einer selbstverständlich religiös geprägten Gesellschaft. Im Gegenteil, die ‚Selbstverständlichkeiten', die in ihr herrschen, wirken oft wie kollektive Gegenstimmen (zu unserer Hoffnung). Sie machen es deshalb ... besonders schwer, die Botschaft ... und die Erfahrungen unserer Lebenswelt zusammenzuführen, ... sie verstärken in vielen den Eindruck, als wären sie von dieser Botschaft nicht mehr inmitten ihrer Lebenssituation getroffen, ... getröstet und angespornt."[4]

Die Pastoral verfügt zwar über eine Fülle organisatorischer und institutioneller Möglichkeiten. Es gibt viele Wege, die christliche Überzeugung in Institutionen der Bildung, der Öffentlichkeit zur Sprache zu bringen. Die Kirchen haben Zugang zu den Medien, viele Chancen im Bereich der Sozialarbeit. Um so betroffener stellen nicht wenige fest, wie gering die Strahlkraft des Glaubens innerhalb dieser Möglichkeiten ist.

Als Gesamttrend läßt sich festhalten: Menschen gehen zu den etablierten Religionen auf Distanz. Der heutige Mensch sieht sich in einer desillusionierten und ideologiemüden Welt mit einer Fülle von Orientierungsmustern und Deutungsangeboten konfrontiert. Daraus erwächst ein gewisser *Indifferentismus.* So wird der in vielen Lebensbereichen anzutreffende Abbruch religiöser und glaubensrelevanter Traditionen erklärbar.

Auf der anderen Seite gibt es verschiedenste Facetten einer *Sinnsuche,* der Sehnsucht nach neuer Orientierung: Menschen fragen nach dem Wozu ihres Lebens. Wenn viele Antworten auf ihre Fragen außerhalb der Kirche(n), ja außerhalb unseres christlichen Glaubens suchen, bedeutet dies nicht, daß die Menschen weniger religiös sind; daß es ihnen am Bewußtsein von den gültigen und maßgebenden Werten fehlt. Zwar mag sich das System allgemein verbindlicher Werte und lebenswerter Ideale verändert haben und verändern; hinter dem Entschluß vieler Menschen, sich von der Gemeinde oder der Kirche zu trennen, stehen häufig keine grundsätzlichen Entscheidungen gegen verbindliche Glaubenslehren der Kirche. Was Menschen jedoch nicht verstehen, ist das mangelnde Verständnis der Verantwortlichen und der Mitarbeiter in den Gemeinden für ihre *Lebensprobleme.*

Wenn die Frohe Botschaft (= „Evangelium") vom lebenswilligen und -bejahenden Gott für die Pastoral im Lebenszusammenhang Bedeutung haben soll, ist das Leben selbst der Maßstab für das christliche Handeln – besonders angesichts der Nöte und Sorgen der Menschen.

9.1.2 Ermutigen und Befähigen

Mehr und mehr wird erkannt, die einzige Chance liegt im Rückgriff auf die kleinen „Zellen", in der Kommunikation von Christ zu Christ, im Aufbau von pastoralen Substrukturen. Nur dort kann der Mensch wirklich gesehen werden und wird das Evangelium sichtbar. Damit wird zugleich der Dienst am andern, das solidarische Mittragen seiner Not glaubwürdig. Die Weitergabe des Glaubens braucht diesen Resonanzraum, braucht Formen des „inkarnierten" Zeugnisses im Leben. Das Leben ist nur überzeugend, wenn es übereinstimmt mit dem bezeugten Wort.

Es ist nicht damit getan, wenn sich z. B. Pfarrgemeinderäte mit den Fragen der Erneuerung der „Gemeinde" beschäftigen, der gesamte „Lebensstil" unserer Kirche steht auf dem Prüfstand.

Die Anfänge der Entfremdung von der Kirche liegen in vielen Fällen in enttäuschenden Erlebnissen mit Mitgliedern der Kirche.

Viele empfinden es als „Grenzüberschreitung", wenn sich die Kirche in ihr Privatleben einmischt oder zu aktuellen Fragen Stellung nimmt. So empfinden es manche als ärgerlich, wenn sich die Kirchen zu tagespolitischen Fragen äußern. Nach Meinung dieser Menschen ist die Kirche lediglich zuständig für den Gottesdienst und Sinnantworten in jenen Grenzproblemen des Lebens, für die sich niemand mehr zuständig hält und die sich dennoch nicht aus der Welt schaffen lassen. So nehmen sie den „Service" der Gemeinde in Anspruch am Grab, für die aus der Bahn Geratenen, für die hilflosen Alten und zur Verschönerung bedeutsamer Lebensereignisse wie Geburt und Hochzeit. Immer dann soll die Kirche Sinnangebote machen, welche die einzelnen in rein religiöser Hinsicht erwarten. Aber die Kirche soll sich unbedingt auf diese Bereiche beschränken.

Für Mitarbeiterinnen und Mitarbeiter in der Pastoral ist es eine bedrückende Erfahrung, daß solche Erwartungen die Kontakte zu denen bestimmen, die zu uns auf „Distanz" gegangen sind und gehen. Was wissen sie von jenen Barrieren, die sich für Menschen auftun, die nach langer Zeit wieder an einer Pfarrhaustür läuten bzw. den Weg zur Gemeinde von sich aus gehen wollen? Wird man sie nicht gleich vereinnahmen wollen? Hat man für sie genügend Verständnis?

9.1.3 Die Logik der Liebe

Wie kann sich die Pastoral auf diese Situation einstellen? Es geht darum, Hindernisse und Voraussetzungen bei anderen zu respektieren, sich behutsam auf die jeweilige Situation einzulassen, Menschen das Gefühl zu vermitteln, daß sie verstanden werden. Nur dann können sie Gesprächspartner sein.

– Damit sich Menschen in unseren Gemeinden angenommen fühlen können, bedarf es eines *„offenen Klimas"*. „Öffnung" bedeutet nicht unbedingt, zugleich aufdringlich zu werden. In den Gemeinden kann der Appell zur Öffnung Ängste wecken. Sind wir den Problemen gewachsen, die Menschen mit sich bringen? Können wir ihnen wirklich helfen? Werden wir durch sie nicht verunsichert?

In den letzten Jahren sind „eiserne Vorhänge" und Mauern gefallen. Dafür entstehen neue „Mauern in Köpfen". Sie trennen Menschen voneinander. Wenn Ängste in Haß und Gewalt umschlagen, steht das gesamte Klima in unserer Gesellschaft und damit in unserer Kirche in Gefahr.

Eine Gemeinde, die sich auf die Begegnung mit anderen einläßt, bewahrt dadurch ihre Identität. Sie bleibt lebendig und gewinnt ein neues Profil.

Im Apostolischen Schreiben „Christifideles laici" erwartet Papst *Johannes Paul II.* von den Christen, daß sie durch Solidarität mit allen, einen „einfachen Lebensstil" und die besondere „Vorliebe für die Armen" die herrschende „Kultur des Egoismus" überwinden.[5]

– Das mitverantwortliche Tun möglichst vieler Gemeindemitglieder trägt zur Vielgestaltigkeit der Gemeinde bei. Sie nehmen Anteil und tragen zum Austausch bei. Dadurch kann jenes Netz von Beziehungen, Freundschaften, Gesprächskreisen und Gemeinschaften entstehen, durch das es leichter möglich wird, diejenigen einzuladen, die sich bisher eher schwertaten, Kontakt zur Gemeinde zu finden. Dann werden sich alle in der Gemeinde verstehen, wenn im gegenseitigen Geben und Nehmen jenes Miteinander wächst, das für das Christsein von den Zeiten der Urkirche an „Kennzeichen" ist („Seht, wie sie einander lieben").

– Wir müssen lernen, Konflikte anzugehen, mitzutragen, einzugrenzen und zu lösen. Es geht um eine positiv gewertete und praktizierte „Streitkultur".

In Gemeinden gibt es höchst unterschiedliche, auch ganz persönliche Vorlieben und Motivationen. Daraus können sich Konflikte ergeben. Deshalb ist zu fragen: Besteht Gemeinsamkeit in den Auffassungen über die Art und Weise, wie die einzelnen ihr Christsein leben (wollen)? Sind gemeinsame Aktivitäten überhaupt erwünscht; sollen und können auftretende Konflikte gemeinsam bearbeitet werden?

– Grundsätzlich ist entscheidend, ob und wie die einzelnen angesprochen werden. Eine taktvolle Einladung setzt nicht unter Druck, sondern respektiert die Freiheit des anderen. Ob sie oder er der Einladung Folge leistet, müssen sie selbst entscheiden.

Die anderen müssen auch nein sagen können angesichts der Einladung, die ihnen vermittelt wird. Wenn Christen von ihrem Glauben an Gott, der die Freiheit will, hoffen, daß seine Liebe alle Menschen erreichen kann, sehen sie sich nicht „gezwungen" und unter Druck, jede und jeden erreichen zu sollen.

In diesem Zusammenhang stellt sich die Frage, ob die anderen in den Gemeinden wirklich gewollt sind? Christlicher Glaube kann nur dann als „lebensnah" erfahren werden, wenn er sich im konkreten Handeln verwirklicht, das Mitverantwortung und Mitsprache einschließt.

Je menschlicher und offener sich die Menschen in der Gemeinde begegnen, um so überzeugender wird ihr Christsein. Die wesentlichsten Sätze des Neuen Testamentes sind ganz schlicht formuliert: z. B. „Wer in der Liebe bleibt, der bleibt in Gott" (1 Joh 4,16). Lorenz Werthmann, der Begründer des Deutschen Caritasverbandes, sprach von der „Logik der Liebe".

9.2 BERUFEN ZUM DIENEN

Im Zusammenhang der „Berufung" zum pastoralen Dienst kommt Hermann *Stenger* auf drei *Zuständigkeiten* zu sprechen, die den Berufenen von Gott zugesprochen werden:[6]

9.2.1 Ermächtigung zum Leben

Jedem Menschen ist von Gott unvertretbar die Ermächtigung zum Leben gegeben. Der einzelne ist dafür verantwortlich, was er mit seinen Kräften und Lebensmöglichkeiten tut, wie er sie einsetzt. Die Frage ist nicht: Was habe ich vom Leben, sondern: Was erwartet das Leben, was erwartet Gott von mir? Dabei kommt es auf die Individualität des einzelnen, seine Lebensansichten an, mit denen er in seiner Umgebung Verständnis und Unterstützung erfährt. Er bleibt für sich selbst verantwortlich.

Nach Eugen *Biser* machen Menschen in der Regel von sich und ihren Möglichkeiten nur ungenügend Gebrauch. „Viele, vielleicht die meisten, gehen als das uneingelöste Versprechen ihrer selbst durchs Leben. Sie begnügen sich mit der Rolle, die ihnen von der Gesellschaft zugewiesen wird oder die sie gegen die Konkurrenz der übrigen schließlich erringen. Und sie ahnen vielfach kaum, daß sich ihr wahrer Wert nicht nach der Leistung bemißt, die ihnen die Rolle abverlangt, sondern nach dem, was sie in sich, unabhängig von den Forderungen der Leistungsgesellschaft, sind."[7]

Aus dieser Sicht: Gott ermächtigt zum Leben, wird der Mensch dem Zwang enthoben, ständig auf der Suche nach sich selbst, nach seinem Glück und dem Sinn seines Lebens zu sein. Eine solche befreiende Perspektive befähigt zur Liebe und Hingabe, zum Dienen. Zur Identität gehört das Empfangen-Dürfen. Zum Verwirklichen einer Berufung gehört die Unbekümmertheit um letzte Sicherungen der eigenen Existenz. Zur Antwort auf Gottes Ruf gehört die konkrete Tat, mit der ich anderen in ihrer Not begegne, für sie da bin. Beim Bemühen um die Bewahrung des inneren Gleichgewichts ist nicht das Erreichen der Harmonie wichtig; entscheidend ist Gottes Heilshandeln, das in der Christusgeschichte Gestalt angenommen hat. Gott bezieht in seine Ermächtigung zum Leben und seine Verheißung des Lebens jeden einzelnen und alle mit ein, auch diejenigen, die an sich selbst zweifeln und unsicher sind.

Johann Baptist *Hirscher* verstand seine Pastoraltheologie als „Lehre aus dem Leben für das Leben".[8] Er pflegte zu sagen: „Wie deine Theorien sind, so bist du selbst."[9]

Johann Baptist *Hirscher*, geboren am 20. Januar 1788 in Bodnegg in Oberschwaben, studierte Theologie in Konstanz (am dortigen Lyzeum) und Freiburg. Nach seiner Priesterweihe 1810 wurde er 1812 Repetent am Priesterseminar Ellwangen. 1807 erhielt er einen Ruf als Professor für Moral- und Pastoraltheologie an die Katholisch-Theologische Fakultät in Tübingen, die im gleichen Jahr ihren Betrieb aufnahm. Mit Johann Sebastian Drey (1777–1853), Peter Alois Gratz (1769–1849) und Johann Georg Herbst (1787–1836) gehörte der junge Hirscher, der sich in seiner Tübinger Lehrtätigkeit besonders dem Geist Johann Michael Sailers verbunden fühlte, zur Gründergeneration der Tübinger Fakultät. In Tübingen entwickelte sich Hirscher auch zu einem bedeutenden theologischen Schriftsteller deutscher Sprache. Dazu bot ihm u. a. die Tübinger „Theologische Quartalschrift" (1819 gegründet) ein geeignetes Forum. 1837 wurde Hirscher auf den Lehrstuhl für Moraltheologie an der Theologischen Fakultät Freiburg berufen. Nach dem Urteil von Zeitgenossen war er einer jener Lehrer, „deren Wort aus der Seele gesprochen, mächtig zum Herzen dringt". Im Jahr 1839 wählte ihn das Freiburger Domkapitel zum Domkapitular, 1850 zum Domdekan, eine Aufgabe, die Hirscher bis zu seinem Tod 1865 wahrnahm.[10]

9.2.2 Erwählung zum Glauben

Der Begriff „Erwählung" verdeutlicht, daß Glauben in erster Linie keine eigene Aktivität im Sinne einer persönlichen Entscheidung ist. Glaube beruht nicht auf eigenem Verdienst, sondern greift über die Individualität des einzelnen hinaus. Der Verfasser des Epheserbriefes spricht diesen Vorgang zwischen Gott und dem Menschen so an: Wir sind „aus Gnade ... durch den Glauben gerettet, nicht aus eigener Kraft – Gott hat es geschenkt" (Eph 2,8). Dem Menschen bleibt zwar die Möglichkeit, sich gegen seine Erwählung zum Glauben zu entscheiden, nicht aber umgekehrt, diese zu erzwingen. Mit dem Glauben ist es wie mit der eigenen Herkunft: Inwieweit einer damit lebt, mit ihr verbunden bleibt, sich von ihr absetzt oder gar gegen sie ankämpft, gehört wesentlich zu seiner persönlichen Lebensgeschichte.

Die mehrfach angesprochene Blickrichtung von der unzertrennbaren *Einheit von Leben und Glauben* bedeutet: Glaube, der ernstgenommen wird, muß in den vielfältigen Lebensbeziehungen „leibhaftig" werden. Nur so kann das Leben in seiner ganzen Breite wahrgenommen, gedeutet und gestaltet werden. Es darf keine Trennung geben zwischen der Alltagswelt und dem Bereich des Heiligen, des Göttlichen. Der *Lebenszusammenhang* läßt den Alltag mit seinen Problemen genauso in den Blick kommen wie die Suche nach der Transzendenz. Dies geschieht dort, wo Menschen wagen, das an- und auszusprechen, was ihr Herz bewegt. Gerade auch dort, wo sie Gott am Werk sehen, weil sie von seinem Wirken betroffen sind. Dazu ist es notwendig, jene Fragen immer wieder zu stellen und zuzulassen, die das Herz zum Sprechen bringen und sagen lassen, was Menschen innerlich bewegt. Leider rechnen viele nicht damit, „daß ihre momentanen Lebensumstände, ihre Lebensgeschichte etwas mit Gottes Führung zu tun haben könnten".[11] Gottes Geist führt Menschen. „Wer in seiner eigenen Lebensgeschichte manche scheinbare Zufälligkeiten auf Gottes Mitgehen und Eingreifen abhorcht, wird bemerken, daß er immer wieder von dem angesprochen wird, der sein Leben von Anfang an trägt."[12]

9.2.3 Kompetenz zum Dienen

Ermächtigung zum Leben und Erwählung zum Glauben werden nach Hermann *Stenger* nicht erfahren ohne Berufung zum Dienen. Zwar gibt es viele Dienste, aber die Berufung dazu geschieht im Hinblick auf den einzelnen. Die Berufung zum Dienst gestaltet sich in vielfältiger Weise je nach persönlichen Fähigkeiten und Gaben, die der einzelne in sich spürt.

Berufung zum Dienen ist nach Paulus eine Gabe des Heiligen Geistes (1 Kor 12,11), besonders insofern sie dem Aufbau des Leibes Christi, der Gemeinschaft der Glaubenden dient. In dieser tun nicht alle dasselbe, sondern jeder das, wozu er sich gerufen und befähigt fühlt. Er tut es dort, wo es ihm notwendig erscheint, einzugreifen und mitzumachen.

9.3 DIE GESINNUNG DER FUSSWASCHUNG

Die johanneische Aussage: „Wenn ich, der Herr und Meister, euch die Füße gewaschen habe, dann müßt auch ihr einander die Füße waschen“ (Joh 13,14), bedeutet: Jüngerschaft und Nachfolge verpflichten zum gleichen Dienst. Jesu dienende Geste, sein Handeln, hat das neue Gesetz errichtet: Einer soll für den andern so da sein, wie Jesus Christus für uns da ist. Wer das anerkennt und so handelt, kann für den anderen zum Heil werden.[13] Im Lichte dieses Evangelientextes bedeutet pastorale Spiritualität, daß Menschen im Alltäglichen einander begegnen, es zur heilenden und erlösenden Wirklichkeit machen und so in der Nachfolge Jesu stehen. In ihrem Tun soll das Handeln Gottes so Wirklichkeit werden, daß sie das „Handwerk Gottes“ ergreifen.[14]

9.3.1 Der Ruf in die Nachfolge

Jesus sagte zu seinen Jüngern: „Nicht ihr habt mich erwählt, sondern ich habe euch erwählt“ (Joh 15,16). Der Ruf zur Nachfolge ist hingeordnet auf den Sendungsauftrag. Gelebte Nachfolge ist Voraussetzung für das nachösterliche Christsein. Die Annahme des Auftrags und das sich dem Jüngerkreis Anschließen prägt den Umgang untereinander und fordert die christliche Existenz täglich neu heraus.

Im christlichen Verständnis von Berufung zur Nachfolge steht das Sich-beschenken-Lassen vom Wirken Gottes im Vordergrund. Die persönliche Entscheidung für den Glauben an Jesus Christus und die Sendung der Kirche durch einen Menschen, der seine Identität gefunden hat, gehört zu den *Grundoptionen* des Lebens. Diese sollen aus der Mitte des Daseins kommen und Lebensentscheidungen verstärken.

9.3.2 Kundschafter gelingenden Lebens

Die im Neuen Testament bezeugte Tradition interpretiert das Leben und Wirken Jesu als „Zeugenschaft“ vom Vater und von der Wahrheit (Joh 3,11.32f.; 8,13). In der Geheimen Offenbarung wird Jesus Christus „der treue Zeuge“ genannt (1,5). Für das Zeugnis „als Ziel des Dienstes der Kirche“[15] kennen die neutestamentlichen Verfasser vor allem zwei grundlegende Qualifikationen: Nach der synoptischen Tradition – vor allem bei Lukas – sind die „Zeugen“ berufen, für die Wirklichkeit des Leidens, Sterbens und der Auferweckung Jesu Christi einzutreten, weil sie aus unmittelbarem Erleben Zeugen sein können. Sie haben die Heilsbedeutung Jesu gläubig erfaßt. Bei Lukas ist Zeuge-Sein ein „Amt“. Auch „das lukanische Apostelamt ist primär durch den Zeugenbegriff geprägt“[16], für den drei Momente konstitutiv sind: „Erwählung, Erfahrung des Erhöhten und die Beauftragung durch ihn“.[17]

Auch Johannes verwendet den Ausdruck „Zeuge sein“ („martyrein“), wenn es sich um das Zeugnis von Jesus handelt. Zum Zeugnis befähigt den Zeugen das „Sehen im Glauben“ (vgl. 1 Joh 1,1f.).

In unserer Situation sind *Zeugen* und *Kundschafter* notwendig. Denn „viele dringliche Fragen nach Leben-Können und Christ-Werden heute und morgen sind nicht einmal aufgenommen, geschweige an vorsichtige Antworten herangeführt... Kundschafter sind so wertvoll wie ihre mitgeteilten Entdeckungen."[18] Das Nachdenken über Lebenssituationen führt im Licht gemeinsamer Glaubensreflexion zu Formen und Inhalten „gelingenden Lebens aus dem Zuspruch und Anspruch Gottes".[19]

9.3.3 Gemeinsam statt allein

Leben bedeutet, in Gemeinschaft mit anderen leben, sich in einer Lebenswelt vorfinden, die Menschen miteinander teilen. Nach den Grund-Sätzen der „dialogischen Philosophie" (bes. Martin *Buber*) lebt der einzelne stets als ein von anderen Gerufener und Geliebter. *Johannes Paul II.* hat in seiner Sozialenzyklika „Sollicitudo rei socialis" eindringlich auf die „Wechselseitigkeit" als entscheidende christliche Grundhaltung hingewiesen.[20] Immer deutlicher wird uns bewußt, daß wir voneinander abhängen, daß keiner mehr für sich allein leben kann. Christsein heißt, mit anderen auf dem Weg sein, andere im Glauben begleiten, auf sie zugehen, im Namen Gottes an sie glauben, sie mit Gottes Augen zu sehen versuchen; sie im Vertrauen auf Gott auch dann lieben, wenn sie nicht liebenswürdig sind. Im Markusevangelium steht nach dem Wortlaut des Urtextes die Aufforderung Jesu: „Habt den Glauben Gottes" (Mk 11,22).

Eine solche Auffassung vom Prozeß seelsorglicher Begegnungen läßt gegenseitiges Geben und Empfangen entstehen, vermittelt die beglückende Erfahrung, da ist jemand, der mitgeht. Solche Kontakte vermögen manches zu heilen, was in uns zerbrochen ist. Sie gelten für alle pastoralen, seelsorglichen Beziehungen: zum engsten Mitarbeiterkreis in der Gemeinde und für den großen Kreis der ehrenamtlichen Mitarbeiter, die in der Gemeinde dadurch wirksam werden, daß sie nicht nur den Glauben, sondern auch das Leben zu teilen versuchen.

Es ist das Ziel einer Seelsorge im Lebenszusammenhang, möglichst viele in Familien, in kleinen Zellen, Gruppen und Gemeinschaften zu befähigen, durch ihre Teilnahme am Leben der anderen einander zum „Leben in Fülle" (Joh 10,10) zu verhelfen.

9.4 KERNFRAGE „ERNEUERUNG"

9.4.1 Gemeinde- und Gemeinschaftsstrukturen

Soziologische Untersuchungen zu Kernfragen der Situation der Kirche(n) in der Gesellschaft bestätigen, daß sich die *institutionelle* Seite von Kirche relativ *stabil* hält, ja eher gefestigt hat. Kirche wird gesellschaftlich nach wie vor akzeptiert. Dies hat jedoch keine Bedeutung im Hinblick auf Lebens- oder Todeszeichen an der Basis der Kirche: in den Gemeinden.

Pastoralsoziologische Erhebungen zeigen: Es macht wenig oder keinen Unterschied, ob eine Gemeinde 300, 1000 oder 3000 Mitglieder hat. Die Zahl derer, die sich *aktiv* am Leben der

Gemeinde beteiligen, bleibt konstant. Das *Ereignis* „Gemeinde" läßt sich im Sinn der bisherigen Pastoral offenkundig nicht vervielfachen. Es gibt momentan auch keine neuen „Modelle" oder „Muster", vielmehr projizieren wir den klassischen Typ der territorial vernetzten Gemeinde auf verschiedene Ebenen. Heute geht es viel mehr um die Bildung von neuen „Kernen". Woran es noch immer mangelt, ist das genügende Ernstnehmen der Eigenverantwortung der Getauften und Gefirmten in der Ausübung des gemeinsamen Priestertums.

Gemeinde- und Gemeinschaftsstrukturen sollen so beschaffen sein, daß sie überschaubar bleiben und schon deshalb gemeinschaftsfördernd sind. Gemeinschaft bildet sich durch die Anteilnahme an bestimmten Anlässen, die aus dem Lebenszusammenhang kommen.

Im Mittelpunkt des Interesses stehen die Erwartungen und Wünsche der *Menschen* (z. B. der Alleinerziehenden, Alleinstehenden). Die Bildung von Gruppen und Kreisen im Sinne von Zellen ist vor allem innerhalb der Gemeinden zu fördern.

Dabei handelt es sich nicht unbedingt um Gruppen im traditionellen Sinn; sie stehen u. U. dem Lebenszusammenhang eher im Weg. Es geht u. a. um die Bildung von Gruppen von Behinderten, Alleinerziehenden, Alleinstehenden, Kranken, gefährdeten Jugendlichen. Solche Gemeinschaften sind eine Notwendigkeit und eine Herausforderung.

9.4.2 Lern- und Erfahrungsorte

Auf diese Weise bilden sich lebensortbezogene Gemeinschaften, die das Leben miteinander teilen und im menschlich-sozialen Bereich Hilfe und Heimat geben. Es handelt sich um ein partnerschaftliches Anteilgeben und Anteilnehmen, um Gastfreundschaft und das Miteinander-Teilen. In einem partnerschaftlichen Miteinander werden die Menschen offen für die Erfahrungen einzelner. In überschaubaren Gruppen und Gemeinschaften sammeln sich Gleichgesinnte, die sich nicht von andern abkapseln.

Das Eingehen auf die Lebenswirklichkeit und deren Mentalität braucht erfahrbare Nähe und Gemeinschaft. Gesichtspunkte für lebensnahe Lern- und Erfahrungsorte des Christseins im jeweiligen *Milieubereich* sind:

1. die erforderliche Offenheit und Verbindlichkeit,
2. die Orientierung an den Problemen und Sorgen der Menschen und
3. die Vernetzung mit verschiedenen Aktivitäten der gegenseitigen Hilfe.[21]

9.5 DER GESCHENKTE ODER VERSÄUMTE KAIROS

9.5.1 Der Zeitbezug

Für die Idee einer entdeckenden Pastoral ist der *Zeitbezug* unerläßlich. *Hirscher* stellt dazu fest: „Wir müssen in unserer Zeit stehen, um auf unsere Zeit zu wirken."[22] Für den gelebten Lebensvollzug und die pastorale Mentalität ist es wichtig, daß sie sich nicht vom Erfolgsdenken bestimmen lassen: das Organisieren und

Funktionieren darf nicht wichtiger genommen werden als der Lebenszusammenhang.

In einer solchen Pastoral kann Neues in Bewegung kommen. Dazu bedarf es der Hoffnung und der Geduld. Wo sich Leben und Glauben berühren, führt dies jeweils zu verschiedenen Ausprägungen und Gestalten des Lebens.

Das Geschenk des Glaubens zu seiner Zeit, zum „geschenkten Kairos", ist letztlich Sache Gottes. In einem Beitrag „über Missionen, namentlich der katholischen Kirche"[23] formuliert Hirscher die Idee: Nicht immer ist die Zeit, in der es möglich ist, den Menschen die Botschaft vom Heil und vom Reich Gottes verbindlich anzusagen. Der Mensch hat die „rechte Zeit" nicht in der Hand. Es geht um das Zusammenspiel des menschlichen Handelns und der von Gott geschenkten Zeit. Wir müssen damit rechnen, daß die Tür zur rechten Zeit auf längere Zeit und für eine lange Abfolge von Generationen verschlossen bleibt, daß der Kairos nicht gewährt wird.

Hirscher weist darauf hin, daß viele tausend Jahre vergingen, ehe Gott die Menschheit des Evangeliums für fähig erachtet hat. Es war dieser Zeitraum, während dessen er sie zu Empfänglichkeit dafür heranzog. Hirscher stellt die Frage: „Sollte dieser Zeitraum bei anderen Völkern so leicht übersprungen werden können?"[24]
Für die Pastoral ergibt sich daraus die Aufforderung, Phantasie und Motivationen zu mobilisieren, um den richtigen Zeitpunkt zu nützen. Denn „zum ‚Kairos' gehört, daß er nur ein Augenblick ist".[25]

9.5.2 Hoffnungsperspektiven

Die Verwirklichung der Sendung des Gottesvolkes ist letztlich auch eine *endzeitliche* Größe, aber sie „hat in Christus schon begonnen, nimmt ihren Fortgang in der Sendung des Heiligen Geistes und geht durch ihn weiter in der Kirche, in der wir durch den Glauben auch über den Sinn unseres zeitlichen Lebens belehrt werden, bis wir das vom Vater uns in dieser Welt übertragene Werk mit der Hoffnung auf die künftigen Güter zu Ende führen und unser Heil wirken (vgl. Phil 2,12)" (Kirchenkonstitution Lumen gentium Nr. 48).

Diese Hoffnung ist keine Utopie, denn die Kirche nimmt schon jetzt an der Wirklichkeit Gottes teil. Freilich wird „die Kirche, zu der wir alle in Christus Jesus berufen werden und in der wir mit der Gnade Gottes die Heiligkeit erlangen, ... erst in der himmlischen Herrlichkeit vollendet werden, wenn die Zeit der allgemeinen Wiederherstellung kommt (Apg 3,21)" (ebd). Darum deutet Walter *Fürst* die Kirche zu Recht als eine durch die „Teilhabe am gemeinsamen Hoffnungsgut konstituierte Gemeinschaft".[26]

Eine Pastoral im Lebenszusammenhang löst Impulse aus, die besonders für *Suchende* zu einem Zeichen der Hoffnung werden können. Für die *Glaubenden* gilt die Verheißung aus der Gerichtsrede im 25. Kapitel des Matthäusevangeliums, daß in der Schwester, im Bruder, die wir lieben, Christus selbst geliebt wird (Mt 25,40). In diesem Text wird auf das besondere Christus-Sakrament hingewiesen: den unvermittelt begegnenden Armen, Kranken, Fremden, Gefangenen. Die Verwandtschaft der Formel zur eucharistischen Gegenwartsformel liegt auf der Hand: „Das ist mein Leib = Das bin ich" hat seine Entsprechung im: „Der Arme, das bin ich; der Kranke, das bin ich für euch."

Manche mögen sich Sorgen machen um die Zukunft der Kirche und um die weitere Entwicklung ihrer Pastoral. Solche Sorgen sind für eine Kirche, die in wachsendem Maß die Aufgaben einer *sozial-diakonischen Pastoral* (wieder)entdeckt, grundlos. „Den Liebenden gehört die Zukunft" (Pius XII.).[27]

Wer mit Jesus Menschen in seiner Liebe begegnet, bei dem wiederholt sich jenes Wunder, das die Zeitgenossen an Franz von Assisi bestaunten. Sie erkannten in ihm das Christusbild ihrer Zeit, in seinen Zügen das Antlitz Christi. Wer in der Welt Christus sichtbar macht, erfüllt sein „Gesetz" (vgl. Gal 6,2).

ANMERKUNGEN

I. KAPITEL

[1] *Gaisbauer*, Hubert: Seelsorge durch das Radio? In: Theologische Information (Beilage zum Linzer Diözesanblatt) 64, Linz 1993, März-Nr., 2.

[2] Die folgenden Überlegungen beziehen sich hauptsächlich auf *Gärtner*, Heribert W.: Die Einheit von prägender Lebens- und Glaubensgeschichte. In: Michael B. *Merz*, Josef *Müller* u. Alois *Schwarz* (Hrsg.): Auftrag und Praxis des Pfarrgemeinderates. Informationen, Impulse, Perspektiven. 2. Aufl., München 1991, 169–176.

[3] Vgl. *Heinzen*, Georg, u. Uwe *Koch*: Von der Nutzlosigkeit erwachsen zu werden. Reinbek bei Hamburg 1985.

[4] Vgl. *Emeis*, Dieter: Heilssorge zwischen Heilsangst und Heilsindifferentismus. In: Lebendige Seelsorge 43 (1992) 157–160, hier 158.

[5] Vgl. u. a. *Bergmann*, Werner: Lebenswelt, Lebenswelt des Alltags oder Alltagswelt? Ein grundbegriffliches Problem „alltagstheoretischer" Ansätze. In: Kölner Zeitschrift für Soziologie und Sozialpsychologie 33 (1981) 50–72, u. *Henke*, Thomas: Seelsorge und Lebenswelt. Auf dem Weg zu einer Seelsorgetheorie in Auseinandersetzung mit soziologischen und sozialphilosophischen Lebensweltkonzeptionen. (Diss. masch.) Freiburg 1992, passim.

[6] Vgl. *Henke:* A. a. O., bes. 124–146.

[7] Vgl. *Zulehner*, Paul M.: Fundamental-Pastoral. Kirche zwischen Auftrag und Erwartung. (Pastoraltheologie Bd. 1) Düsseldorf 1989, 160.

[8] Vgl. dazu bes. *Müller*, Josef: Vom „ungeteilten Leben" ausgehen. Pastoraltheologische Perspektiven einer Orts- und Wegbestimmung der Seelsorge. In: Lebendige Seelsorge 41 (1990) 57ff.

[9] *Henke*, Thomas: Ein Fach zwischen den Stühlen. Wo steht die Pastoraltheologie heute? In: Herder-Korrespondenz 47 (1993) 197–203, hier 201.

[10] Vgl. dazu bes. *Emeis*, Dieter: Heilssorge zwischen Heilsangst und Heilsindifferentismus: A. a. O., 157.

[11] *Bopp*, Linus: Zwischen Pastoraltheologie und Seelsorgewissenschaft. München 1937, 59 u. 61.

[12] Erzbischof Oskar *Saier:* Hirtenbrief „Miteinander Kirche sein – für die Welt von heute". In: Freiburger Texte 1 (Freiburg 1991), 21f. Vgl. *Müller*, Josef: „Miteinander Kirche sein" nach dem Maßstab des Evangeliums. Grundlinien eines Pastoralprogramms in der „pastoralen Initiative" von Erzbischof Oskar Saier. In: Günter *Biemer*, Bernhard *Casper* u. Josef *Müller* (Hrsg.): Gemeinsam Kirche sein. Theorie und Praxis der Communio. Festschrift für Oskar Saier. Freiburg–Basel–Wien 1992, 328–341.

[13] Papst Johannes Paul II.: Enzyklika „Sollicitudo rei socialis" – Zwanzig Jahre nach der Enzyklika „Populorum progressio", Nr. 26.

[14] Vgl. *Gärtner*, Heribert W.: Der Seelsorger ein Profi? Anmerkungen eines Organisationspsychologen. In: Lebendige Seelsorge 43 (1992) 175–179, hier 175f.

[15] Ebd., 176.

[16] Ebd.

[17] Vgl. *Gärtner:* A. a. O. im Anschluß an *Wilensky*, Harold L.: Jeder Beruf eine Profession. In: Thomas *Luckmann* u. Walter Michael *Sprondel* (Hrsg.): Berufssoziologie. Gütersloh 1972, 202–205.

[18] *Gärtner:* A. a. O., 179.

[19] Vgl. *Nouwen*, Henri J. M.: Schöpferische Seelsorge. 2. Aufl., Freiburg–Basel–Wien 1991, 98, s. auch *Schwarz*, Alois: Seelsorger/Seelsorge zwischen Spiritualität und Professionalität. In: Lebendige Seelsorge 43 (1992) 182.

[20] *Nouwen:* A. a. O., 164f.
[21] *Nouwen,* Henri J. M.: Seelsorge, die aus dem Herzen kommt. 5. Aufl., Freiburg–Basel–Wien 1989, 44.
[22] *Schwarz:* A. a. O., 183.
[23] *Nouwen:* Seelsorge, die aus dem Herzen kommt, 45.
[24] Vgl. *Schwarz,* Alois: Seelsorger/Seelsorge zwischen Spiritualität und Professionalität, 183, auch *Nouwen:* A. a. O., 64.
[25] Vgl. – auch bes. zum Vorausgehenden – *Schwarz:* A. a. O., 183.
[26] Vgl. u. a. die von der Deutschen Bischofskonferenz verabschiedete Rahmenordnung für die Priesterbildung. In: Die Deutschen Bischöfe Nr. 15, hrsg. vom Sekretariat der Deutschen Bischofskonferenz. Bonn 1978, 47.
[27] Vgl. *Gärtner,* Heribert W.: Praktische Theologie – eine Hypertrophie? Anfragen zum Verhältnis von Praktischer Theologie und Pastoraltheologie. In: Pastoraltheologische Informationen 4 (1984) H. 1, 131–148.
[28] *Schleiermacher,* Friedrich Daniel Ernst: Praktische Theologie, hrsg. von J. *Frerichs,* Berlin 1850, 12.
[29] *Jüngel,* Eberhard: Das Verhältnis der theologischen Disziplinen untereinander. In: Eberhard *Jüngel,* Karl *Rahner* u. Manfred *Seitz* (Hrsg.): Die Praktische Theologie zwischen Wissenschaft und Praxis. München 1968, 40.
[30] *Pannenberg,* Wolfhart: Wissenschaftstheorie und Theologie. Frankfurt a. M. 1973, 440.
[31] Ebd., 437.

II. KAPITEL

[1] *Bopp,* Linus: Zwischen Pastoraltheologie und Seelsorgewissenschaft. Eine Einführung in die pastoraltheologischen Grund-Sätze und die seelsorgewissenschaftlichen Grundfragen. (Neue Seelsorge 1) München 1937, 61.
[2] Ebd.
[3] Ebd., vgl. oben S. 24.
[4] Vgl. u. a. *Grinten,* Franz Josef van der, u. Friedhelm *Mennekes:* Mythos und Bibel. Auseinandersetzung mit einem Thema der Gegenwartskunst. Stuttgart 1981.
[5] *Bohren,* Rudolf: Daß Gott schön werde. Praktische Theologie als theologische Ästhetik. München 1975.
[6] *Grözinger,* Albrecht: Praktische Theologie und Ästhetik. Ein Beitrag zur Grundlegung der Praktischen Theologie. München 1987.
[7] *Hahne,* Werner: De arte celebrandi oder Von der Kunst, Gottesdienst zu feiern. Entwurf einer Fundamentalliturgik. 2. Aufl., Freiburg–Basel–Wien 1991, 367.
[8] *Zauner,* Wilhelm: Seelsorge als Kunstgattung. In: Diakonia 18 (1987) 85–91.
[9] *Schmid,* Peter F.: Der Seelsorger als Lebenskünstler. In: Diakonia 18 (1987) 73–78.
[10] *Halder,* Alois, u. Wolfgang *Welsch:* Kunst und Religion. In: Christlicher Glaube in moderner Gesellschaft. Bd. 2, Freiburg 1981, 43–70, 45.
[11] *Hahne:* De arte celebrandi, 41–48.
[12] Ebd., 175.
[13] *Hahne:* De arte celebrandi, 107.
[14] *Goergen,* Alois, zitiert nach Hermann *Stenger:* Symbole und Diabole. Einige Überlegungen zur Glaubensästhetik. In: *Ders.:* Verwirklichung unter den Augen Gottes. Psyche und Gnade. Salzburg 1985, 105–129, 122.
[15] *Hahne:* De arte celebrandi, 153.
[16] Liber regulae pastoralis I, i (BKV2 III,1).
[17] *Gärtner,* Heribert W.: Individualseelsorge in der Alten Kirche. Ein Beitrag zur Geschichte der Seelsorge. In: Wege zum Menschen 34 (1982) 95–101.
[18] *Hahne:* De arte celebrandi, 54f.
[19] *Volp,* Rainer: Kunst als Sprache der Religion. Ästhetische Spurensicherung im homiletischen Prozeß? In: Peter *Düsterfeld* (Hrsg.): Neue Wege der Verkündigung. Düsseldorf 1983, 35–50, 45.
[20] *Schleiermacher,* Friedrich: Kurze Darstellung des theologischen Studiums. Zum Behuf einleitender Vorlesungen. Kritische Ausgabe, hrsg. von Heinrich *Scholz.* Darmstadt 1977.
[21] *Ders.:* Darstellung des theologischen Studiums, §§ 265 u. 266, 102.

[22] Ebd.

[23] Diese Definition von Seelsorge berücksichtigt u. a. Gedanken von Rudolf *Bohren*, Helmut *Peukert*, Henning *Luther* und Josef *Müller* (vgl. *Müller*: Seelsorge. In: Staatslexikon der Görres-Gesellschaft. 7. Aufl., Bd. 4. Freiburg–Basel–Wien 1988, Sp. 1139ff.).

[24] Vgl. *Kiesow*, Ernst-Rüdiger: Die prophylaktische Funktion der Seelsorge. In: Wege zum Menschen 34 (1982) 138–143.

[25] Vgl. *Luther*, Henning: Alltagssorge und Seelsorge: Zur Kritik am Defizitmodell des Helfens. In: Wege zum Menschen 38 (1986) 2–17; s. auch *Henke*, Thomas: Seelsorge und Lebenswelt (unten S. 199, Anm. 55 u. 64).

[26] *Van Luyn*, Kees: Der Seelsorger als Instrument seines pastoralen Handelns. In: Lebendige Seelsorge 34 (1983) 88–94.

[27] Vgl. *Wolff*, Hans Walter: Anthropologie des Alten Testaments. München 1977, bes. 321–330.

[28] *Gärtner*, Heribert W., Johannes *Kremer* u. Martin *Wohlschlegel*: Pastoralpsychologische Studien zu einer Theorie der Gottesbeziehung und ihrer empirischen Relevanz. Untersucht bei Teilnehmern des Funkkollegs Religion. Unveröffentlichter Forschungsbericht. Freiburg 1986, 145.

[29] Vgl. *Mayer-Scheu*, Josef, u. Rudolf *Kautzky* (Hrsg.): Vom Behandeln zum Heilen. Die vergessene Dimension im Krankenhaus. (Pastoralanthropologische Reihe Sehen, Verstehen, Helfen. Bd. 4) Wien–Freiburg–Basel 1980.

[30] Vgl. *Grözinger*, Albrecht: Seelsorge als Rekonstruktion von Lebensgeschichte. In: Wege zum Menschen 38 (1986) 178–188.

[31] *Stenger*, Hermann: Dienen ist nicht nur dienen. Ein Beitrag zur Redlichkeit pastoralen Handelns. In: Lebendige Seelsorge 34 (1983) 82–87.

[32] *Mette*, Norbert: Theorie der Praxis. Wissenschaftsgeschichtliche und methodologische Untersuchungen zur Theorie-Praxis-Problematik innerhalb der praktischen Theologie. Düsseldorf 1978, 164f.

[33] *Thurneysen*, Eduard: Die Lehre von der Seelsorge. 5. Aufl., Zürich 1980.

[34] Vgl. *Frielingsdorf*, Karl, Werner *Kühnholz* u. Richard *Riess*: Zur Situation der Pastoralpsychologie in der Bundesrepublik Deutschland. Eine Stellungnahme der Deutschen Gesellschaft für Pastoralpsychologie (DGfP). In: Wege zum Menschen 30 (1978) 424–433.

[35] *Wintzer*, Friedrich (Hrsg.): Seelsorge. Texte zum gewandelten Verständnis und zur Praxis der Seelsorge in der Neuzeit. (Theologische Bücherei. Bd. 61: Praktische Theologie) München 1978.

[36] Zur Diskussion über die Kategorie des Bruchs im Seelsorgegespräch vgl. *Kurz*, Wolfram: Der Bruch im seelsorgerlichen Gespräch. Zum Sinn einer verfemten poimenischen Kategorie. In: Pastoraltheologie 74 (1985) 436–451. Wesentlich weiterführend: *Grözinger*, Albrecht: Seelsorge als Rekonstruktion von Lebensgeschichte, bes. 185f.

[37] *Läpple*, Volker: Das Methodenproblem in der evangelischen Seelsorge. In: Joachim *Scharfenberg* (Hrsg.): Freiheit und Methode: Wege christlicher Einzelseelsorge. (Pastoralanthropologische Reihe Sehen, Verstehen, Helfen. Bd. 1) Wien–Freiburg–Basel 1979, 31.

[38] Zu den verschiedenen Paradigmen vgl. *Mette*, Norbert, u. Hermann *Steinkamp*: Sozialwissenschaften und Praktische Theologie. (Leitfaden Theologie. Bd. 11) Düsseldorf 1983, u. *Wahl*, Heribert: Therapeutische Seelsorge als Programm und Praxis. In: Konrad *Baumgartner*, Paul *Wehrle* u. Jürgen *Werbick* (Hrsg.): Glauben lernen – leben lernen. Beiträge zu einer Didaktik des Glaubens und der Religion. Erich Feifel zum 60. Geburtstag von seinen Schülern und Mitarbeitern. Sankt Ottilien 1985, 411–438.

[39] *Stone*, Howard W.: Using behavioval methods in pastoral counseling. (Creative pastoral care and counseling series. 12) Philadelphia 1980; *Besier*, Gerhard: Seelsorge und Klinische Psychologie. Defizite in Theorie und Praxis der Pastoralpsychologie. Göttingen 1980; *Seifert*, Theodor, u. Angela *Waidlinger*: Therapie und Selbsterfahrung. Einblick in die wichtigsten Methoden. Stuttgart 1986, u. das Themenheft Gestalttherapie in der Seelsorge. Wege zum Menschen 33 (1981) Heft 1/2.

[40] Auf die jungianisch orientierte Seelsorge soll hier nicht näher eingegangen werden. Vgl. dazu: *Goldbrunner*, Josef: Seelsorge – eine vergessene Aufgabe. Über die Erwartungen der Gläubigen und die Arbeit des Priesters heute. Freiburg–Basel–Wien 1974.

[41] *Wahl*: Therapeutische Seelsorge als Programm und Praxis, 421.

[42] *Hoffmann*, Sven Olaf: Psychoanalyse und davon abgeleitete Verfahren. In: Hans Wolfgang *Linster*, Helmut *Wetzel* u. a.: Veränderungen und Entwicklungen in der Person. Grenzen und Möglichkeiten psychologischer Therapie. Hamburg 1980, 43–88, 48.

[43] *Wahl:* A. a. O., 421f.
[44] Ebd.
[45] *Scharfenberg,* Joachim: Seelsorge als Gespräch. Zur Theorie und Praxis der seelsorglichen Gesprächsführung. Göttingen 1972.
[46] Vgl. *Läpple,* Volker: Ansätze zur Ausbildung einer theologischen Seelsorge. In: Evangelische Theologie 35 (1975) 3–15. Scharfenberg hat in Auseinandersetzung mit der Psychoanalyse einen eigenen pastoralpsychologischen Ansatz zu entwickeln versucht, der die pastorale Praxis und psychologische Theorie in eigenständiger Qualität aufeinander bezieht und in der Seelsorgeliteratur als geschlossener, singulärer Entwurf dasteht. Vgl. Joachim *Scharfenberg:* Einführung in die Pastoralpsychologie. Göttingen 1985.
[47] *Mette* u. *Steinkamp:* Sozialwissenschaften und Praktische Theologie, 168.
[48] *Besier,* Gerhard: Seelsorge und Klinische Psychologie. Defizite in Theorie und Praxis der Pastoralpsychologie. Göttingen 1980.
[49] *Besier,* Seelsorge und Klinische Psychologie, 72.
[50] Vgl. *Piper,* Hans-Christoph: Kommunizieren lernen in Seelsorge und Predigt. Ein pastoraltheologisches Modell. (Arbeiten zur Pastoraltheologie. Bd. 18) Göttingen 1981, 14–27.
[51] Vgl. *ders.:* Perspektiven Klinischer Seelsorge. In: Richard *Riess:* Perspektiven der Pastoraltheologie. Göttingen 1974, 137–151.
[52] *Mayer-Scheu,* Josef: Seelsorge im Krankenhaus. Mainz 1977.
[53] *Besier:* Seelsorge und Klinische Psychologie, 74.
[54] *Mayer-Scheu,* Josef: Die Heidelberger Kurse in Klinischer Seelsorgeausbildung. In: Wilhelm *Bruners* u. Josef *Schmitz* (Hrsg.): Das Lernen des Seelsorgers. Identität, Zielsetzung, Handeln im pastoralen Dienst. Mainz 1982, 120–129.
[55] *Hammers,* Alwin: Gesprächspsychotherapeutisch orientierte Seelsorge. In: Joachim *Scharfenberg* (Hrsg.): Freiheit und Methode, 83–101, 84.
[56] *Linster,* Hans Wolfgang: Gesprächspsychotherapie. In: *Ders.,* Helmut *Wetzel* u. a.: Veränderung und Entwicklung der Person. Grenzen und Möglichkeiten psychologischer Therapie. Hamburg 1980, 170–229, 181 u. 182.
[57] *Linster:* Gesprächspsychotherapie. In: *Ders., Wetzel* u. a.: Veränderung und Entwicklung der Person, 193.
[58] *Lemke,* Helga: Theologie und Praxis annehmender Seelsorge. Stuttgart–Berlin–Köln–Mainz 1978.
[59] Ebd., 39 u. 42.
[60] *Stenger,* Hermann: Beziehung als Verkündigung. Zur Rolle der Pastoralpsychologie in der Seelsorge. In: Josef Maria *Reuss* (Hrsg.): Seelsorge ohne Priester? Zur Problematik von Beratung und Psychotherapie in der Pastoral. Düsseldorf 1976, 73–90. *Pompey,* Heinrich: Beziehungstheologische Gesichtspunkte des Gelingens ehelicher Partnerschaft. In: Lebendige Katechese 2 (1981) 95–105. *Ders.:* Theologisch-psychologische Grundbedingungen der seelsorglichen Beratung. In: Eckhard *Lade:* Christliches ABC heute und morgen. Handbuch für Lebensfragen und kirchliche Erwachsenenbildung. Nr. 6, 1986, 179–209.
[61] *Mayer-Scheu,* Josef: Vom „Behandeln" zum „Heilen". Die Aufgabe von Theologie und Seelsorge im Krankenhaus. In: *Ders.* u. *Kautzky* (Hrsg.): Vom Behandeln zum Heilen. Wien–Freiburg–Basel/ Göttingen 1980.
[62] *Mette* u. *Steinkamp:* Sozialwissenschaften und Praktische Theologie, 151. Vgl. die Ankündigungen von pastoralpsychologischen Kursen in: Wege zum Menschen und die Hinweise von Hermann *Stenger* (Hrsg.): Eignung für die Berufe der Kirche. Klärung – Beratung – Begleitung. Freiburg–Basel–Wien 1988, 241–285.
[63] Vgl. die Weiterbildungsmöglichkeiten innerhalb der Deutschen Gesellschaft für Pastoralpsychologie (DGfP).
[64] *Preul,* Reiner: Seelsorge als Bewältigung von Lebenssituationen. In: Joachim *Scharfenberg* (Hrsg.): Freiheit und Methode, 61–81, hier 62ff.
[65] *Mette* u. *Steinkamp:* Sozialwissenschaften und Praktische Theologie.
[66] *Bohren:* Daß Gott schön werde, 223.
[67] Zur Problematik der Professionalisierung in der Seelsorge vgl. *Schmidt-Rost,* Reinhard: Probleme der Professionalisierung in der Seelsorge. In: Wege zum Menschen 41 (1989) 31–42.
[68] *Luther,* Henning: Alltagssorge und Seelsorge: Zur Kritik am Defizitmodell des Helfens. In: Wege zum Menschen 38 (1986) 2–17.

[69] Zum Zusammenhang von Koinonia und der „Krise des Helfens" am Beispiel christlicher Diakonie vgl. *Steinkamp*, Hermann: Christliche Diakonie angesichts der „Krise des Helfens". In: Wege zum Menschen 40 (1988) 306–316.

[70] *Lubac*, Henri de: Glaubensparadox. (Kriterien 26) Einsiedeln 1972; *Martin*, Gerhard Marcel: Predigt als „offenes Kunstwerk"? Zum Dialog zwischen Homiletik und Rezeptionsästhetik 44 (1984) 46–58, 52.

[71] *Müller*, Josef: Kränkende oder heilende Seelsorge. In: Lebendige Seelsorge 39 (1988) 4–10.

[72] Vgl. *Luther*, Henning: Identität und Fragment. Praktisch-theologische Überlegungen zur Unabschließbarkeit von Bildungsprozessen. In: Theologia Practica 20 (1985) 317–338.

[73] *Stipsits*, Reinhold: Ablenkung und Klischee. Über den „Schatten" im personenzentrierten Konzept. In: Persönlichkeitsentwicklung durch Begegnung. Das personenzentrierte Konzept in Psychotherapie, Erziehung und Wissenschaft. Hrsg. von der „Arbeitsgemeinschaft Personenzentrierte Gesprächsführung". Wien 1984, 184–197.

III. KAPITEL

[1] *Bopp*, Linus: Zeitstil der Seelsorge. Freiburg i. Br. 1934.

[2] Zu Persönlichkeit und Wirken Rautenstrauchs vgl. *Menzel*, Beda Franz: Abt Franz Stephan Rautenstrauch von Brevnov-Braunau. Herkunft, Umwelt, Wirkungskreis. Königstein i. T. 1969; *Müller*, Josef: Der pastoraltheologisch-didaktische Ansatz in Franz Stephan Rautenstrauchs „Entwurf zur Einrichtung der theologischen Schulen". Wien 1969; *Schneider*, Werner: Franz Stephan Rautenstrauch. In: Anton *Zottl* u. Werner *Schneider* (Hrsg.): Wege der Pastoraltheologie. Texte einer Bewußtwerdung. 18. Jahrhundert: Grundlegung und Entfaltung. Eichstätt 1987, 15–34; *Pirich*, Gustav: Franz Giftschütz (1748–1788) – der erste Wiener Pastoraltheologe. Theologische Grundlinien in Leben und Werk unter dem Einfluß des Jansenismus, der katholischen Aufklärung und des Ultramontanismus. (Studien zur Theologie und Praxis der Seelsorge. 9) Würzburg 1992.

[3] *Rautenstrauch*, Stephan: Entwurf einer besseren Einrichtung theologischer Schulen, zit. nach *Müller*, Josef: Der pastoral-theologisch-didaktische Ansatz, 143f.

[4] Vgl. *Muratori*, Ludwig Anton: Die wahre Andacht des Christen. 2. Aufl. Wien–Prag–Triest 1762.

[5] Vgl. *Müller*, Josef: Die Ausbildung zur Seelsorge im „Praktischen Kurs" nach der „Verfassung der theologischen Fakultät" von 1774. In: Für Kirche und Heimat. Festschrift Franz Loidl. Wien–München 1985, 220–229, bes. 224.

[6] Vgl. *Hofmeier*, Johann: Seelsorge und Seelsorger. Eine Untersuchung zur Pastoraltheologie Johann Michael Sailers. Regensburg 1967; *Schilling*, Hans: Ist die Pastoraltheologie Johann Michael Sailers heute noch aktuell? In: Diakonia 13 (1982) 395–402; *Müller*, Josef: „Heil für die Welt". Johann Michael Sailers Beitrag zur Weiterentwicklung einer theologischen Theorie der Pastoral. In: Lebendige Seelsorge 34 (1983) 273–279.

[7] *Steck*, Wolfgang: Der Pfarrer zwischen Beruf und Wissenschaft. Plädoyer für eine Erneuerung der Pastoraltheologie. (Theologische Existenz heute. 183) München 1974.

[8] Ebd., 30.

[9] *Josuttis*, Manfred: Der Pfarrer ist anders. Aspekte einer zeitgenössischen Pastoraltheologie. München 1982, 20.

[10] Vgl. das Grundanliegen in: *Gross*, Günter F.: Beruflich Profi, privat Amateur? Berufliche Spitzenleistungen und persönliche Lebensqualität. 8. Aufl., Landsberg/Lech 1992.

[11] *Josuttis*, Manfred: Der Traum des Theologen. Aspekte einer zeitgenössischen Pastoraltheologie. München 1982, 20.

[12] Vgl. *Jetter*, Werner: Symbol und Ritual. Anthropologische Elemente im Gottesdienst. Göttingen 1978, 6 f.; s. auch *ders.*: Gottesdienst und Sakrament. In: Peter *Fiedler*, Heinrich *Fries*, Wilfried *Härle* u. a. (Hrsg.): Studientexte Funkkolleg Religion. Weinheim–Basel/Gütersloh/Düsseldorf 1985, 336.

[13] Vgl. *Drehsen*, Volker: Die „Heiligung" von Lebensgeschichten. Eine Thesenreihe zum thematischen und funktionalen Praxisbezug der Praktischen Theologie am Beispiel kirchlicher Amtshandlungen. In: Pastoraltheologische Informationen. Jg. 1981, Nr. 2, 101–139.

[14] Ebd., 131–135.

[15] Vgl. *Drehsen,* Volker, u. Horst Jürgen *Helle:* Religiosität und Bewußtsein. Ansätze zu einer wissenssoziologischen Typologie von Sinnsystemen. In: Wolfram *Fischer* u. Wolfgang *Marhold* (Hrsg.): Religionssoziologie als Wissenssoziologie. Stuttgart–Berlin–Köln–Mainz 1978, 38–51; s. auch *Mörth,* Ingo: Lebenswelt und religiöse Sinnstiftung. Ein Beitrag zur Theorie des Alltagslebens. (Reihe Sozialwissenschaften, Bd. 39) München 1986, bes. 69–78.

[16] Vgl. *Cornehl,* Peter: Aufgaben und Eigenart einer Theorie des Gottesdienstes. Zum Stand der Debatte. In: Pastoraltheologische Informationen. Jg. 1981, Nr. 1, 12–37; s. auch *ders.:* Gottesdienst. In: Ferdinand *Klostermann* u. Rolf *Zerfaß* (Hrsg.): Praktische Theologie heute. München/Mainz 1974, 449–463.

[17] *Graf,* Anton: Kritische Darstellung des gegenwärtigen Zustands der Praktischen Theologie. Tübingen 1841, 6 u. 267.

[18] Zum folgenden vgl. bes. *Schneider,* Werner: Anton Graf. In: Anton *Zottl* u. Werner *Schneider* (Hrsg.): Wege der Pastoraltheologie. Texte einer Bewußtwerdung. 19. Jahrhundert: Praxis als Wissenschaft. Eichstätt 1986, 18–26.

[19] Zur Biographie Anton *Grafs* s. bes. *Schneider,* Werner: Anton Graf. In: Ebd., 15–30.

[20] *Graf:* Kritische Darstellung, 4f.

[21] *Arnold,* Franz Xaver, Ferdinand *Klostermann,* Karl *Rahner* u. a. (Hrsg.): Handbuch der Pastoraltheologie. 4 Bde. Freiburg–Basel–Wien 1964; Bd. V: Lexikon der Pastoraltheologie. Ebd., 1972.

[22] Zur wissenschaftstheoretischen Grundlegung der praktischen Theologie durch Schleiermacher vgl. *Rössler,* Dietrich: Grundriß der Praktischen Theologie. Berlin–New York 1986, bes. 10, 19, 31f.

[23] *Rössler:* A. a. O., 28.

[24] Ebd., 29; vgl. *Schleiermacher,* Friedrich Daniel Ernst: Kurze Darstellung des theologischen Studiums zum Behuf einleitender Vorlesungen. 1. Aufl., 1811, §§ 84 u. 263.

[25] Vgl. *Müller,* Josef: Seelsorge. In: Staatslexikon, hrsg. von der Görres-Gesellschaft. 7. Aufl., Bd. 4. Freiburg–Basel–Wien 1988, Sp. 1140.

[26] *Klostermann,* Ferdinand: Wie wird unsere Pfarrei eine Gemeinde? Wien–Freiburg–Basel 1979, 22.

[27] *Ders.:* Prinzip Gemeinde. Gemeinde als Prinzip des kirchlichen Lebens und der Pastoraltheologie als der Theologie dieses Lebens. (Wiener Beiträge zur Theologie. Bd. XI) Wien 1965.

[28] *Ders.:* Prinzip Gemeinde, 18f.

[29] Ebd., 21.

[30] Vgl. bes. den Untertitel des in Anmerkung 27 angeführten Werks von Klostermann.

[31] *Ders.:* Prinzip Gemeinde, 107. Vgl. zur Würdigung Klostermanns *Mette,* Norbert: Was ist gemeindliches Handeln? Eine theoretische Kontroverse und ihre praktischen Implikationen. In: Pastoraltheologische Informationen. Jg. 1982, 293–311.

[32] Vgl. *Sailer,* Johann Michael: Vorlesungen aus der Pastoraltheologie. 1. Bd. 4. Aufl., München 1820, bes. 19, 27 u. ö.

[33] Ebd., 15–28.

[34] *Bopp,* Linus: Wir sind die Zeit. Freiburg i. Br. 1931, 49.

[35] *Zulehner,* Paul M.: „Leutereligion". Eine neue Gestalt des Christentums auf dem Weg durch die 80er Jahre? Wien 1982.

[36] Vgl. *ders.:* Pastoraltheologie. Bd. 1: Fundamentalpastoral. Kirche zwischen Auftrag und Erwartung. Düsseldorf 1989, 64–99; s. auch *ders.:* Praktische Theologie. In: Peter *Eicher* (Hrsg.): Neues Handbuch theologischer Grundbegriffe. 3. Bd. München 1985, 404.

[37] *Zulehner:* Fundamentalpastoral, 35.

[38] *Zulehner,* Paul M.: Helft den Menschen leben. Für ein neues Klima in der Pastoral. Freiburg 1978, u. *ders.:* Kirche – Anwalt des Menschen. Wer keinen Mut zum Träumen hat, hat keine Kraft zum Kämpfen. Wien 1980.

[39] Vgl. bes. *ders.:* „Denn du kommst unserem Tun mit deiner Gnade zuvor ..." Zur Theologie der Seelsorge heute. Paul M. Zulehner im Gespräch mit Karl Rahner. Düsseldorf 1984.

[40] *Ders.:* Praktische Theologie, 409.

[41] *Ders.:* Fundamentalpastoral, bes. 296f.; vgl. vor allem auch *ders.:* Leibhaftig glauben. Lebenskultur nach dem Evangelium. Freiburg–Basel–Wien 1983. Das Thema klingt vor allem auch in Zulehners Veröffentlichung „Kirche – Anwalt des Menschen" an.

[42] *Fuchs,* Ottmar: Heilen und befreien. Der Dienst am Nächsten als Ernstfall von Kirche und Pastoral. Düsseldorf 1990.

[43] *Zerfaß,* Rolf: Lebensnerv Caritas. Helfer brauchen Rückhalt. Freiburg–Basel–Wien 1992, 15.

[44] Vgl. *Fuchs:* Heilen und befreien, 23–26.
[45] Vgl. *Fuchs:* Ebd., 46–51.
[46] Ebd., 17f.
[47] *Zerfaß:* A. a. O., 31.
[48] Ebd., 34.
[49] *Fürst,* Walter: Ästhetik der praktischen Theologie. Über mögliche Wege zur Bildung eines christlichen Pastoralstils. In: Ehrenfried *Schulz,* Hubert *Brosseder* u. Heribert *Wahl* (Hrsg.): Den Menschen nachgehen. Offene Seelsorge als Diakonie in der Gesellschaft. St. Ottilien 1987, 24.
[50] Vgl. ebd., 23 u. 26.
[51] *Fürst,* Walter: Praktisch-theologische Urteilskraft. Auf dem Weg zu einer symbolisch-kritischen Methode der Praktischen Theologie. Zürich–Einsiedeln–Köln 1986, 417; vgl. *Wahl,* Heribert: Pastoralpsychologie – eine Grunddimension praktischer Theologie. In: Die Münchener Theologische Zeitschrift. Vierteljahresschrift für das Gesamtgebiet der katholischen Theologie 39 (1988) H. 1, 44.
[52] Vgl. *Scharfenberg,* Joachim: Pastoralpsychologische Kompetenz von Seelsorgern/-innen. In: Isidor *Baumgartner* (Hrsg.): Handbuch der Pastoralpsychologie. Regensburg 1990, 151f. – An dieser Stelle spricht Scharfenberg von der „glaubensästhetischen Kompetenz als Zukunftsaufgabe der Pastoralpsychologie" (ebd., 151).
[53] *Fürst,* Walter: Praktisch-theologische Urteilskraft, 417, 421, 584–623; vgl. dazu u. a. *Wahl,* Heribert: Pastoralpsychologie – Teilgebiet und Grunddimension Praktischer Theologie. In: Isidor *Baumgartner,* Handbuch der Pastoralpsychologie, 59.
[54] Vgl. ebd., 623.
[55] Vgl. *Henke,* Thomas: Seelsorge und Lebenswelt. Auf dem Weg zu einer Seelsorgetheorie in Auseinandersetzung mit soziologischen und sozialphilosophischen Lebensweltkonzeptionen. (Diss. masch.) Freiburg 1992, 162.
[56] Vgl. das Grundanliegen in *Bohren,* Rudolf: Daß Gott schön werde. Praktische Theologie als theologische Ästhetik. München 1975.
[57] Ebd., 19.
[58] *Bohren,* Rudolf: Vom Heiligen Geist. Fünf Betrachtungen. München 1981, 90f.
[59] Vgl. *Exeler,* Adolf: Wege einer vergleichenden Pastoral. In: Ludwig *Bertsch* u. Felix *Schlösser* (Hrsg.): Evangelisation in der Dritten Welt. Freiburg–Basel–Wien 1981, 92–121; s. auch *ders.:* Vergleichende Theologie statt Missionswissenschaft? Provozierende Anfrage eines Nichtfachmannes. In: Hans *Waldenfels* (Hrsg.): „... denn Ich bin bei Euch" (Mt 28,20). Perspektiven im christlichen Missionsbewußtsein heute. Zürich–Einsiedeln–Köln 1978, 199–211.
[60] *Zerfaß,* Rolf: Praktische Theologie als Handlungswissenschaft. In: Ferdinand *Klostermann* u. Rolf *Zerfaß* (Hrsg.): Praktische Theologie heute. München/Mainz 1974, 168f. (Auf die im Originaltext enthaltenen Hinweise auf die entsprechende Graphik wurde unter Hinweis auf die Auslassungen verzichtet.)
[61] Vgl. *Mette,* Norbert: Praktische Theologie als Handlungswissenschaft. In: Diakonia 10 (1979) 191.
[62] Ebd., 200.
[63] *Peukert,* Helmut: Wissenschaftstheorie – Handlungstheorie – Fundamentale Theologie. Analysen zu Ansatz und Status theologischer Theoriebildung. Frankfurt a. M. 1976, 17.
[64] Vgl. *Henke,* Thomas: Seelsorge und Lebenswelt. (Diss. masch.) Freiburg 1992, passim.
[65] Vgl. *Mette,* Norbert: Theorie der Praxis. Wissenschaftsgeschichtliche und methodologische Untersuchungen zur Theorie-Praxis-Problematik innerhalb der Praktischen Theologie. Düsseldorf 1978, 303–311; s. vor allem *Steinkamp,* Hermann: Zum Verhältnis von Praktischer Theologie und Humanwissenschaft. In: Diakonia 14 (1983) bes. 379 u. 385; *Mette,* Norbert, u. Hermann *Steinkamp:* Sozialwissenschaften und Praktische Theologie. Düsseldorf 1983, 170ff.
[66] Vgl. das in Anm. 40 angeführte grundlegende Werk von *Bohren,* Rudolf: Daß Gott schön werde; s. dazu *Mette:* Praktische Theologie als Handlungswissenschaft, 192.
[67] Vgl. *Pannenberg,* Wolfhart: Wissenschaftstheorie und Theologie. Frankfurt a. M. 1973, bes. 206–224; s. *Mette:* Praktische Theologie, 193.
[68] *Herms,* Eilert: Theologie – eine Erfahrungswissenschaft. München 1978, 44, vgl. *Mette:* Ebd.
[69] Vgl. *Dahm,* Karl-Wilhelm: Beruf: Pfarrer. Empirische Aspekte. München 1971, 303.
[70] Ebd., 305f.

[71] *Daiber*, Karl-Fritz: Grundriß der Praktischen Theologie als Handlungswissenschaft. Kritik und Erneuerung der Kirche als Aufgabe. München/Mainz 1977, 89.
[72] *Daiber:* Grundriß, 89.
[73] Vgl. dazu *Otto*, Gert: Grundlegung der Praktischen Theologie. München 1986.
[74] Vgl. *Greinacher*, Norbert: Kirchliche Praxis zwischen Anpassung und Widerstand. In: Diakonia 8 (1977) 363f.
[75] Vgl. dazu von Norbert *Greinacher* u. a.: Das Theorie-Praxis-Problem in der Praktischen Theologie. In: Ferdinand *Klostermann* u. Rolf *Zerfaß* (Hrsg.): Praktische Theologie heute. München/Mainz 1974, 103–118.
[76] Vgl. ebd., 117.
[77] Vgl. dazu bes. *Lämmermann*, Godwin: Praktische Theologie als kritische oder empirisch-funktionale Handlungstheorie? Zur theologiegeschichtlichen Ortung und Weiterführung einer aktuellen Kontroverse. (Theologische Existenz heute. Nr. 211) München 1981, 23.
[78] Vgl. *Ven*, Johannes A. van der: Entwurf einer empirischen Theologie. (Theologie und Empirie, Bd. 10) Weinheim 1990, 21.
[79] Vgl. *Mette*, Norbert: Theorie der Praxis, 317 (Hervorhebungen im Zitat J. M.).

IV. KAPITEL

[1] Papst *Paul VI.*: Apostolisches Schreiben „Evangelii nuntiandi" über die Evangelisierung in der Welt von heute (Verlautbarungen des Apostolischen Stuhls 2), hrsg. v. Sekretariat der Deutschen Bischofskonferenz. Bonn o. J. (1976).
[2] Ebd., Nr. 81.
[3] Nach Diözesansynoden in Rottenburg-Stuttgart, Hildesheim und Augsburg entschieden sich beinahe gleichzeitig die Erzdiözesen Wien, Freiburg i. Br. und München für die kirchenrechtlich offenere Form eines Diözesanforums. Andere Diözesen folgen diesem Beispiel.
[4] Vgl. *Gordan*, Paulus (Hrsg.): Evangelium und Inkulturation. 1492–1992 (Salzburger Hochschulwochen 1992) Graz–Wien–Köln 1993; *Heinz*, Andreas, Wolfgang *Lentzen-Deis* u. Ernst *Schneck* (Hrsg.): Wege der Evangelisierung. Heinz Feilzer zum 65. Geburtstag. Trier 1993.
[5] *Rahner*, Karl: Zur Theologie des Gottesdienstes. In: *Ders.:* In Sorge um die Kirche (Schriften zur Theologie. Bd. 14) Einsiedeln–Zürich–Köln 1980, 236.
[6] *Wanke*, Joachim: „Die Kirche hat die Wirklichkeit Gottes zu bezeugen." Überlegungen eines Bischofs zur seelsorglichen Lage. In: Herder-Korrespondenz 36 (1982) 440.
[7] Vgl. Sailers Brief an Gräfin Stolberg-Wernigerode vom 21. Januar 1806. In: *Schiel*, Hubert (Hrsg.): Johann Michael Sailer. Briefe. Regensburg 1952, 316.
[8] Zu *Sailers* Biographie vgl. u. a. *Bungert*, H. (Hrsg.): Johannes Michael Sailer. Theologe, Pädagoge und Bischof zwischen Aufklärung und Romantik. Vortragsreihe der Universität Regensburg. (Schriftenreihe der Universität Regensburg 8) Regensburg 1983. *Müller*, Josef: Spiritualität der Weltverantwortung. In: Zur Debatte. Themen der Katholischen Akademie in Bayern 12 (1982) H. 4, 15f. *Schäfer*, Philipp: Johann Michael Sailer in seinen Dillinger Religionskollegien. Ein Beitrag zur Theologie des frühen Sailer. In: Münchener Theol. Zeitschrift 33 (1982) 161–176. *Schilling*, Hans.: Ist die Pastoraltheologie Johann Michael Sailers heute noch aktuell? In: Diakonia 13 (1982) 395–402. *Schwaiger*, Georg: Johann Michael Sailer (1751–1832). In: Heinrich *Fries* u. F. *Kretschmar* (Hrsg.): Klassiker der Theologie. Bd. 2. München 1983, 53–73.
[9] Pastoraltheologie. 3. Aufl., Bd. 3, 205.
[10] Ebd., 3.
[11] Vgl. *Emeis*, Dieter: Heilssorge zwischen Heilsangst und Heilsindifferentismus. In: Lebendige Seelsorge 43 (1993) 160.
[12] Vgl. Papst *Johannes Paul II.:* Nachsynodales Apostolisches Schreiben Christifideles laici – Über die Berufung und Sendung der Laien in Kirche und Welt (Verlautbarungen des Apostolischen Stuhls 87), hrsg. v. Sekretariat der Deutschen Bischofskonferenz Bonn 1989, Nr. 49.
[13] Erzbischof Oskar *Saier*: Hirtenbrief zur pastoralen Initiative. In: Freiburger Texte (Schriftenreihe des Erzbistums Freiburg) 1, hrsg. v. Erzbischöfl. Ordinariat. Freiburg i. Br. 1991, 21.
[14] Vgl. *ders.:* Fastenhirtenbrief 1987. In: Ebd., 10.

[15] Zu Entstehungsgeschichte und inhaltlichen Schwerpunkten der Pastoralkonstitution vgl. *Moeller*, Charles: Die Geschichte der Pastoralkonstitution. In: Das Zweite Vatikanische Konzil. Konstitutionen, Dekrete und Erklärungen. Teil III. Freiburg–Basel–Wien 1968, 242–278.
[16] *Rahner*, Karl: Über den Dialog in der pluralistischen Gesellschaft. In: Schriften zur Theologie. Bd. VI, 2. Aufl., Einsiedeln–Zürich–Köln 1968, 46–58.
[17] Vgl. *Lehmann*, Karl: Evangelium und Dialog. Ein Vortrag zum Konzilsjubiläum. In: Herder-Korrespondenz 45 (1991) 84–90, bes. 86.
[18] *Hirscher*, Johann Baptist: Die kirchlichen Zustände der Gegenwart. Tübingen 1849, 1.
[19] Vgl. *Kasper*, Walter: Auswirkungen des Konzils auf das Leben der Kirche (Statement beim Diözesantag der Diözese Linz). In: Impulse. PGR PRESS (Linz) Jg. 1990, Nr. 14, 4.
[20] Ebd.

V. KAPITEL

[1] Vgl. *Dalferth*, Ingolf, u. Eberhard *Jüngel*: Person und Gottebenbildlichkeit. In: Christlicher Glaube in moderner Gesellschaft. Teilbd. 24. Freiburg–Basel–Wien 1981, 83f.
[2] *Moltmann*, Jürgen: Trinität und Reich Gottes. Zur Gotteslehre. München 1980, 180.
[3] *Schreiner*, Josef: Volk Gottes als Gemeinde des Herrn in deuteronomistischer Theologie. In: *Ders.*: Segen für die Völker. Gesammelte Schriften zur Entstehung und Theologie des AT. Würzburg 1987, 244.
[4] Vgl. *Congar*, Yves: „Heiliger Geist". In: Christlicher Glaube in moderner Gesellschaft. Teilbd. 22. Freiburg–Basel–Wien 1982, 96.
[5] Vgl. *Hemmerle*, Klaus: Communio als Schlüsselwort für das Verständnis Mariens. Skizze zur Phänomenalität christlicher Personengestalt. In: Josef *Schreiner* u. Klaus *Wittstadt*: Communio sanctorum. Einheit der Christen, Einheit der Kirche. Würzburg 1988, 303 u. 305.
[6] Schlußdokument der Versammlung des lateinamerikanischen Episkopats in Puebla Nr. 233 u. 237.
[7] *Klinger*, Elmar: Das Amt des Laien in der Kirche. Die Theologie des Volkes Gottes nach dem II. Vaticanum. In: *Ders.* u. Rolf *Zerfaß* (Hrsg.): Die Kirche der Laien. Würzburg 1987, 79.
[8] Vgl. u. a. das Ökumenismusdekret des II. Vatikanischen Konzils Nr. 3.
[9] *Fürst*, Walter: Communio als Prinzip pastoraler Theologie und pastoraler Praxis. In: Lebendige Seelsorge 37 (1986) 238f. Zur Wirklichkeit der je größeren „Communio sanctorum" vgl. auch den Beitrag von Edward J. *Birkenbeil*: Dialogisches Leben als fundamentale Voraussetzung für die Communio-Praxis im Miteinander-Kirche-Sein. In: Josef *Müller* u. *ders.* (Hrsg.): Miteinander Kirche sein. Idee und Praxis, München 1990, 80–86.
[10] Vgl. *Hemmerle*, Klaus: Im Austausch Gestalt gewinnen. Nach-Denkenswertes zur Bischofssynode 1987 über „Die Berufung und Sendung der Laien in Kirche und Welt". In: Josef *Müller* u. Edward J. *Birkenbeil* (Hrsg.): Miteinander Kirche sein, 11.
[11] Vgl. Taizé und das Konzil der Jugend. 4. Aufl., Freiburg 1979, 78.
[12] Vgl. *Sauer*, Ralph: Mystik des Alltags. Jugendliche Lebenswelt und Glaube. Eine Spurensuche. Freiburg–Basel–Wien 1990, 69.
[13] *Pottmeyer*, Hermann Josef: Der eine Geist als Prinzip der Einheit in Vielfalt. Auswege aus einer christomonistischen Ekklesiologie. In: Pastoraltheologische Informationen Jg. 1985, Nr. 2, 284.
[14] Vgl. *Müller*, Josef: Lebensräume des Glaubens. Wege zur Verwirklichung der Kirche in Gruppe und Gemeinde. München 1981, 58.
[15] Vgl. Kirchenkonstitution Lumen gentium Nr. 28; s. auch Priesterdekret Presbyterorum ordinis Nr. 2.

VI. KAPITEL

[1] Vgl. *Müller*, Josef: Pfarrei. In: Staatslexikon, hrsg. von der Görres-Gesellschaft. Bd. 4. 7. Aufl., 1988, 370 bis 373.
[2] Beschluß „Pastoralstrukturen". In: Gemeinsame Synode der Bistümer in der Bundesrepublik Deutschland. Beschlüsse der Vollversammlung. Offizielle Gesamtausgabe I. 4. Aufl. Freiburg–Basel–Wien 1976, 694.

[3] Beschluß „Dienste und Ämter". In: Ebd., 605.
[4] Ebd.
[5] *Oberlinner*, Lorenz: Das Ideal einer christlichen Gemeinde nach der Apostelgeschichte. In: Anton *Vögtle* u. *ders.* (Hrsg.): Anpassung oder Widerspruch. Von der apostolischen zur nachapostolischen Kirche. Freiburg–Basel–Wien 1992, 40–65, hier 65.
[6] Ebd.
[7] Vgl. *Roloff*, Jürgen: Der erste Brief an Timotheus. (Evangelisch-Katholischer Kommentar zum Neuen Testament, Bd. XV) Zürich/Neukirchen–Vluyn 1988, bes. 169–217.
[8] Vgl. *Reisinger*, Ferdinand: „Christliche Gemeinde" – Möglichkeiten und Grenzen. In: *Ders.* (Hrsg.): Menschsein in der Gesellschaft. Linz 1983, 93–138.
[9] Vgl. *Gnilka*, Joachim: Das Evangelium nach Markus. 1. Teilband. (Evangelisch-Katholischer Kommentar zum NT, II/1) Zürich–Einsiedeln–Köln/Neukirchen–Vluyn 1978, 261.
[10] Vgl. *Schürmann*, Heinz: Gemeinde als Bruderschaft. In: *Ders.*: Ursprung und Gestalt. Erörterungen und Besinnungen zum Neuen Testament. Düsseldorf 1970, 61–73.
[11] *Moltmann*, Jürgen: Theologie der Hoffnung. Untersuchungen zur Begründung und zu den Konsequenzen einer christlichen Eschatologie. München 1965, 280; *ders.*: Kirche in der Kraft des Geistes. Ein Beitrag zur messianischen Ekklesiologie. München 1975, 93–103.
[12] Vgl. *Lohfink*, Gerhard: Wie hat Jesus Gemeinde gewollt? Freiburg–Basel–Wien. 7. Aufl., 1982, u. *Lohfink*, Norbert: Kirchenträume, Reden gegen den Trend. Freiburg–Basel–Wien 1982.
[13] *Schneider*, Gerhard: Das Evangelium nach Lukas. Kap. 11–24. (Ökumenischer Taschenbuchkommentar zum NT. Bd. 3/2) Gütersloh/Würzburg 1977, 286. (Die Ergänzungen und Hervorhebungen im Zitat stammen vom Verfasser des Buches.)
[14] Vgl. *Biemer*, Günter: Inkarnatorische Pastoral. In: Diakonia 20 (1989) 15–22, bes. 21f.
[15] *Nientiedt*, Klaus: Gemeinden im Umbruch. In: Herder-Korrespondenz 42 (1988) 547.
[16] *Steinkamp*, Hermann: Selbst „wenn die Betreuten sich ändern". Das Parochialprinzip als Hindernis für Gemeindebildung. In: Diakonia 19 (1988) 78–89, hier bes. 83f.; vgl. auch *Greinacher*, Norbert: Die Chance der vorhandenen Pfarreien wahrnehmen! Zustimmung und Widerspruch zu Steinkamp. Ebd., 90–93.
[17] Vgl. *Kasper*, Walter: Elemente einer Theologie der Gemeinde. In: Lebendige Seelsorge 27 (1976) 294f.
[18] *Nientiedt:* A. a. O., 546.
[19] Vgl. *Hemmerle*, Klaus: Forderung und Spielraum des Evangeliums – gleichermaßen radikal. In: Diakonia 6 (1975) 114.
[20] Vgl. *Nientiedt:* A. a. O.
[21] *Lehmann*, Karl: Glauben lernen, wo der Glaube lebt. In: Katechetische Blätter 112 (1987) 691.
[22] Vgl. Wer mitmacht, erlebt Gemeinde. Modell Dortmund-Scharnhorst. Eine Zwischenbilanz. Hrsg. von Petrus *Görges*, Reinhard *Kellerhoff*, Clemens *Weber* u. Werenfried *Wessel* unter Mitarbeit von Josef *Scharrer*, Limburg 1972.
[23] *Zerfaß*, Rolf, u. Klaus *Roos*: Gemeinde. In: Gottfried *Bitter* u. Gabriele *Miller* (Hrsg.): Handbuch religionspädagogischer Grundbegriffe. Bd. 1. München 1986, 132f.
[24] Vgl. Kirchenkonstitution Nr. 6.
[25] *Wanke*, Joachim: „Unverkennbar seid ihr ein Brief Christi" (2 Kor 3,3). Paulinische Reflexionen über das Thema Kirche in der Diaspora. In: Lebendiges Zeugnis 42 (1987) H. 2, 67.
[26] *Zerfaß*, Rolf, u. Klaus *Roos*: Gemeinde, 139.
[27] *Lippert*, Peter: Erneuerte Gemeinden – gern, aber wie? In: Lebendige Seelsorge 36 (1985) 215–220, bes. 220.
[28] *Häussling*, Angelus A.: Liturgie und Leben. In: Lebendige Seelsorge 39 (1988) 169–174, bes. 169.
[29] Zu *Schleiermachers* Person und Wirken vgl. bes. *Meinhold*, Peter: Artikel Schleiermacher. In: LThK Bd. 9. Freiburg i. Br. 1964, 413–416; *Birnbaum*, Walter: Theologische Wandlungen von Schleiermacher bis Karl Barth. Eine enzyklopädische Studie zur praktischen Theologie. Tübingen 1963, 8–26 u. ö.; *Otto*, Gert: Grundlegung der Praktischen Theologie. München 1986, 39–44; zur neueren Diskussion über Schleiermachers Bedeutung für die praktische Theologie s. auch das Themenheft „Schleiermacher und die Praktische Theologie". In: Pastoraltheologische Informationen. Jg. 1985, H. 1, 3–105.
[30] Vgl. *Schleiermacher*, Friedrich: 4. Rede „Über das Gesellige in der Religion oder über Kirche und Priestertum" aus den „Reden über die Religion an die Gebildeten unter ihren Verächtern" (1799), zit. nach der Ausgabe von R. *Otto*. Göttingen 1967, 153f.

[31] Vgl. „Vorschlag zu einer neuen Verfassung der protestantischen Kirche im preußischen Staate" (1808). In: *Schleiermacher*, Friedrich: Schriften zur Kirchen- und Bekenntnisfrage. Bearbeitet von Hayo *Gerdes*. In: Kleine Schriften und Predigten, hrsg. von Hayo *Gerdes* u. Emanuel *Hirsch*. Bd. 2. Berlin 1969, 117–136; vgl. auch *Möller*, Christian: „Die Erbauung der Gemeinde aus der lebendigen Circulation des religiösen Interesses" bei Friedrich Schleiermacher. In: Pastoraltheologische Informationen. Jg. 1985, H. 1, 52.

[32] Vgl. *Möller*, Christian: Die Erbauung der Gemeinde, 54.

[33] Ebd., 60.

[34] Vgl. ebd., 64ff.

[35] Ebd., 71.

[36] Vgl. ebd.

[37] Vgl. *Siller*, Hermann Pius: Das Evangelium in eigener Erfahrung sagen und in der Erfahrung anderer hören. In: Rolf *Zerfaß* (Hrsg.): Erzählter Glaube – erzählende Kirche. (Quaestiones disputatae 116) Freiburg–Basel–Wien 1988, 159–170, u. *Metz*, Johann Baptist: Glaube in Geschichte und Gesellschaft. Studien zu einer praktischen Fundamentaltheologie. 5. Aufl., Mainz 1992, 197–210.

[38] Zit. nach Norbert *Mette* u. Martina *Blasberg-Kuhnke*: Kirche auf dem Weg ins Jahr 2000. Zur Situation und Zukunft der Pastoral. Düsseldorf 1986, 190.

VII. KAPITEL

[1] Vgl. dazu u. a. *Peuckert*, Rüdiger: Familienformen im sozialen Wandel. Opladen 1991.

[2] Nach *Lottaz*, Angelo: Wach auf die kalte Kirche. Anstiftungen zum Aufbruch. Zürich–Einsiedeln–Köln 1984, 180.

[3] Vgl. *Sauer*, Ralph: Restbestand Religion. Jugend und christlicher Glaube im Zeichen der Postmoderne. In: Christ in der Gegenwart 44 (1992) 389f.

[4] Die „Jugendpastoralen Leitlinien der Erzdiözese Freiburg" (1992) stellen die konzeptionellen Grundsatzüberlegungen und die daraus zu ziehenden Konsequenzen und Darlegungen ganz unter das Grundmotiv des Weges. In: Freiburger Texte (Schriftenreihe des Erzbistums Freiburg 9) Nr. 10.

[5] Zum folgenden vgl. *Tzscheetzsch*, Werner: Mit der Jugend glauben lernen. Kirchliche Jugendarbeit angesichts der Herausforderungen der Gegenwart. In: Werner *Simon* u. Mariano *Delgado* (Hrsg.): Lernorte des Glaubens. Glaubensvermittlung unter den Bedingungen der Gegenwart. (Schriften der Katholischen Akademie in Berlin 6) Berlin/Hildesheim 1991, 97–110.

[6] Vgl. *Tzscheetzsch:* A. a. O., 104f.

[7] Ebd., 105.

[8] Vgl. ebd.

[9] Synodenbeschluß Jugendarbeit. In: Gemeinsame Synode der Bistümer in der Bundesrepublik Deutschland. Offizielle Gesamtausgabe I. Freiburg–Basel–Wien 1976, 299.

[10] Vgl. *Tzscheetzsch:* A. a. O., 107.

[11] *Zulehner*, Paul M.: Helft den Menschen leben. Für ein neues Klima in der Pastoral. 8. Aufl., Freiburg–Basel–Wien 1990.

[12] *Bumiller*, Meinrad: Junge Menschen – alte Kirche. Orientierungen für die Jugendpastoral. (Perspektiven für die Seelsorge 5) Würzburg 1991, 27f.

[13] *Tzscheetzsch*, Werner: Kirchliche Jugendarbeit in der Pfarrgemeinde. In: Michael B. *Merz* , Josef *Müller* u. Alois *Schwarz* (Hrsg.): Auftrag und Praxis des Pfarrgemeinderates. Informationen, Impulse, Perspektiven. 2. Aufl., München 1991, 101.

[14] *Fromm*, Erich: Haben oder Sein. Die seelischen Grundlagen einer neuen Gesellschaft. (dtv-Sachbuch 1490) 17. Aufl., München 1988, 53.

[15] Ebd.

[16] Vgl. u. a. *Schöningh* J., M. *Aslanidis* u. S. *Faubel-Diekmann:* Alleinerziehende Frauen. Opladen 1991.

[17] Vgl. *Grundmann*, M., u. J. *Huinink:* Der Wandel der Familienentwicklung und der Sozialisationsbedingungen von Kindern. In: Zeitschrift für Pädagogik 37 (1991) 529–554.

[18] Vgl. ebd.

[19] *Weinacht*, Paul-Ludwig: Zu Herkunft und Zukunft der modernen Familie. In: Lebendige Seelsorge 30 (1979) 91–98, bes. 93.

[20] *Mieth*, Dietmar: Von der Kunst und der Gefährdung der Liebe in den menschlichen Lebensphasen. In: heilen. Ärzte, Apotheker, Pflegeberufe, Seelsorger im Gespräch. (Erscheinungsort Köln) Jg. 1988, H. 2, 78.

[21] *Lehmann*, Karl: Wiederverheiratete Geschiedene. In: *Ders.*: Gegenwart des Glaubens. Mainz 1974, 305f.

[22] Vgl. *Becker*, Jürgen: Das Evangelium nach Johannes. Kap. 1–10. (Ökumenischer Taschenbuchkommentar zum NT. Bd. 4/1) Gütersloh/Würzburg 1979, 285.

[23] Neben den Diözesansynoden von Rottenburg-Stuttgart und Hildesheim beschäftigte sich u. a. das Freiburger Diözesanforum mit der Frage von Leitlinien für die Pastoral der wiederverheirateten Geschiedenen. Frühzeitig haben einzelne Theologen wie Hans Bernhard *Meyer*, Bernhard *Häring*, Franz *Böckle*, Walter *Kasper*, Karl *Lehmann*, Karl *Hörmann* u. a. Kriterien formuliert, die für die persönliche Gewissensentscheidung des einzelnen wegweisend sein können. Solche Positionen und Beiträge enthält u. a. der schon 1972 von Franz *Henrich* und Volker *Eid* herausgegebene Band „Ehe und Ehescheidung. Diskussion unter Christen" (Münchener Akademieschriften. Kath. Akademie in Bayern, Bd. 59).

[24] Synodenbeschluß Ehe und Familie. In: Gemeinsame Synode der Bistümer in der Bundesrepublik Deutschland. Offizielle Gesamtausgabe I. Freiburg–Basel–Wien 1976, 431.

[25] Ebd., 425.

[26] Vgl. *Zulehner*, Paul M., Isidor *Baumgartner* u. Karl *Mühlek:* Ehe bauen. Arbeitshilfen für die Ehevorbereitung. (Offene Gemeinde, Nr. 30) Limburg 1978, 18.

[27] Vgl. *Neysters*, Peter: Ehe und Familie im Wandel. In: Pastoralblatt Jg. 1988, 304–309, bes. 308f.

[28] Vgl. ebd.

[29] *Lehr*, Ursula: „60 Jahre und mehr ..." – eine homogene Gruppe? In: Sabine *Rupp* u. Karl *Schwarz* (Hrsg.): Beiträge aus der bevölkerungswissenschaftlichen Forschung. Festschrift für Hermann *Schubnell*. Wiesbaden 1983, 17–185, hier 181.

[30] *Thomae*, Hans: Dynamik des menschlichen Handelns. Ausgewählte Schriften zur Psychologie 1944–1984. Hrsg. von Ursula *Lehr* u. Franz *Weinert*. Bonn 1985, 206.

[31] Wie sehr die Fragestellung Religiosität im Alter im angloamerikanischen Sprachraum einen festen Forschungszweig der Gerontologie bildet, zeigt z. B. das Programm der 42. Jahrestagung der „Gerontological Society of America". Vgl. Gerontologist 29 (1989) 75f.

[32] Vgl. *Utsch*, M. In: Religiosität im Alter. Forschungsschwerpunkte und methodische Probleme. In: Zeitschrift für Gerontologie Bd. 25 (1992) H. 1, 25–31. Auch Bernhard *Grom* greift in seiner „Religionspsychologie" (München/Göttingen 1992) auf Ergebnisse der amerikanischen Lebenszufriedenheitsforschung zurück.

[33] *Boos-Nünning*, Ursula, u. Egon *Golomb*: Religiöses Verhalten im Wandel. Untersuchungen in einer Industriegesellschaft. Essen 1974, 21.

[34] Vgl. *Luckmann*, Thomas: Das Problem der Religion in der modernen Gesellschaft, 14. Zitiert nach Ursula *Boos-Nünning:* Dimensionen der Religiosität. Zur Operationalisierung und Messung religiöser Einstellungen. München/Mainz 1985, 24.

[35] *Boos-Nünning:* Dimensionen der Religiosität, 24.

[36] *Hach*, Jürgen: Gesellschaft und Religion in der Bundesrepublik Deutschland. Heidelberg 1980, 38.

[37] Solche Untersuchungen sind teilweise dokumentiert bei: *Kahseböhmer*, Hermann-Josef: Kirchlichkeit und Religiosität alter Menschen. Empirische Thesen zur Altenseelsorge. In: Lebendige Seelsorge 23 (1972) 343–347, hier 344. Vgl. auch *Schmauch*, Jochen: Alter und Religiosität. In: *Ders.* (Hrsg.): Handbuch kirchlicher Altenarbeit. Mainz 1978, 151–157, hier vor allem 157; *Fisseni*, Hermann-Josef: Religiosität. In: Wolf D. *Oswald*, Werner M. *Hermann*, Siegfried *Kanowski* u. a. (Hrsg.): Gerontologie. Stuttgart–Berlin–Köln–Mainz 1984, 392–402; *Woll-Schumacher*, Irene: Desozialisation im Alter. Stuttgart 1987.

[38] Vgl. *Gärtner*, Heribert W., Johannes *Kremer* u. Martin *Wohlschlegel:* Forschungsbericht zum Projekt Pastoralpsychologische Studien zu einer Theorie der Gottesbeziehung und ihre empirische Relevanz. Untersucht bei den Teilnehmern des Funkkollegs Religion. (Unveröffentlichte wissenschaftliche Arbeit) Freiburg 1986, 77.

[39] Vgl. *Schneider*, Hans-D.: Sexualität. In: Wolf D. *Oswald* u. a. (Hrsg.): Gerontologie. Stuttgart–Berlin–Köln–Mainz 1984, 413–419, hier 414.

[40] *Radebold*, Hartmut: Gibt es die „neuen" Alten? Zusammenfassende Einschätzung. In: Fred *Karl* u. Walter *Tokarski* (Hrsg.): Die „neuen" Alten. Beiträge der XVII. Jahrestagung der Deutschen Gesell-

schaft für Gerontologie (22.–24. September 1988, Kassel). (Kasseler Gerontologische Schriften 6) Kassel 1989, 184.

[41] Vgl. dazu u. a. den Beitrag von *Strätling*, Barthold: Eine neue Generation von Senioren? Mutmaßungen über unsere Zielgruppe – Konsequenzen für die Altenarbeit. In: Erwachsenenbildung 30 (1984) 133–138, bes. 134–137.

[42] Vgl. den Beitrag von *Reisinger*, Maria: Alte Menschen daheim nicht allein lassen. Ein gemeindlicher Helferkreis arbeitet mit der Sozialstation. In: Lebendige Seelsorge 43 (1992) 287f.

[43] Vgl. *Bogensberger*, Hugo: Der Kranke in der Gesellschaft und der Dienst der Kirche. In: Die Sorge der Gemeinde um ihre Kranken. Hrsg. vom Pastoralamt der Erzdiözese Wien. (Handreichungen zur Pastoral) Wien 1982, 7–19, bes. 7–10; s. auch *Schnabel*, Peter-Ernst: Krankheit und Sozialisation. Vergesellschaftung als pathogener Prozeß. (Studien zur Sozialwissenschaft. Bd. 75) Opladen 1988.

[44] Vgl. dazu *Heim*, Edgar: Krankheitsauslösung – Krankheitsverarbeitung. In: *Ders*. u. Jürg *Willi* (Hrsg.): Psychosoziale Medizin. Gesundheit und Krankheit in bio-psycho-sozialer Sicht. Bd. 2: Klinik und Praxis. Berlin–Heidelberg–New York–Tokio 1986, 343–390, hier 365. Vgl. dazu und zum folgenden bes. die Arbeit von *Gärtner*, Heribert W.: Vom Ort caritativer Liebestätigkeit zum diakonischen Unternehmen. Corporate Identity: Ein methodischer Beitrag zur Identitätsfindung des katholischen Krankenhauses. (Diss. masch.) Freiburg 1993.

[45] Vgl. *Noelle-Neumann*, Elisabeth: Forderungen des Bürgers an seine Gesundheitsversorgung. Eine Darstellung auf der Grundlage einer aktualisierten Bürgerbefragung. Krankenhaus Umschau 57 (1988) 511ff.; *Kohlmann*, Thomas: Patient und Organisation. Konflikte im Krankenhaus aus medizinsoziologischer Sicht. In: Wege zum Menschen 38 (1986) 391–400.

[46] Vgl. *Gärtner*: A. a. O. (Ms. 38–45).

[47] Vgl. ebd.

[48] Vgl. *Radvilla*, Andreas: Hospitalisation. In: Edgar *Heim* u. Jürg *Willi* (Hrsg.): Psychosoziale Medizin. Bd. 2, 525.

[49] Vgl. u. a. *Illhardt*, Franz Josef: Selbstbestimmung des Patienten. Ausweg aus der „Zuschauer-Medizin"? In: heilen. Ärzte, Apotheker, Pflegeberufe, Seelsorger im Gespräch. (Erscheinungsort Köln) Jg. 1988, H. 3, 15–25.

[50] Vgl. dazu u. a. *Biser*, Eugen: Theologie als Therapie. Zur Wiedergewinnung einer verlorenen Dimension. (Medizin im Wandel. Beiträge zu einer neuen Theorie der Medizin) Heidelberg 1985.

[51] Den beziehungstheologischen Aspekt von Seelsorge und Pastoral arbeitet bes. Heinrich *Pompey* heraus. Vgl. *ders*.: Theologisch-psychologische Grundbedingungen der seelsorglichen Beratung. In: Christliches Abc – heute und morgen. Homburg 1986, Nr. 6, Gr. 4, 179–209.

[52] Vgl. *Bach*, Ulrich: Boden unter den Füßen hat keiner. Plädoyer für eine solidarische Diakonie. Göttingen 1980, bes. 193–218, 143ff. u. ö.

VIII. KAPITEL

[1] *Emeis*, Dieter: Sakramentenkatechese. Freiburg–Basel–Wien 1991, 42.

[2] Vgl. *Rahner*, Karl: Grundkurs des Glaubens. Freiburg–Basel–Wien 1976, 397f.

[3] *Emeis*, Dieter: Symbolisches Handeln im sakramentalen Feiern. In: Lebendige Seelsorge 37 (1986) 87–91, bes. 87.

[4] Vgl. *Schwarz*, Alois: Sakramente – Begegnung mit dem Geheimnis. (Impulse für die pastorale Arbeit 7, hrsg. v. Pastoralamt der Erzdiözese Wien) o. J. (1992), 35.

[5] Vgl. *Emeis:* A. a. O., 88.

[6] *Zauner*, Wilhelm: Wege und Formen gemeindlicher Sakramentenpastoral. In: Leo *Karrer* (Hrsg.): Handbuch der praktischen Gemeindearbeit. Freiburg–Basel–Wien 1990, 132–157, 135.

[7] Vgl. dazu u. a. *Wehrle*, Paul: Fragen und Impulse zur Pastoral der Sakramente insbesondere der Firmung. In: Freiburger Texte (Schriftenreihe des Erzbistums Freiburg) 2, hrsg. v. Erzbischöflichen Ordinariat Freiburg 1991.

[8] Vgl. u. a. den Titel des in mehreren Auflagen verbreiteten Werks von *Schöllig*, Otto: Die Verwaltung der heiligen Sakramente unter pastoralen Gesichtspunkten. 4. Aufl., Freiburg i. Br. 1952.

[9] Vgl. *Kasper*, Walter, u. Karl *Lehmann:* Die Heilssendung der Kirche in der Gegenwart. Pastorale. Handreichung für den pastoralen Dienst (Einleitungsfaszikel) Mainz 1970, 77.
[10] Beschluß „Sakramentenpastoral". In: Gemeinsame Synode der Bistümer in der Bundesrepublik Deutschland. Offizielle Gesamtausgabe I. Freiburg–Basel–Wien 1976, 240.
[11] *Schwarz:* A. a. O., 19f.
[12] Ebd., 20.
[13] Zit. nach *Sudbrack*, Josef: Neue Religiosität. Herausforderung für die Christen. Mainz 1987, 73.
[14] *Kasper*, Walter: Krise und Neuorientierung der Sakramentenpastoral. Rottenburg o. J. (1992), 20.
[15] Ebd., 22.
[16] Vgl. zum folgenden bes. *Schwarz:* A. a. O., 3–6.
[17] *Zulehner*, Paul M.: „Denn du kommst unserem Tun mit deiner Gnade zuvor ..." Zur Theologie der Seelsorge heute. Paul M. Zulehner im Gespräch mit Karl Rahner. Düsseldorf 1984, 48.
[18] *Rahner*, Karl: Zur Theologie des Gottesdienstes. In: In Sorge um die Kirche. (Schriften zur Theologie XIV) Einsiedeln–Zürich–Köln 1980, 236.
[19] Vgl. *Zulehner*, Paul M.: Von der Versorgung zur Mystagogie. Theologische Implikationen seelsorglicher Praxis. In: Lebendige Seelsorge 33 (1982) 180.
[20] *Rahner*, Karl: A. a. O.
[21] Vgl. *Schwarz:* A. a. O., 15–20.
[22] *Schellenberger*, Bernhardin: Wider den geistlichen Notstand. Freiburg–Basel–Wien 1991, 110.
[23] *Schwarz:* A. a. O., 15.
[24] *Nouwen*, Henri J. M.: Schöpferische Seelsorge. Freiburg–Basel–Wien 1989, 152.
[25] *Jung*, Carl Gustav: Psychologie und Alchemie. In: Gesammelte Werke 12. Olten 1972, 26.
[26] *Béguerie*, Philippe: Liturgie und Leben. In: Lebendige Seelsorge 29 (1978) 304–308.
[27] Vgl. dazu vor allem *Müller*, Josef: Feiernde Gemeinde. In: Raphael *Schulte* (Hrsg.): Leiturgia – Koinonia – Diakonia. Wien–Freiburg–Basel 1980, 3–24, bes. 13f.
[28] Vgl. *Sudbrack*, Josef: Mystische Spuren. Würzburg 1990, 96, u. *Schwarz:* A. a. O., 38f.

IX. KAPITEL

[1] In der Arbeit am gemeinsamen Projekt „Pfarrgemeinde für das dritte Jahrtausend" wurde von Ottfried *Selg* mehrfach auf diese wichtige Unterscheidung hingewiesen (vgl. unten, Anm. 21).
[2] Vgl. u. a. *Beigent*, Michael, u. Richard *Leigh:* Verschlußsache Jesus. München 1991; u. *Eisenmann*, Robert u. Michael *Wise:* Jesus und die Urchristen. Gütersloh 1993.
[3] Vgl. u. a. *Drewermann*, Eugen: Psychoanalyse und Moraltheologie. 3 Bde. Mainz 1982f.; *ders.:* Tiefenpsychologie und Exegese. 2. Aufl., Olten–Freiburg i. Br. 1985; *ders.:* Das Markusevangelium. 2 Bde. Olten–Freiburg i. Br. 1987f.
[4] Synodenbeschluß „Unsere Hoffnung". In: Gemeinsame Synode der Bistümer in der Bundesrepublik Deutschland. Offizielle Gesamtausgabe I. 4. Aufl., Freiburg–Basel–Wien 1976, 86.
[5] Papst *Johannes Paul II.:* Nachsynodales Apostolisches Schreiben Christifideles laici – Über die Berufung und Sendung der Laien in Kirche und Welt (Verlautbarungen des Apostolischen Stuhls 87), hrsg. v. Sekretariat der Deutschen Bischofskonferenz. Bonn 1989, Nr. 42.
[6] Vgl. *Stenger*, Hermann: Kompetenz und Identität. In: *Ders.* (Hrsg.): Eignung für die Berufe der Kirche. Klärung – Beratung – Begleitung. Freiburg–Basel–Wien 1988, 35–38.
[7] *Biser*, Eugen: Verwirklichung der Liebe. Erwägung zu dem Kierkegaard-Wort „Der Helfer ist die Hilfe". In: Mitten in der Welt. Hefte zum christlichen Leben 11/12 (1973), H. 44/45, 93–106, hier 103f.
[8] *Hirscher*, Johann Baptist: Die christliche Moral als Lehre von der Verwirklichung des göttlichen Reiches in der Menschheit dargestellt. 2. Aufl., Bd. 1. Tübingen 1836, 33, vgl. *Fürst*, Walter, u. Werner *Groß:* Der edle Hirscher. Beiträge zu seiner Biographie und Theologie. Stuttgart 1988, 76.
[9] *Hirscher*, Johann Baptist: Erörterungen über die großen religiösen Fragen der Gegenwart. Bd. 1. Freiburg i. Br. 1846, 10.
[10] Zur Biographie *Hirschers* vgl. bes. *Fürst*, Walter: Wahrheit im Interesse der Freiheit. Eine Untersuchung zur Theologie J. B. Hirschers (1788–1865). (Tübinger theologische Studien 15) Mainz 1979; *Rief*, Josef: Hirscher, Johann Baptist. In: Theologische Realenzyklopädie XV. Berlin–New York 1986,

396ff.; *Fürst*, Walter, u. Werner *Groß:* Der edle Hirscher. Beiträge zu seiner Biographie und Theologie. Stuttgart 1988.

[11] Vgl. *Schwarz*, Alois: Der persönliche Weg zum Glauben. In: Michael B. *Merz*, Josef *Müller* u. *ders.* (Hrsg.): Auftrag und Praxis des Pfarrgemeinderates. Informationen, Impulse, Perspektiven. 2. Aufl., München 1991, 47f.

[12] *Ders.:* Lebt, was ihr glaubt! In: A. a. O., 15.

[13] Vgl. *Stenger*, Hermann: Erlösend einander begegnen. Jesu Aufforderung zur „redemptiven" Nachfolge. In: *Ders.:* Verwirklichung unter den Augen Gottes. Psyche und Gnade. Salzburg 1985, 190–199.

[14] Ebd., 197.

[15] Vgl. *Biemer*, Günter: Glaubenszeugnis als Ziel des Dienstes der Kirche. In: Theologische Quartalschrift 148 (1968) 303–320.

[16] *Ders.* u. Pius *Siller:* Das Zeugnis und seine Institutionalisierung in der Kirche. In: Grundfragen der Praktischen Theologie. Mainz 1971, 152.

[17] Ebd., 153.

[18] *Bitter*, Gottfried: Kundschafter des Glaubens. In: Erzähl mir deine Geschichte. Deutscher Katechetischer Kongreß Freiburg 1983, hrsg. v. Deutschen Katecheten-Verein e. V. Freiburg–Basel–Wien 1984, 35.

[19] Ebd., 36.

[20] Papst *Johannes Paul II.:* Enzyklika „Sollicitudo rei socialis", Nr. 26.

[21] Vgl. dazu bes. *Selg*, Ottfried: Pastoralsoziologische Anforderungen. In: Josef *Müller* u. *ders.* (Hrsg.): Pfarrgemeinde auf dem Weg ins dritte Jahrtausend. Erste Thesen. Augsburg 1993, 46–67.

[22] *Hirscher*, Johann Baptist: Besorgnisse hinsichtlich der Zweckmäßigkeit unseres Religionsunterrichts. Freiburg i. Br. 1863, 87.

[23] *Ders.:* Etwas über Missionen, namentlich der katholischen Kirche. In: Theologische Quartalschrift 7 (1825) 611–645; vgl. *Welte*, Bernhard: Christentum und Religionen der Welt. In: Christlicher Glaube in moderner Gesellschaft. Teilband 26. Freiburg–Basel–Wien 1981, 116f.

[24] Vgl. ebd., 644.

[25] *Roegele*, Otto B.: In der nachkonziliaren Landschaft – von unten gesehen. In: Internationale Katholische Zeitschrift 19 (1990) 540.

[26] *Fürst*, Walter: Communio als Prinzip pastoraler Theologie und pastoraler Praxis. In: Lebendige Seelsorge 37 (1986) 240.

[27] Vgl. *Zulehner*, Paul M.: Diakonie. In: Warum Christen glauben. Theologisches Sachbuch zur 13teiligen Fernsehreihe, Hrsg.: Katholische Landesarbeitsgemeinschaft für Erwachsenenbildung in Rheinland-Pfalz e. V. Trier 1979, 253–261, bes. 261.

PERSONENREGISTER

SACHREGISTER

LITERATURVERZEICHNIS

Baumgartner, Isidor (Hrsg.): Handbuch der Pastoralpsychologie. Regensburg 1990.

Baumgartner, Konrad, u. Wunibald *Müller* (Hrsg.): Beraten und Begleiten. Handbuch für das seelsorgliche Gespräch. Freiburg–Basel–Wien 1990.

Emeis, Dieter: Zwischen Ausverkauf und Rigorismus. Zur Krise der Sakramentenpastoral. 2. Aufl., Freiburg–Basel–Wien 1991.

Fürst, Walter, u. Isidor *Baumgartner*: Leben retten. Was Seelsorge zukunftsfähig macht. München 1990.

Gärtner, Heribert W. (Hrsg.): Leiten als Beruf. Impulse für Führungskräfte in kirchlichen Aufgabenfeldern (begleiten – beraten – heilen) Mainz 1992.

Grabner-Haider, Anton: Kritische Religionsphilosophie. Europäische und außereuropäische Kulturen. Graz–Wien–Köln 1993.

Grom, Bernhard: Religionspsychologie. München / Göttingen 1992.

Hahne, Werner: De arte celebrandi. Oder: Von der Kunst, Gottesdienst zu feiern. Entwurf einer Fundamentalliturgik. Freiburg–Basel–Wien 1990.

Karrer, Leo (Hrsg.): Handbuch der praktischen Gemeindearbeit. Freiburg–Basel–Wien 1990.

Kehl, Medard: Die Kirche. Eine katholische Ekklesiologie. Würzburg 1992.

Knobloch, Stefan, u. Herbert *Haslinger* (Hrsg.): Mystagogische Seelsorge. Eine lebensgeschichtlich orientierte Pastoral. Mainz 1991.

Lechner, Martin: Pastoraltheologie der Jugend. Geschichtliche, theologische und kairologische Bestimmung der Jugendpastoral einer evangelisierenden Kirche (Studien zur Jugendpastoral. Bd. 1). München 1992.

Lies, Lothar: Sakramententheologie. Eine personale Sicht. Köln 1990.

Liss, Bernhard: Wege der Familienpastoral. Anregungen und Hilfen. Würzburg 1987.

Merz, Michael B., Josef *Müller* u. Alois *Schwarz* (Hrsg.): Auftrag und Praxis des Pfarrgemeinderates. Informationen, Impulse, Perspektiven. 2. Aufl., München 1991.

Müller, Josef, u. Edward J. *Birkenbeil* (Hrsg.): Miteinander Kirche sein. Idee und Praxis. München 1990.

Müller, Wunibald: Erkennen – Unterscheiden – Begegnen. Das seelsorgliche Gespräch (Heilende Seelsorge). Mainz 1990.

Nouwen, Henri J. M.: Schöpferische Seelsorge. 2. Aufl., Freiburg–Basel–Wien 1991.

Ders.: Seelsorge, die aus dem Herzen kommt. 5. Aufl., Freiburg–Basel–Wien 1989.

Schmid, Peter F.: Personale Begegnung. Der personenzentrierte Ansatz in Psychotherapie, Beratung, Gruppenarbeit und Seelsorge. Würzburg 1989.

Schuster, Norbert: Gemeindeleitung und Pfarrgemeinderat. Theorie und Praxis. München 1993.

Spölgen, Johannes: Zu unserem Heil. Sakramentenkatechese in kirchenferner Zeit. München 1992.

Stappen, Birgit, u. Ulrich *Moser*: Alter als Chance. Grundlegung einer Pastoralgerontologie (Pastorale Begleitung im Alter. Bd. 1). München 1993.

Wiedenhofer, Siegfried: Das katholische Kirchenverständnis. Ein Lehrbuch der Ekklesiologie. Graz–Wien–Köln 1992.

Windisch, Hubert: Seelsorge für die Menschen. Die Erneuerung der Pastoral durch das seelsorgliche Gespräch (Perspektiven für die Seelsorge. Bd. 1). Würzburg 1989.

Zerfaß, Rolf: Menschliche Seelsorge. Für eine Spiritualität von Priestern und Laien im Gemeindedienst. Freiburg–Basel–Wien 1985.

Zulehner, Paul M.: Helft den Menschen leben. Für ein neues Klima in der Pastoral. 8. Aufl., Freiburg–Basel–Wien 1990.

(Für diese Literaturhinweise, die vor allem der Orientierung für die pastorale und seelsorgliche *Praxis* dienen, ist u. a. der Gesichtspunkt der Lieferbarkeit bzw. Zugänglichkeit der ausgewählten *Buchveröffentlichungen* ausschlaggebend.)